KB273619

교육
불가능의
시대

교육공동체벗

교육
불가능의
시대

ⓒ 이계삼 외, 2011
2011년 10월 10일 처음 펴냄
2016년 12월 15일 초판 5쇄 찍음

글 쓴 이   혜원, 최은정, 채효정, 정용주, 이미연
            이계삼, 윤지형, 오혜진, 엄기호, 안준철
            서유정, 박소진, 민가영, 문수현, 류경원, 노영수
기 획 · 편 집   이진주, 설원민
출판 자문위원   이상대, 박진환
디 자 인   the DNC
인 쇄   주손디앤피

펴 낸 이   김기언
펴 낸 곳   교육공동체 벗
이 사 장   임덕연
사 무 국   최승훈, 이진주, 설원민, 김기언, 공현
출 판 등 록   제2011-000022호(2011년 1월 14일)
주 소   서울시 마포구 성미산로1길 30 2층
전 화   02-332-0712, 070-8250-0712
전 송   0505-115-0712
홈 페 이 지   communebut.com
카 페   cafe.daum.net/communebut

ISBN 978-89-966034-1-2 03370

이 도서의 국립중앙도서관 출판시도서목록(CIP)은
e-CIP 홈페이지(www.nl.go.kr/ecip)와
국가자료공동목록 시스템(www.nl.go.kr/kolisnet)에서
이용하실 수 있습니다. (CIP제어번호 : CIP2011004160)

교육
불가능의
시대

3부 대학의 교육 불가능

에필로그 : 교육 불가능의 시대, 가르친다는 것은

1990년 전교조 결성으로 해직된 교사들 몇 명이 퇴직금을 모아 교육 전문 잡지《우리교육》을 창간했다. 이로써 이 땅의 교사들은 처음으로 자기 매체를 갖게 되었고, 자기 매체가 있어 교사들은 글을 쓰게 되었다. 지난 20년 동안《우리교육》은 참교육 실천의 견인차였고, 진보적 교육 담론의 생산지였다. 현장성이 떨어진다, 문제의식이 무뎌졌다는 비판을 받기도 했지만, 온전히 교사의, 교사들에 의한, 교사들을 위한 진보적 잡지가 있다는 것 자체가 교사 운동의 성과였다.

그러나 교사 운동의 침체와 함께《우리교육》도 스스로 혁신을 하는 데 실패하면서 재정난에 부딪혔고, 마침내 구조조정이 이루어지면서 편집부 기자들이 전원 사직하는 일이 벌어졌다. 사태 수습을 위해《우리교육》의 독자로, 필자로, 편집자로 인연을 맺었던 사람들이 모임을 가졌고, 이 자리에서 새로운 매체를 만들 것인가에 대해 토론을 벌였다. 그리고 여전히 진보적 교사 운동과 함께할 매체가 필요하다는 데 뜻을 모았다.

몇 번의 준비 모임을 통해 출판사가 아닌 협동조합을 만들기로 했고, 그 이름을 '벗'이라 지었다. 출자자를 모으기 위해 사람들을 만났고, 매체 발간을 위해 편집위원회를 꾸리고, 사무국을 조직하고 사무실도 얻었다. 교육 운동 진영에서 누구도 실험해 보지 않았던 협동조합을 만드는 일은 쉽지 않았다. 협동조합에 대한 이해도 부족했고, 협동조합의 정신을 구체적으로 살려 가는 방안을 만들어 낼 상상력도 부족했다. 경향 각지에서 모인 준비 일꾼들은 밤을 새우기 일쑤였다. 어떤 문제를 가지고 이야기를 해도 명쾌한 답을 얻기 어려웠다. 특히 새로운 매체의 내용과 형식에 대해서는 늘 긴 그러나 명쾌한 답은 나오지 않는 토론이 반복되었다.

명쾌한 결론이 없다고 매체 발간을 마냥 미룰 수는 없었다. '만들면서 방향을 잡는다' 는 마음으로 마침내 《오늘의 교육》 창간호를 세상에 내놓았다. 우리는 창간호에서 '오늘날 학교에서 교육이 가능한가?' 를 물었다. 오늘의 암담한 교육 현실을 드러내는 것으로부터 논의를 시작하자는 것이었다. 창간호의 기획이 2호, 3호로 이어지면서 상황은 분명해졌다. 교육의 불가능성! 이것이 바로 우리가 새로운 매체를 만들면서까지 하고 싶었던 말이었다. 일단 말을 하고 나니 그렇게 절실할 수가 없었다.

오늘날 학교는 '교육 불가능의 공간' 으로 변모해 가고 있으며, 아이들과 교사들은 학교에서 너무도 고통스러운 나날을 보내고 있다. 부모들 역시 고통에서 자유롭지 않고, 젊은이들은 아예 학부모 되기를 포기하기에 이르렀다. 학교의 위기를 드러내는 징후들은 이미 너무 많이 이야기되었다. 십여 년 전에는 '학교 붕괴' 의 실상이 드러나면서 사회를 충격에 빠뜨리기도 했다. 그러나 충격은 사회적 담론으로 승격되지 못했다.

이제 교사들이나 아이들이나 붕괴되고 있는 학교에 익숙해지면서 적응해 가는 것처럼 보인다. 정부의 교육개혁은 교육 현장을 붕괴시키는 정도를 넘어 지옥으로 만들어 가고 있다. 민주화 운동 시기에 교육 운동을 이끌어 왔던 전교조는 정부의 정책을 반대하는 것만으로도 힘겨워 보인다. 교육 관련 NGO들의 대응은 학교의 교육 불가능이라는 현실에 비해 너무 지엽적이거나 한가하다.

　〈교육공동체 벗〉은 절박한 마음으로 오늘날 지옥으로 변해 가는 교육 현실을 '정직하게' 드러내려고 한다. 교육 현장 속에서 교육 주체들이 느끼는 슬픔과 안타까움을 나누고, 함께 공부하면서 이를 넘어서는 새로운 실천의 지평을 정초하려고 한다. 격월간 《오늘의 교육》은 창간호로부터 세 번 연이어 '2011년 한국 교육, 야만의 지형도를 그리다' 라는 주제로 오늘날 학교의 교육 불가능을 드러내는 작업을 했고, 그 결과물을 책으로 엮어 세상에 내놓는다.

현장의 목소리를 들어 보라. 지금 학교에서는 수업이 제대로 안 된다. 아이들은 수업을 외면하고, 교사에게 대들고, 잠을 잔다. 아이들끼리의 먹이사슬은 더욱 공고해지고, 폭력과 일탈은 더욱 광범위하게 확산되어 간다. 우등생은 학원에서 공부하고 열등생은 친구들 만나는 재미 하나로 학교에 간다. 한 해에 7만 명이 학교에서 밀려나는데, 이렇게 밀려난 아이들의 상당수는 정당한 대우를 받지 못하는 알바를 하며 연명하거나 성性산업에 편입된다. 학교는 좌절의 공간이고, 세상은 혼자 힘으로 헤쳐 나가야 할 정글이다.

　교사들도 학생들만큼 무기력하다. 교사 집단을 관통하는 안락의 정서는 더욱 짙어지고 있다. 교사는 신자유주의적 교육개혁을 통해 '자기 혁신' 이라는 신자유주의 이데올로기에 포섭되고, 강화되는 평가 시스템 속에서 지식인으로서 정체성도 교육자로서 책무감도 내버린다. 일제고사로 대표되는 학교 간 경쟁이 강화되면서 교사들은 오로지 학생들의 성적으로 평가를 받게 되고, 결국 거대한 경쟁

시스템의 부속품이 된다. 전인교육은 고사하고 입시 교육에서도 주도권을 학원에 빼앗긴 교사들은 그저 학생들 스펙이나 정리해 주는 관리자로 전락한다.

그러므로 학부모는 학교와 교사가 방기한 몫을 떠맡아야 한다. 학부모는 아이가 일탈하지 않도록 감시하는 야경夜警이자, 학교 안과 밖의 모든 자원을 총동원하여 스펙 쌓기에 전념할 수 있게 스케줄을 관리해 주는 매니저가 되어야 한다. 그렇게 해서 아이를 명문대에 보내 놓지만 정작 아이들은 스스로 아무것도 할 줄 모르는 어른이 된다.

학교는 입시 경쟁 트랙의 정당성을 보장하는 역할을 하며, 이런저런 이유로 경쟁에서 처지는 아이들이나 입시 경쟁에서 불리한 위치에 있는 아이들을 체계적으로 배제시키는 기관이다. 아이들의 작은 일탈이나 실수는 교육적으로 수용되고 승화되는 것이 아니라 처벌의 사유가 된다. '문제아'들은 학교의 수업 분위기를 해칠 뿐만 아니라 평균을 깎아 내리는 역할을 하는 해로운 존재다.

장애인은 함께 살아갈 대상이라기보다는 분리되어야 할 특수한 존재로 여겨진다. 통합교육을 권장하지만 마음으로도 능력으로도 통합할 준비가 되어 있지 않다. 공부를 못하는 아이들을 위한 방과 후 프로그램 같은 것이 운영되지만 아무런 실효가 없다. 아이들 개개인의 특성과 조건을 파악할 성의도 능력도 없는데, 어떻게 도울 수 있겠는가? 이들은 그저 귀찮은 존재들이다.

공부에 뒤떨어지는 아이들, 문제아로 찍힌 아이들, 장애가 있는 아이들은 '폭탄'이다. 어떻게든 기피해야 할 대상이다. 더 배려받아야 할 아이들에게 가해지는 배제와 냉대는 교사의 이기주의와 학교의 무사안일만을 뜻하지 않는다. 그것은 가혹해야만 살아남는 냉정한 시대정신의 표현이다.

천신만고 끝에 대학에 들어간다고 해서 문제가 해결되는 것이 아니다. 최근 개혁이란 미명으로 대학은 완전히 시장이 되었다. 천문학적인 등록금을 대기 위해 알바를 하느라 정작 해야 할 공부를 하지 못하는 가난한 학생이 부지기수다. 가난해서 연애마저 포기하는 학생들이 늘고 있다. 치열한 생존경쟁은 학생들을 원자화하여 연대할 수 없게 한다.

시장의 논리가 학교를 지배하면서 대학은 더 이상 진리를 탐구하는 곳이 아니게 되었다. 인문 교양 강좌는 영어나 경영학에 밀려 폐강되기 일쑤고, 대학원생들은 외부 프로젝트 보고서를 쓰느라 정작 자기가 하고 싶은 공부를 하기 어렵다. 사교육비를 가장 많이 쓰는 것이 대학생이라는 통계에서 보듯 대학의 교육과정 자체가 무용지물이 되어 가고 있다.

고려대를 자퇴한 김예슬이든, 징벌적 등록금으로 600만 원을 납부하고 자살 충동에 시달리는 카이스트 학생이든, 진종일 이어지는 알바로 피곤에 절어 울면서 과제를 하는 '지잡대' 학생이든, '팔려가기 위해' 스펙을 쌓아야 하는 심적 고통으로 선배 앞에서 눈물을 보이는 '명문대생' 이든 체제가 아로새긴 분명한 상처가 있음에도 그것을 드러내지 못하고 홀로 견뎌야 한다는 점에서 그들은 모두 똑같은 투명인간이다. 대학의 위기 혹은 대학생의 삶의 위기란, 유령이 유령을 알아보지 못하는 데서 비롯되는 것이다.

우리는 '교육 희망'이 아니라 '교육 불가능'이라는 언어를 사용하고자 한다. 그것은 도발이 아니라 성찰의 의지이다. 학교를 향한 응원의 언어들, '학교야 힘내라!', '선생님이 희망입니다~' 따위에 숨어 있는 위선과 기만을 우리는 잘 알고 있다. 이런 상투적인 언어가 근본적 사유를 가로막고 있다.

물론 교육 불가능한 학교에도 아이들은 있고, 아이들이 있는 곳에는 어디에나 감동적인 성장 이야기가 만들어지는 법이다. 그러나 이것은 학교가 만든 것이 아니라, 학교의 힘이 미치지 못하는 영토에서 아이들끼리 혹은 교사와 아이들이 만들어 낸 것이다. 이런 사례를 들어 여전히 학교 안에 희망이 있다고 말하는 것은 그 선의에도 불구하고 낡은 체제를 유지시키는 데 기여할 뿐이다.

우리도 희망이 있다고 믿는다. 그러나 그 희망은 현실을 정직하게 보는 데서, 현실의 교육 불가능성을 고통스럽지만 인정하는 데서, 그리고 새로운 철학과 방법을 치열하게 모색하는 데서 나오는 것이다. 그런 점에서 학교의 교육 불가능을 말하는 것은 사실 '희망의 페다고지'를 말하는 것과 다르지 않다. '교육 불가능'은 좌절의 언어가 아니라 '래디컬'한 희망의 언어다.

우리는 지금 한국 사회를 향하여 외로운 증언을 하고 있다. 500여 명의 〈교육공동체 벗〉 조합원들만이 함께 나누었던 이야기를 널리 공유하려고 한다. 그 증언들이 반향을 일으키기를, 그리하여 교육 불가능을 희망으로 바꾸어 내는 토론과 모색의 마당이 펼쳐지기를 간절히 기대한다.

2011년 10월
오늘의 교육 편집위원회

1부

신자유주의는 우리 내면을 어떻게 바꾸어 놓았나

이
계
삼

오늘날
학교 현장의
'교육 불가능' 에 대한
사유

우선, 나 자신의 이야기로부터 시작한다. 수업을 위해 교실에 들어가면 내가 제일 먼저 하는 일은 엎드려 자는 아이들을 깨우는 것이다. 오후 시간 5교시, 6교시 수업을 들어가면 모든 아이들이 자고 있는 일도 흔하다. 새 학년이 시작될 때, 기대감보다 권태감이 엄습한다. 올해도 또 매일처럼 졸음과 싸우겠구나, 하는 생각. 하루 이틀도 아니고, 거의 모든 수업을 이렇게 시작해야 한다는 권태로부터 교육 불가능에 대한 나의 사색은 출발한다.

인문계 고등학교에 다니는 아이들은 대체로 이렇게 극심한 육체적 피로에 노출되어 있다. 왜 이렇게 많이들 자는지, 이 아이들이 어른이 되었을 때 전국민적인 척추측만증이 만연해 있지나 않을지 걱정스러울 정도이다. 공부를 잘하는 아이건 못하는 아이건, 그들에게는 밤새 잠을 자지 않고 (해야) 하는 일이 있는 것이다. 그리고, 학교는 아이들의 부족한 잠을 달아나게 할 수 있을 교육적 기술을 개발하는 일에 턱없이 실패하고 있다. 아니, 아이들의 부족한 밤잠은 학교가 갈수록 무의미한 공간으로 전락해 가는 것과 긴밀하게 연동되어 있다. 아이들은 학교에 빼앗긴 하루 일과 이후로부터 자신에게 실제로 중요한 뭔가를(그것이 학원 수강이건 과외건 알바건 예체능 교습이건 컴퓨터 게임이건) 하다 보니, 밤잠이 그렇게들 부족한 것이다. 내가 체감하고 있는 바, 오늘날 대한민국의 인문계 고등학교는 사실상 '여관' 이다.

교육 당국과 일선 학교 관리자들은 어쨌든 모든 아이들을 깨워서 수업 과정에 참여시켜야 한다고 믿고 있을 것이며, 그것이 가능하다고 전제한 상태에서 교육행정을 펼쳐 나가는 것으로 보인다. 사실, 이것이 불가능한 것임을 그들도 모르지는 않을 것이다. 그러나, 이를 인정하는 순간 많은 것이 달라지게 되므로 그들은 이런 현실을 애써 외면하는 듯하다. 그들의 관심이란 오직 드러난 수치(이를테면 대학 진학 성과, 일제고사나 사설 모의고사에서 거두는 성적)일 것이며, 이와 연관된 자신의 관료적 이해관계뿐일 것이므로.

왜 아이들은 갈수록 글쓰기를 귀찮아할까

내가 체감하고 있는 몇 가지 평범한 사실들을 통해 좀 더 진전된 이 야기로 들어가 보자. 우선, 아이들의 글쓰기와 관련한 문제이다. 국어 교사로서 내가 가장 중요하게 여기는 것은 아이들로 하여금 '스스로 말하게 하는 것' 이다. 서로 돌아가며 모둠 일기를 쓰면서 소소한 일상의 경험을 나누는 글이건, 사회적 이슈에 대한 자신의 견해를 쓰는 일이건, 자신의 내면에 감춰진 기억, 욕망 따위를 드러내는 글이건, 삶을 언어로 표현하는 것은 천금처럼 소중하다고 믿어 왔다. 그동안 이 작업을 게을리하지 않았다고 자평하는 내가 실감하는 변화는 아이들에게 글을 쓰게 하고, 그 글을 읽는 작업이 갈수록 재미없고 고통스러운 일이 되어 가고 있다는 사실이다. 정성스러운 글, 절실한 글, 사고의 깊이를 느끼게 하는 글을 만나는 것이 갈수록 힘들어지고 있다. 물론 글쓰기 교육은 교사의 정성이 크게 작용하는 영역이고, 나 또한 그 정성 면에서 지속적으로 열도가 떨어져 왔던 것도 분명하므로 이런 표현은 분명 어폐가 있다. 그러나 이를 차치하고서라도 아이들의 글쓰기에서 갈수록 짙어지는 특징이란 한마디로 글쓰기 자체를 귀찮아하는 경향이다. 그리고 글을 쓴다고 한들, 그럴듯한 이야기, 하나 마나 한 이야기들로 시종하는 글들이 그렇지 못한 글보다 훨씬 많다는 것이다. 물론 이것은 굉장히 복잡한 인과관계가 작용하는 것이 분명하지만, 뚜렷한 것은 아이들이 지적 사고로부터 퇴화하고 있다는 것, 그리고 자기 내면의 진실이건 사회적 진실이건 '현실' 과 대면하는 것을 두려워하고 있다는 사실이다. 그것은 다른 표현으로 아이들이 내면적인 고립 상태로부터 벗어나지 못하고 있으며, '자기도취' 와 '자기혐오' 의 쳇바퀴를 돌아가는 미성숙한 자아로부터 벗어나지 못하는 뚜렷한 경향이 존재한다는 것이다.

이야기를 조금 더 넓혀 보자. 사르트르는 '타인은 지옥'이라고 했는데, 내가 관찰하기에 아이들이 타인에 대해 기대나 설렘보다 두려움을 먼저 갖게 되는 경향은 더욱 짙어지고 있다. '친하지 않은 아이'를 경계하며, 자기들의 동아리 바깥 세계에 대한 적의와 공포를 갖고 있다. 그러므로 아이들의 교우 관계는 수없는 오해 속에서 왜곡되며, 작은 일그러짐에도 예민하게 폭발하거나 무너져 내린다. 내친 김에 한 가지만 더 짚어 보자. 아이들에게 청소하는 법을 가르치는 일이 너무나 힘들다. 집에서든 어디서든 일손을 돕거나 몸을 써서 무슨 일을 해 본 경험 자체가 전무한 아이들이 적지 않다. 모둠 활동이나 협력적 작업에도 턱없이 무능하다. 물론 이것은 아이들의 성장과 관련되는 총체적인 판단이지만, 학교가 한 존재의 지적 정서적 '성장'이라는 과업으로부터 완전히 실패하고 있다는 사실의 뚜렷한 증거이기도 하다.

학교는 '의미 없는' 공간이 되었다

그러나, 이것은 하나 마나 한 이야기다. 다들 알고 있는 이야기이기도 하다. 이런 현실을 한 번 더 짚어 보는 것이 대체 무슨 의미가 있겠는가. 중요한 것은 이런 점이다. 아이들이 의견을 묻는 글쓰기 과제에 대해 '잘 모르겠다'고 답해 버리고 마는 것, 판단에 대한 이유를 물으면 '그냥'이라거나, '그런 것 같다'라고 얼버무리는 것에는, 아이들이 엎드려 자는 것으로 학교에서 보내는 대부분의 시간을 때워 버리거나 흘려버리는 것으로 학교생활의 무의미함을 잊어버리려는 것과 비슷한 동기가 엎드려 있는 것이다. 요컨대, 아이들의 이러한 무기력과 권태의 뒤편에는 '생각하고 싶지 않은, 거대하고 복잡하고 짜증 나는 어떤 세계'가 있는 것이다. 아이들은 무기력하지만 또한 이 세계와의 대면을 주체적으로 외면하고 있는 것이다.

이것은 갑자기 생겨난 현실인가. 물론 그렇지는 않을 것이다. 그러나, 이 변화의 흐름과 폭에 최근 들어 분명한 변화가 감지되고 있다. 내가 지금껏 이야기한 이런 일련의 경향들은 인문계 고등학교, 그래도 중학교 내신 성적 기준으로 50% 내외의 학생들로 채워진 고등학교에서 얻은 실감이다. 양태는 다르지만, 여러 공간에서 여러 방식으로 아이들의 변화는 감지된다. 초등학교, 중학교, 전문계고를 포함한 거의 모든 학교들에서 변화는 일어나고 있다. 그리고, 이런 현실의 배면에 광대하게 흐르는 저류가 존재하며, 여러 계기를 만나 분출하고 있다. 이 다양한 변화는 학교가 의미 없는 공간으로, '교육 불가능'의 공간으로 전락해 가고 있다는 말로써 집약할 수 있을 것이다. 나는 이것을 1990년대 말 IMF 구제금융 사태 이후로부터 시작된 한국의 사회경제적 변화에서 일차적으로 연유하는 현상으로 설명하고자 한다.

내가 겪고 들은 현실들

최근 몇 년 사이 우리 지역 중학교들에서 큼직한 사건들이 벌어졌다. 교사의 체벌에 불만을 품은 아이들이 학교에 불을 지른 일이 있었다. 다행히 큰 사고로 번지지 않았지만, 많은 이들에게 충격을 주었다. 초등학교 고학년생, 중학생들이 교사에게 대들거나 위협을 가하는 일은 이제는 그리 놀라운 일이 아니다. 여중생들 사이에서 광범위한 규모의 상납 조직이 적발되고 있다. 그것이 불씨가 되어 가해자 아이들과 그 부모, 피해자 아이들과 그 부모 사이에서 심적 고통을 겪던 한 여선생님이 자살하는 비극적인 일도 있었다.

교사들이 아이들에게 '치를 떠는' 일들이 생겨난다. 어서 빨리 방학이 오기만을 기다리며 하루하루 버티는 교사들이 적지 않다. 자기들만의 자리에서는 '힘들어서 못해 먹겠다' 고 호소한다. 이런 극단적인 경우가 아니더라도, 교사들은 아이들이 통제가 되지 않고 무엇보다 수업 자체가 너무나 힘들다고 호소한다. 나는 이러한 '교육 불가능' 에 대한 이야기를 지역에서 전교조 활동을 하면서, 타 지역에 강의를 다니면서, 특히 초등학교, 중학교 교사들로부터 수도 없이 들었다.

    신자유주의는 우리 내면을 어떻게 바꾸어 놓았나

오늘날 많은 교사들에게 화급한 것은 아이들의 성장을 위한 교육이 아니라 아이들과의 관계에서 교사로서 자기 입지를 구축하는 것이다. 그만큼 교실에서 교사의 입지가 위태롭다. 원래 교실은 교사가 행사하는 '공식 권력'과 아이들 사이에 구축된 '비공식 권력'이 각축하는 장이었다. 그러나, 교사의 공식 권력을 아이들의 비공식 권력이 넘겨받고 있는 경향이 존재한다. 젊은 여교사, 육체적인 완력을 행사하지 않거나, 인간적인 약점을 노출하는 교사들에게 마치 용암이 약한 지반을 뚫고 분출하듯이 수업이나 학급 운영에 대한 통제를 거부하는 일이 생겨난다. 비공식 권력이 공식 권력을 제압하는 어떤 계기를 겪은 이후로부터 교실은 급속도로 무너진다.

전문계고는 일찌감치 게토화되어 있었다. 그리고 전문계고는 나름의 적응 기제(포기와 인정) 속에서 스스로를 지킬 수 있었다. 전문계고는 숙련된 기능 인력을 배출하는 과업에 거의 실패하고 있지만, 대학 정원이 이들 전문계고 졸업생들까지도 포괄해 주었기 때문에 그나마 존립할 수 있었다.

오늘날 아이들의 이러한 일탈과 저항을 학교는 어떻게 처리하고 있는가. 익히 지켜보았다시피, 학교는 아무런 대책이 없다. 그저, 학칙의 처벌 규정을 턱없이 강화하고, 자퇴나 전학을 권고하거나 퇴학시키거나 아니면 아이들을 학교 바깥 기관에 떠넘기는 것밖에는 하지 못하고 있다. 그러면서 이들 전문계고의 선례를 따라 적극적인 일탈과 저항에 대해서는 교육을 포기하고, 그 나머지에 대해서는 사실상 방관하면서 연명할 가능성이 높다.

교사 – 학부모 : '공모'

한국 교육의 근원적인 불행이란 교육을 통한 신분 상승 외에는 다른 삶을 향한 출구가 이 사회에는 전혀 존재하지 않는다는 사실에서 연유한다. 식민지와 해방, 분단과 한국전쟁을 거치며 한국 사회는 다른 삶에 대한 상상력도 가능성도 원천적으로 봉쇄된 '닫힌 사회'로 급속하게 재편되었다. 따라서 학교에 대한 일반적인 기대, '육체와 영혼의 조화로운 성장' 따위 전인교육의 가능성은 근대 학교교육이 수입되던 애초부터 거의 박멸된 상태에서 출발하게 되었다. 인간의 품위을 지키는 방식, 살림살이를 혼자 힘으로 이끌어 나갈 수 있을 독립의 능력, 심미적 감수성, 지적 사고와 비판적 지성의 배양 따위가 학교교육에 기대되지는 않았다. 학교교육에 대한 기대치는 턱없이 낮았다. 그것이 비교육적 반교육적 습속과 관행으로 점철된 한국의 학교가 지금껏 존립할 수 있었던 이유이다.

이 체제는 두 개의 축이 지탱해 왔다. 교사와 학부모 사이에 형성된 공모共謀 관계가 그 한 축이다. 학부모는 다른 곳에 아이들을 맡길 데가 없었다. 설령 그런 공간이 있다 하더라도 달리 어쩔 도리가 없었다. 노동시장으로 배출되는 통로를 학교가 독점한 상황에서 학교 바깥을 사유하는 것은 용기 있는 극소수와 학교로부터 구체적인 상처를 입은 이들에게나 가능한 일이었다.

교사들은 말할 것도 없이 이 체제의 적극적인 공모자였다. 물론 전교조가 태동하던 무렵 짧은 시간 동안 변혁의 열기를 발산한 적이 있었지만, 대부분의 시간, 그리고 전교조가 이 체제를 승인하는 사실상의 들러리가 되어 버린 오늘에도 공모 관계에 놓여 있다. 공모에는 독재 정권 찬양이나 입시 경쟁 교육의 기획과 실무를 담당하는 적극적인 방식만이 아니라 아이들의 고통과 관련되는 핵심적인 문제에 대해서는 무력하게 외면함으로써 이 체제를 더욱 탄탄하게 해 주는 소극적인 방식도 있다. 예컨대, 일제고사와 학생인권조례를 둘러싼 지금 전교조의 대응을 생각해 보라. 독재 정권 찬양에 앞장선 옛날 교련과 일제고사와 학생인권에 침묵하는 지금의 전교조가 과연 본질적으로 '다른' 역할을 수행하고 있다고 말할 수 있는가.

학생 : 복종과 동일시

일찍부터 자신의 삶을 관리당해 온 아이들은 '학교에 가야 한다, 학원에 다녀야 한다, 그래서 공부를 잘해야 한다' 는 당위를 인정하기는 싫지만 어쨌든 자명한 것으로 받아들이게 된다. 어머니까지 나서서 학원비를 대기 위해 아르바이트를 하고, 학원에서 돌아올 때까지 밤참을 만들어 놓고 기다리며 부모는 자식에게 최대한의 헌신으로 모범을 보인다. 그것은 아이들에게는 이 당위를 받아들이지 않을 수 없게 하는 강력한 호소이며 웅변이다.

아이들로 하여금 이 체제에 복종할 수 있게 했던 또 다른 힘은 '어쨌든, 너는 승리할 수 있으리' 라는 예외자로서 자기 암시, 다른 말로 극소수 성공한 이들과의 동일시이다. 이를테면, 중학교 내신 성적이 20% 이내에만 들어도 아이들은 2% 정도의 아이들에게만 허용되는 '스카이SKY 대학' 이상을 꿈꾼다. 동일시의 프레임은 대단히 강력하여 최소 30%, 최대 70% 이내의 아이들에게까지 이 가망 없는 경쟁의 대열에 남아 있게 만든다. 그리고, 이 복종과 동일시의 프레임으로부터 현저히 밀려난 아이들, 동참할 조건이 되지 않거나 애초부터 불가능했던 아이들이 자신들을 향한 무시와 냉소에 적극적으로 저항하면서 또 한편으로 자신들만의 성채를 구축하고 있는 것이다. 그리고 때로는 학교 폭력으로, 때로는 교사에게 대들면서, 때로는 졸업식 알몸 뒤풀이 같은 가학적 유희로써 사회에 자신들의 존재감을 드러낸다.

이 현실의 밑바탕에 작동하고 있는 사회경제적 변화

아이들의 변화로부터 시작되는 이 현실의 변화를 설명하는 여러 관점들이 있을 수 있다. 나는 이것을 사회경제적 변화로부터 시작된 것으로 보는데 두 가지 동인으로 나누어 설명하고 싶다. 하나는 IMF 구제금융 체제 이후로부터 시작된 신자유주의적 경쟁 사회로의 재편이며, 다른 하나는 '취업난' 으로 표현되는 경제적 불황이다.

내가 이런 생각을 할 수 있었던 것은, 이를테면 '졸업식 알몸 뒤풀이' 같은 일들 때문이다. 올해는 경찰 권력의 유례없는 호들갑으로 수면 아래로 가라앉기는 했으나 아이들 세계에 자리 잡고 있는 선후배 사이의 먹이사슬과 그들 동아리에서 벌어지고 있는 가학적 유희가 사라진 것은 아니다. 그리고 앞서 이야기한 바와 같이 이미 학교에는 상당한 형태로 이와 같은 아이들의 일탈이 교사들의 정상적인 수업과 학급 운영을 불가능하게 할 정도로 커다란 질곡이 되어 있다. 중요한 것은, 그러한 세레모니를 통해 드러나는 그들의 일탈 심리와 학교에 대한 조롱, 그리고 자기네들 사이에 구축된 대단히 조직적이고 공고한 먹이사슬의 구조이다. 내가 주목한 것은, 졸업식 알몸 뒤풀이뿐 아니라 지난 시절과 구별되는 숱한 극단적 저항과 일탈에 연루된 아이들이 1990년대 중반, 혹은 후반 출생이라는 점이다. 즉, 그들이 대부분 IMF 구제금융을 전후한 시기에 태어났다는 사실이다. 실제로 내가 글쓰기 수업을 통해 아이들의 부모의 삶과 가족사를 글로 정리하는 과제를 주었을 때, 굉장히 많은 아이들의 글에서 'IMF'가 등장했다. 아버지가 사업에 실패하거나, 직장을 그만두었거나, 그 이후 어려워진 살림 때문에 부부싸움이 잦아졌다거나, 더러 이혼을 했다거나, 대도시에서 시골로 이사를 오게 되었다거나 하는 식의 변화 말이다. 물론 IMF 이후로 살림살이가 더 나아졌다는 경우는 전혀 찾아볼 수 없었고.

IMF 구제금융 사태는 말하자면 그 이전과 이후의 한국 사회를 뚜렷하게 구분 짓는 계기일 것이다. 그리고, 그것이 교육에 미친 일차적인 영향은 한국 사회에서 아이들의 양육 패턴이 질적으로 변화했다는 것이다. 나는 이 변화를 어느 칼럼에서 이렇게 표현한 바 있다.

구조조정, 정리해고, 비정규직이라는 단어들이 이때부터 생겨났고, 생계 비용에 대비한 노동자들의 실질소득이 감소하기 시작했다. 대부분의 부모들은 할 수 없이 맞벌이를 해야 했고, 많은 부모들이 이혼과 별거로 아이들을 홀로 키우거나 시골의 조부모님 댁에 맡기기 시작했다. 그렇게 해서 남겨진 아이들이 유소년기의 대부분을 학원과 인터넷, 텔레비전으로 보내며 자라나기 시작했다. 아이들은 뛰어놀 수 없었고, '살아 있는 세계'와 교섭할 수 없었다. 그리하여 아이들의 움터 오르는 그 '정직한 에로스'는 억압되었고, 자폐적이고 파괴적인 놀음의 과정 속에서 '욕구와 충동의 덩어리'가 되었다. 그렇게 자라난 첫 세대가 지금 중학교를 졸업하고 있는 것이다. 누가 부모들을 탓할 수 있겠는가. 지난 10여 년 사이에 먹고사는 일이 너무나 가파른 곡예가 되었기 때문이다. 부모들은 먹고살려고 몸부림치느라 아이들과 함께 지낼 수 없었다. 뒤처지면 곧장 먹잇감이 되는 이 정글 같은 세상에서 그나마 뒤처지지 않게 하려고 부모는 아이를 학원에 보내야 했고, 그 학원에 다닐 비용을 대기 위해 더 많이 일해야 했고, 그래서 더더욱 아이들과 함께 지낼 수 없었다. 이 악순환의 시간은 지금도 계속되고 있는 중이다.

IMF 구제금융 체제 이후에 사교육이 번성했다는 것은 비상한 의미가 있다. 비정규직이 확산되고 생계 비용에 대비한 노동자들의 실질소득이 감소되는 시점에서 아이들이 사교육을 시작하는 시점이 더 빨라졌고, 사교육의 영역과 종류가 확대되고 다양해졌으며, 가계경제에서 사교육비의 비중이 더욱 높아진 것은 어떤 의미가 있는가. 어느 논객은 '우리 안의 이명박'이라는 패러다임으로써 사교육 학습 노동으로 자식을 내모는 '의식 있는 인텔리 부모'의 이중 심리를 비판하지만, 그것은 부분적인 설명력을 가질 뿐이다. 오늘날 사교육의 번성은 부모의 학력이나 사회의식, 사회적 지위와 무관하게 먹고사는 일이 너무나 강파른 곡예가 되어 버린 현실과 그 개선의 전망이 불투명한 상황에서 '공부에서 밀리면 끝'이라는 절박한 공포감에서 연유한 것이다.

고등학교에 이어 초등학교, 중학교 교실마저 무너지고 있는 것은 많은 부분 학원과 과외에 시달린 아이들의 정서, 너무나 이른 시기부터 경쟁으로 내몰린 아이들의 스트레스와 이를 풀어내려는 충동의 자연스런 귀결이다. 어차피 공부는 학원에서도 할 수 있는 것이며, 학교는 재미없고 따분하기만 하다. 새롭게 배울 것도, 재미도 없는 교실에서 아이들은 그저 몸과 마음을 해방시키고 싶을 따름이다. 잠을 자든, 떠들고 놀든 어차피 아이들은 학교 끝나면 학원에는 가야 하기 때문이다. 학교는 이제 보육保育 시설도 되지 못하고, 보육保姆 시설로 전락하게 된 것이다. 이처럼 오늘날 학교의 교육 불가능은 많은 부분 IMF 구제금융 체제 이후의 사회경제적 변화로부터 발원한다.

1990년대 중반 이후부터 '교실 붕괴'가 이야기되었다. 그러나 당시의 교실 붕괴 현상은 민주화와 경제성장으로 일찍부터 자유주의적 분위기에서 양육되었고 소비문화에 노출된 세대가 학교로 진입하면서 권위적인 학교교육과 충돌하면서 생겨났고, 그런 의미에서 문화적 성격이 짙었다고 본다. 그러나 오늘날 학교 현장의 '교육 불가능'은 이보다 훨씬 광범위하고 짙은 농도로 학교 공간을 발본적으로 해체하고 있다. 그것은 이러한 '교육 불가능'이 앞서 보았듯이 한국의 사회경제적 토대의 변화와 연관된 심층적인 현상이기 때문이다. 이것은 취업난 문제에서 더욱 확연하게 드러난다.

취업난

학교는 학력을 인증하는 유일한 기관이며, 따라서 상급 학교로 '진학'을 시킬 수 있는 권능을 여전히 독점하고 있다. 오늘날 학교는 학벌이라는 증서를 획득하여 노동시장으로 진입시켜 주는 기능으로만 남아 있는 것이다. 그러나, 이제 취업이라는 최종의 '출구'가 서서히 막혀 가고 있다. 이 부분은 좀 더 면밀한 접근이 필요하지만, 우선 내 개인적인 체험을 좀 이야기해야 할 것 같다.

재작년 무렵의 일이다. 교무실로 한 졸업생이 인사를 하러 왔다. 그 친구는 학교 다닐 때 공부를 잘해서 많은 선생님들이 기억하고 있었는데, 지방 국립대 중에서는 손꼽히는 대학의 행정학과를 졸업했다. 그 학과에 들어가기 위해서는 내신 성적이 3년간 평균 1.5~1.8등급 이내에 들어야 하고, 수능 성적 역시 언·수·외·탐 평균 2등급 이내여야 한다. 그런데, 이번에 9급 공무원 시험에 합격해서 발령받기 전에 학교에 인사를 드리러 왔다는 것이다. 그 친구가 다녀간 뒤, 교사들끼리 이런저런 이야기를 주고받았다. 그 학과는 예전에는 졸업하고 나면 행정고시를 보거나, 아니면 7급 공무원 시험을 준비해서 적지 않게 합격하던 명문 학과였는데, 그새 눈높이가 많이 낮아졌다는 것이다. 그런데 그 친구는 9급 공무원 시험에서도 70대 1의 경쟁을 뚫어야 했다는 것이다.

작년 여름 무렵, 나는 교원대학교 학생들의 초대를 받아 이야기를 한 적이 있다. 그 자리에 국어교육과 학생이 와 있기에 뒤풀이 자리에서 내가 쓴 국어교육 관련 책을 선물해 주었다. 그 책은 주로 언어교육, 인문교육에 관한 내 체험을 정리한 것인데, 제목을 굳이 '삶을 위한 국어교육'이라고 정한 것은 현장 국어 교사나 그 친구 같은 국어교육과 학생들이 읽어 주기를 바라는 마음 때문이었다. 그러나, 그 친구의 말이, 국어교육과 학생들은 이런 책을 읽을 여유가 거의 없다는 것이었다. 자기 과 친구들은 대부분 2학년 때부터 임용 시험 준비를 시작해서 4학년 때까지, 방학 때는 노량진까지 올라가서 공부를 하는데, 졸업할 무렵에는 한 학년 30명 중에 겨우 5명 내외가 합격한다는 것이다. 임용 시험 경쟁이 치열하다는 것을 모르지는 않았지만, 그 정도일 줄은 몰랐다. 교원대 국어교육과는 고3 담임을 해 본 내 경험으로는 거의 SKY 대학에 들어갈 정도의 수능과 내신 성적이 되어야 입학할 수 있는, 굉장히 우수한 아이들의 집단이다. 그런데 그 학과에서도 국어 교사가 되기 위해 다른 대학 생활 전부를 희생시키면서 시험을 준비해도 합격률이 20%가 되지 않는다는 사실, 그런데 그 합격률도 다른 학과와 비교하면 상당히 높은 수치라는 것이다.

놀랍지 않은가. 9급 공무원, 중등 국어 교사라는 안정적인 일자리를 얻는 데에도 이 정도로 엄청난 경쟁을 뚫어야 하는 것이다. 상위권 대학이 이 정도이니 지방 사립대학이나 전문대학은 굉장히 심각하다. 얼마 전, 3학년 때 담임을 했던 아이 몇 명이 학교를 찾아왔다. 군 입대를 앞둔 대학 2학년생들이었는데, 셋 중에 두 녀석이 학교를 제대로 다니지 않고 있었다. 이 친구들은 모두 지방 전문대학을 다니고 있는데, 학과 분위기가 침체되어 있기도 하고, 무엇보다 취업 전망이 어두워 계속 다녀야 할지 고민이 되어 일단 휴학을 했다고 한다. 군입대 전에 육체노동을 해서 돈을 좀 모아 보리라 생각하고는 함께 몇 달간 일을 했다고 한다. 말투에서 서울 쪽 억양이 느껴지기에 어디서 일했냐고 물었더니 경기도 어디 공장에서 일을 했다고 한다. 여름날 고된 노동으로 눈에 띄게 검어진 낯빛에 서울 쪽 억양으로 말투가 변해 버린 아이와 마주 앉아 있으니 마음이 아팠다. 결국 군대를 다녀와도 녀석은 이렇게 세상에서 떠돌아야 할 것이라는 예감 때문이었다.

이런 취업난은 이제 대학 교육뿐 아니라 초·중등학교 교육에도 영향을 미치고 있다. 경쟁은 갈수록 극렬해진다. 거의 총력전 체제이다. 그것은 물론 역대 정권의 적극적인 교육 시장화 정책의 결과이기도 하지만, 무엇보다 앞선 사례들처럼 '교육을 통해 먹고살 만한 지위를 얻기가 더욱 힘들어졌기' 때문이다. 이를테면 등교 마감 시각이 되어 학교 교문이 스르르 닫히기 시작하면 그 이전까지 천천히 걷던 아이들도 선 안에 들어가기 위해 질주를 시작하듯이, 안정적인 삶으로 나 있는 문이 스르르 닫히기 시작하면서 경쟁은 더욱 극렬해지는 것이다.

나는 이것이 일시적인 경기 하강 국면에서 생겨나는 취업난으로 생각하지 않는다. 이것은 대단히 구조적인 문제이다. 그것은 자본주의 세계 경제가 사실상 공황에 준하는 수준으로 주저앉고 있는 현실의 반영이다. 1930년대의 공황을 2차 세계대전을 통해 돌파한 세계 자본주의는 전쟁 후에는 제3세계를 공략하면서 크게 성장했지만, 그 이윤율 성장의 정점은 1970년대였다는 것이 경제학자들의 일치된 견해이다. 그 이후의 신자유주의 세계화나 WTO 체제, 그리고 FTA 체제로의 이행은 사실상 이윤율 저하로 생겨난 손실을 자국의 약자나 제3세계 민중들에게 떠넘기는 과정이었다. 산업자본주의가 사실상 돈 놓고 돈 먹기에 다름 아닌 금융자본주의로 이행한 것도, 물건을 만들어 파는 시스템으

  신자유주의는 우리 내면을 어떻게 바꾸어 놓았나

로는 더 이상 큰 이윤이 만들어지지 않기 때문이다. 그리고 이 돈 놓고 돈 먹기 식의 '카지노 자본주의'는 2008년 크게 한 번 요동쳤지만, 천문학적인 구제금 융으로 틀어막음으로써 몰락을 유예한 것이라는 게 독립적인 경제학자들의 견해다. 사실상 앞으로의 세계 경제는 '공황' 상태를 전제하지 않고서는 전망할 수 없는 것이다.

이제 아이들의 교육을 걱정하는 부모들은 '웬만하면 비정규직, 아니면 청년 실업'이라는 사실을 생각해야 한다. 이와 같은 상황이 지속된다면, 초·중·고 12년에 대학 4년, 도합 16년을 온통 지옥 같은 경쟁으로 내모는 이 경쟁 교육 자체가 의미가 없어진다. 결국 비정규직 산업 예비군이 되기 위해 이런 따위 미친 경쟁에 16년간 뛰어들 이유는 없기 때문이다.

이미, IMF 구제금융 시절 유년기를 보낸 아이들이 그 예민한 후각으로 학교 라는 공간의 실질적인 무의미함을 선구적으로 자각했는지도 모른다. 그리고 먹고살기 위한 경쟁에 뛰어든 부모의 보호를 받지 못하고 자라난 세대들이, 그 중에서도 일찌감치 경쟁의 대열에서 자신이 가망 없다고 스스로 판단한 아이 들이 일탈과 폭력으로써 이 체제를 들이받고 있는 것인지도 모른다.

이제 그저 껍데기뿐인 학교만이 남아 있을 것이다. 어쨌든 국가는 학교에 교 육비를 내려보낼 것이고, 교사들은 월급을 받아야 하고, 부모는 아이를 맡겨야 하며, 아이들은 그래도 졸업장은 받아 두어야 하니깐.

새로운 페다고지를 위하여

학교는 영토를 다 잃어버린 제왕이 되었다. 이 현실에서 새로운 변 화를 기약하기에는 삼박자가 다 부족하다. 마지막 순간까지도 학부모는 학교 에 대한 기대를 저버리지 못할 것이다. 달리 다른 수가 없기 때문이다. 여기에 부응하여 교육 관료들은 할 수 있는 한에서는 지금껏 해 왔듯이 모든 것을 수 치화하고 그것으로 서로 경쟁시키는 데 몰두할 것이다. 교사 집단은 이미 깊숙이 계층화되어 있다. 그저, 별 탈 없이 오늘 하루가, 한 학기가, 1년이 마무리되기만을 바라는 보신주의가 득세할 가능성이 더욱 높아질 것이다. 먹고살기가 강파르게 변해 가면 작은 기득권이나마 쥐고 있는 세력은 물질적 이해관계 외에는 철저하게 무심해진다. 교원노조는 이런 현실을 추종하는 경향이 짙어질 것이다. 혹시 모른다. 경제 상황이 더욱 나빠져서 감봉이나 감원을 해야 할 때, 그때는 아마도 폭발적으로 분출할 것이다. 교사도 먹고살아야 하니까. 아이들은 삶의 기술도 가르쳐 주지 않고, 성장의 경험도 제공해 주지 않으며, 노동시장으로의 진입도 보장해 주지 않는, 오직 자신들을 통제하려고만 하는 학교를 향한 공격을 멈추지 않을 것이다. 교육 불가능은 이제 대세가 될 것이다.

물론 이것은 보수적 흐름을 추동할 것이다. 이를테면, 미국에서 범죄와 약물 중독 등으로 공교육 학교에 대한 불신이 팽배했을 때, 보수적인 기득권층을 중심으로 자신들 몫으로 배당된 교육비로 종교계 사립학교나 홈스쿨링으로 탈출하는 흐름이 생겨났듯이, 우리나라에서도 비슷한 흐름이 생겨날 것이다. 그리고, 미국과 영국의 신자유주의자들이 그러했듯 학교 붕괴에 대한 책임을 교원노조(사실상 무기력했음에도) 같은 진보적 교육운동 진영이나 개혁적인 교육 정책 탓으로 돌리려는 흐름도 가속화될 것이다. 최근 체벌 금지와 학생인권조례 제정을 둘러싼 보수 세력의 신경증을 보면 가히 짐작할 수 있다.

내 생각은 이러하다. 이것은 기본적으로 지난 시절 진행되어 온 한국 사회의 변화와 무력한 대응의 자연스러운 귀결이므로 일단 받아들여야 할 것이다. 중요한 것은 근본으로 돌아가는 사유이다. 어설픈 희망의 언사, 개선의 노력들, '그래도 학교가 희망이다'는 식의 언술은 그것의 현실적인 의미와 도덕적 가치를 떠나 이 교육 불가능을 치유 불가능한 상태로 악화시키는 것에 기여할 뿐이다. 아인슈타인이 말했듯이 '문제를 일으킨 그 마음으로는 문제를 해결할 수 없다.'

전혀 새로운 시선으로, 학교라는 공간을 재개념화해야 한다. '교육이란 무엇인가', '학교란 무엇인가', '아이들을 왜 학교에 보내야 하는가'라는 질문이

  신자유주의는 우리 내면을 어떻게 바꾸어 놓았나

새롭게 던져져야 한다. 그리고 아이들에게 '학교란 무엇인가' 를 물어야 한다. 아마도 오늘날 아이들은 학교를 '어른들이 우리를 괴롭히기 위해 만든 공간' 으로 정리하고 있을 것이다. 이것을 인정해야 한다.

'성찰' 이 밥 먹여 주느냐고, 하나 마나 한 소리라고 생각할 수 있을 것이다. 그러나, 분명 이 성찰은 학교의 존재 의미 자체를 묻지 않을 수 없는 현실에서 천금처럼 소중하다.

간단하게 나의 전망을 밝히면서 이 글을 마칠까 한다. 학교가 교육 불가능의 공간이 되어 가는 상황은 이런 현실이라도 유지되어야 할 이유가 있는 이들이나, 학교를 통해 무언가 물질적 이득을 챙기려는 이들에게는 확실히 재앙일 것이다. 그러나, 다른 한편으로 진정한 교육의 의미와 한국 교육의 현실 사이에 나 있는 절망적인 어긋남으로 괴로웠던 이들에게는 새로운 지평이 열리는 계기가 될 수도 있다.

나는 12세기 가톨릭 세계의 갱신을 꿈꾸었던 베네딕트 성인의 모토였던 '기도' 와 '노동' 이라는 표현에 대해 자주 생각한다. 그것은 종교적 언술이지만, 이것을 오늘날의 교육적 맥락으로 번역하면 '인문학' 과 '농업' 이 될 것이라고 생각한다.

학교의 존재 이유를 묻게 되는 현실에서 아무런 현실적 쓸모가 없는 것들의 교육적 가치를 생각하게 된다. 어쩌면 우리의 학교는 현실적 쓸모만을 극단적으로 추구해 왔기 때문에 지금 사실상 쓸모없는 존재로 전락하게 된 것인지도 모른다. 인문학의 가치는 학교교육의 폐허 위에서 이야기될 것이다. 문文은 인간을 언어적 존재로 완성시켜 주며, 그 너머의 세계로 초대해 준다. 사史는 우리가 지금까지 어떻게 살아왔는지를 가르쳐 줌으로써 우리의 삶에 역사적 좌표를 부여해 준다. 철哲은 인생의 의미를 질문한다. 인생을 살아가는 진정한 지혜는 결국 성찰의 힘에서 오는 것이다. 문 · 사 · 철의 가치를 이해하는 사람은 어떤 상황이건 대세에 휩쓸리지 않고 '자신의 삶' 을 살 수 있다.

내가 생각하기에 전환을 위한 사유에서 또 하나의 축이 되어야 할 것은 '농업'의 가치이다. 여기서 농업은 실제의 농업이면서 하나의 은유이기도 하다. 당연하게도 이 추세가 이어진다면, 불과 10년 안으로 농사를 지을 세대는 완전히 끊어지게 된다. 전체 먹을거리의 3/4을 수입해서 먹는 우리나라는 심각한 식량 재앙 앞에 놓여 있다. 농업은 세계 자본주의의 공황적 상황에서 그 가치가 새롭게 조명될 수밖에 없을, 인간 생존의 물적 기초를 말하는 것이다. 또한 농업은 아이들의 삶에서 완전히 배제되어 버린 몸의 교육, 실용, 실과, 노작 교육의 다른 표현이기도 한 것이다.

이제 이야기를 정리해야겠다. 오늘날 학교교육이 맞닥뜨린 교육 불가능을 솔직하게 인정하자. 그리고 전환을 위한 사유를 시작하자. '기도와 노동', 그리고 그것의 현대적 번역인 '인문학과 농업'을 고민하자.

나도, 우리들 모두도 폐허 위에 있으면서 또한 출발선에 서 있다.

정
용
주

달리는
신자유주의 열차에
'우리' 라는 좌석은 없다

신자유주의는 시장 교환을 모든 인간의 행동 지침으로 하는 가치이며 윤리 그 자체로서 한국 사회 전 영역에서 작동하고 있다. 신자유주의의 가치를 신봉하는 사람들은 시장 거래의 범위와 빈도를 최대화하면 사회적 선도 최대화할 수 있다고 주장하며 모든 인간 행동을 시장 영역으로 끌고 들어가고자 한다. 교육 부문에서는 1995년 5.31교육개혁안을 시작으로 하여 자율과 책무성의 원리에 따른 시장주의적인 교육정책들이 제도화되기 시작하였다. 그동안 신자유주의에 대한 분석은 주로 정책적인 부분에만 머물러 왔기 때문에 신자유주의 체제에서 교사, 학생, 학부모들이 신자유주의 논리를 어떻게 자발적으로 받아들이고 내면화하는지를 살펴보는 데는 한계가 있었다. 나는 학교라는 공간이 어떻게 신자유주의적으로 개편되었는지 분석하기 위해 신자유주의를 국가나 정부의 정책이 아니라 자신을 다스림과 다른 사람들을 다스리는 것 모두를 포함하는 통치의 개념으로 접근하고자 한다. 이 글은 2011년 1월에 서울시 소재 저소득층 지역의 2개 초등학교(A, B학교)와 중산층 집중 거주 지역에 있는 1개 초등학교(C학교)를 선정하여 다섯 차례 방문하여 교사, 학부모, 학생을 인터뷰한 결과를 정리한 것이다.

학교, '경쟁'과 '수월성'의 늪에 빠지다

한국 교육에서 수월성이라는 단어는 두 가지 역사적 기원을 갖는다. 하나는 고교 평준화 정책이 우수한 학생들에게 자신의 학업 능력을 최대한 발휘하고 신장시킬 기회를 제공하지 못한다는 지적 속에서 나온 것이고, 다른 하나는 자유 경쟁과 효율성의 기치 아래 신자유주의적 교육개혁과 함께 교육의 방향을 결정하는 원리로 등장하기 시작하였다. 특히 7차 교육과정에서는 수준별 교육과정을 통한 아동의 창의력 신장, 자기 주도적 학습력 신장이라는 명분으로 수월성 원리가 제도화되었다. 수월성 개념은 10여 년간 끊임없는 논란이 계속된 후 2009년을 시점으로 초등학교 1, 2학년부터 적용된 '2007년 개정 교육과정'을 통해 수준별 교육을 교육과정적 처방에서 교수-학습적 처방으로 전환했다.

수준별 수업의 근본 원리로서 수월성 교육이 강조되면서 영재교육, 능력별 반 편성 개념이 교육 전반에 확산되었고 특목고를 비롯한 자사고 교육과정 운영에 대학과목선이수제가 제도화되었다. 최근에는 진보 교육감들도 수월성 교육을 학생들의 다양성에 기반한 개별화 교육이라는 방향으로 재구성하여 사용하고 있을 정도로 수월성 논리는 교육에서 핵심 원리가 되었다. 이러한 수월성 교육에 대해 학생들은 어떤 생각을 가지고 있을까.

질문자 학교에서 자기 수준에 따라 공부를 하는 것에 대해 어떻게 생각하니?

학생 1(A학교 6학년) 학원에서 그렇게 하는 건 당연한데 학교에서 그러면 좀……. 그거 잘하는 애들끼리 공부하는 거잖아요. 못하는 애들끼리 모아 놓으면 선생님도 소리만 지르시고 가르치다가 짜증 많이 내시던데…….

학생 2(A학교 6학년) 전 영어, 수학 학원 다니는데요, 레벨 테스트를 해서 제 수준에 맞는 반에 넣어 줘요. 열심히 하면 다음 레벨로 넘어가고 못하면 그 레벨을 다시 들어야 해요. 비슷한 실력을 가진 애들끼리 공부를 하니까 경쟁심도 생기고 좋아요. 그런데 학교 공부는 좀 시시해요. 실력 차이도 많이 나는데 아는 거 설명 들어야 하고 함께 공부하는 게 좀 짜증 나고 지루해요.

질문자 그래도 못하는 학생들과 함께 공부하면 가르쳐 주면서 더 실력이 늘지 않을까?

학생 3(A학교 6학년) 한번 설명했는데 이해 못하는 애들이랑 공부하는 거 짜증 나요. 못하는 애들 수학 가르쳐 주다가 짜증 나 죽는 줄 알았어요. 선생님이 목소리 커지는 거 이해해요. 가르쳐 주기도 싫구요. 시간이 없어요. 빨리 끝내고 다음 진도 나가야죠. 다른 학교에는 중학교 과정 다 끝낸 아이들도 많대요. 공부 못하는 아이들 가르쳐 주다가 중학교 가서 경쟁에서 지는 거 싫어요.

인터뷰를 위해 찾은 학교에서 만난 교사들은 수준별 교육(수월성 교육)에 분명한 견해차를 보여 주었다.

질문자 이제 초등학교에서도 수월성 교육이라는 단어가 거부감 없이 받아들여지게 되었는데 선생님들은 수월성 교육에 대해 어떻게 생각하세요?

교사 1(B학교) 7차 교육과정부터 수준별 교육과정이 들어왔죠. 아이들을 수준에 따라 나누어 가르치는 것은 너무도 당연한 게 되었어요. 공개수업 지도안을 낼 때도 수준별 학습지가 있어야 지적을 안 당해요. 인간 개개인에 차이가 있다는 사실을 부인할 사람은 없잖아요. 개인차에 따라 고유한 가치와 능력을 인정하고 최대한 키우는 것이 수월성 교육이라고 생각해요.

교사 2(B학교) 수준별 교육은 필연적으로 조기 선별로 이어질 텐데 조기 선별은 또 필연적으로 교육 기회를 제한하게 되며 이는 인적 자원의 손실로 이어지죠. 서구 여러 나라가 능력별로 분리하지 않고 모든 학생들이 같은 학교에서 공부하도록 하는 통합형 중등교육 모델 운동을 벌인 이유가 바로 이런 문제 때문이잖아요. 영재교육이다 뭐다 수월성 논리가 교육을 지배하면서 아이들은 이제 함께 문제를 해결하는 걸 못해요. 협동학습 능력이 확실히 떨어졌어요.

교사 1 제가 생각하기에 협동학습 능력이 떨어진 것은 티나라T-nara나 아이스크림i-scream 같은 수업 보조 사이트가 발전하면서 수업이 강의식으로 진행되었기 때문이라고 봐요. 수월성 교육 때문은 아니라는 거죠. 수월성 교육은 개인차를 고려한 교육이라고 생각해요. 학생의 능력과 적성, 학습, 동기 발달, 환경적 배경 그리고 가치관 등을 참작하여 교육 목표와 내용, 방법이 달라지는 거죠.

질문자 그런데 그 개인차를 고려한 교육이라는 것이 탁월한 소수의 학생들을 나머지 대다수 학생들과 분리시켜 집중 교육을 실시함으로써 높은 성취를 기대하는 교육이 되고 있지 않나요? 결국 수준 차는 교육을 통해 제거되어야 하는데 교육이 수준을 선별하는 활동으로 끝나고 마는 것은 아닌가 해요.

교사 1 수월성 교육을 꼭 그렇게 볼 필요는 없다고 보거든요. 사람들이 신자유주의 교육정책을 비판하면서 수월성 교육이 효율성의 논리라고 비판하는데 그 유명한 다중 지능의 관점에 따라서 보면 개인차를 고려하면서 개인별로 자신이 두각을 나타내는 영역에 집중하도록 하는 것으로 볼 수 있다고 생각해요.

교사 2 그러나 수월성 교육을 그렇게 볼 수만은 없는 게 현실이죠. 1995년 5.31교육개혁안에서 수월성 교육 추구라는 명분으로 특목고 설립이 권장되고 자사고가 도입되었죠. 수요자 중심 교육, 공급자 간의 경쟁 체제 확립, 교육 단위 자율화와 분산화, 수요자 선택권과 학생 선발권, 기업적 학교 경영 등과 같은 시장 원리 속에서 수월성 개념이 등장한 것은 분명하잖아요.

교사 1 가드너는 평등성과 자유 경쟁을 대립된 것으로 파악해요. 그는 역사상 모든 사회에서 존재했던 개인의 학업 능력을 다루는 방식을 귀속적 특권주의, 평등주의, 경쟁주의 세 가지로 구분하는데 산업혁명 이전의 사회에서 개인의 지위는 자신의 재능이나 능력에 의하여 결정되는 것이 아니라 그 개인이 어떤 집안, 어떤 계급에 속하는가에 따라 결정되었다는 거예요. 그런데 산업혁명 이후의 사회는 이런 귀속적 특권에 의한 계급화를 포기한 이후 개인의 능력을 다루는 방식으로 나타난 것은 사람들 사이의 차이를 없애는 방식으로서 평등주의와 가장 빠른 선수가 이기도록 놔두는 방식으로서 경쟁주의 두 가지라고 말합니다. 그러면서 그는 평등이라는 이상은 결코 실현될 수 없는 허구적 이상이라고 말해요. 평등은 오로지 기회의 평등의 경우에만 의미를 갖는다는 건데……, 우리가 평등을 너무 결과의 평등까지 끌고 가면서 획일화시키는 것은 아닌가 생각해요.

질문자 수월성에 대한 이야기는 결국 공교육 본연에 대한 질문이라고 할 수 있는데 공교육은 사회의 우수 인력을 기르는 데 주력해야 한다고 생각하세요? 아니면 중간 수준이라도 모든 사람들을 교육시키는 데 주력해야 한다고 생각하세요?

교사 2 어려운 문제인데요. 공교육의 성격은 이념적인 이상과 현실로서의 사회 조건이 경쟁하며 이루어진 역사적이고 사회적인 것입니다. 결국 공교육 제도는 국가의 존속과 발전을 위한 사회 투자로서 동기와 국민의 복지 증진을 위한 사회복지로서 동기라는 두 가지의 사회적 동기를 지니고 있고, 이 두 가지 동기로서 사회적 투자와 사회복지는 끊임없이 경쟁하며 공교육의 제도를 변화시키고 있다고 봅니다.

교사 1 신자유주의적 교육개혁의 특징을 보면 교육적인 측면에서 긍정적인 면이 있습니다. 유연한 사고와 대처 능력, 창의성, 자율적 교육, 열린교육, 평생교육 체제 등 미래 사회에서 추구되어야 할 바람직한 교육의 모습으로 흔히 거론되는 것들이죠.

교사 2 그런데 그 내용을 결정하는 기준이 교육적 기준이 아닌 시장경제적 기준이라는 게 문제 아닌가요? 교육적으로 바람직한 것들도 시장경제적 기준에 이끌리면 개인은 개방된 경쟁 체제 속에서 살아남기 위해 자신의 창의력을 갈고 닦아야 하는 고통을 겪을 수밖에 없는 것 아닌가 하는 생각입니다.

수월성이 가진 교육적 함의를 긍정적으로 치더라도 수월성의 논리가 지배하는 학교는 모두에게 좋은 학교는 되지 못했다. 경쟁이 곧 교육인 상황에서 경쟁에서 낙오된 학생은 부진의 덫에 빠지게 되고 이긴 사람은 낙오된 사람을 배려하는 마음을 가지기 어렵게 되었다. 경쟁에서 이긴 것은 자신의 노력에 대한 정당한 대가이고 경쟁에서 진 것은 노력이나 능력 부족이라고 생각하기 때문에 수월성이 지배하는 학교는 능력 있는 소수의 개인을 길러 내는 데는 유용하나 좋은 사회를 만드는 데에는 치명적이다.

통합교육의 원리가 수월성 교육의 원리로 대체되면서 학생들이 공동체 안에서 느끼는 인격적 자존감과 학습을 위한 흥미와 동기, 앞서는 학생과 뒤지는 학생 간의 인격적 교류가 교수-학습의 효율성보다 더욱 중요하다는 교육학적 관점은 훼손되었다. 이렇게 교육에서 수월성 원리가 지배적 담론이 되면서 학교는 교사나 학생 모두 '나'와 '너'만 존재하고 '우리'는 존재하지 않는 공간이 되었으며 서로 다른 능력을 가진 학생들이 함께 학습할 수 있도록 하는 환경 구성을 비효율적인 것으로 생각하는 문화가 더욱 확산되었다.

학부모 1(C학교) 평준화 교육은 능력이 다른 아이들의 개인차를 무시하고 모든 학생들이 동일한 학습 과제를 동시에 수행하면서 같은 속도로 학습해야 한다는 산업사회의 공장식 교육이었습니다. 선진국에서 예를 찾아볼 수 있는 것처럼 똑같은 내용을 같은 속도로 학습할 것을 강요하지 않고 가정환경이나 이전 경험의 차이에 따라 학습의 속도가 다름을 인정하고 학습자 개개인이 놓인 개별적인 특성이나 조건, 학습 욕구에 맞추어진 개별화 학습을 활성화시키는 것이 중요합니다. 저는 이게 수월성 교육이라고 봅니다.

질문자 그래도 선진국의 예를 들면 수월성 교육이 꼭 능력이 같은 학생들끼리 모아 놓고 공부하는 것만은 아닙니다. 다양한 접근이 가능하다고 보는데요.

학부모 1 이해력이 높고 학습 속도가 빠른 학생들이 그런 특성을 살려 더 많은 것을 학습할 수 있도록 영재성을 길러 주는 활동을 하는 것은 꼭 필요해요. 실력 차이가 완전히 나는 학생들끼리 모아 놓고 함께 공부하는 것이 좋다고 말하는 것은 너무 낭만적인 생각이 아닌가 합니다. 지금은 무한 경쟁 사회잖아요. 수월성 교육을 하되, 능력 있는 아이들이 자신의 능력을 사회를 위해 쓰도록 지도하면 되는 거 아닌가요? 능력 있는 한 사람이 여러 사람을 먹여 살린다는 말이 이런 현실을 반영한 거라고 생각해요.

질문자 저도 비유 하나를 들어 볼게요. 가장 경쟁력 있는 국가대표 선수를 뽑기 위해서는 조기에 선발된 몇 명의 선수를 집중 훈련시키는 것보다 모든 아이들이 한 운동장에서 경기를 하도록 하고 그중에서 가장 우수한 선수를 가리는 게 더 효과가 있는 것 아닌가요? 우리나라 엘리트 스포츠가 낳은 폐단처럼요.

학부모 1 현재 아이돌 스타나 스포츠 선수들 보세요. 조기 선발의 중요성을 여실히 보여 주고 있지 않나요? 엄마들이 점점 어릴 때부터 애들 공부시키고 특기 적성 계발하려고 하는 것은 초등학교 졸업 이전에 모든 게 결정된다고 생각하기 때문이에요. 저는 공부도 초등학교 때 이미 결정된다고 생각해요. 경쟁력 있는 학생들을 조기 선별하여 집중 훈련시키는 것이 훨씬 국가적으로도 개인적으로도 이익이 된다고 생각하구요.

교육에서 유독 사회적 불평등과 배제의 문제가 강조되는 것은 교육을 개인의 문제로 환원시켜 버리면 개인의 환경에 따른 차이를 용인하게 되고, 개인의 능력을 발달시킬 기회가 차등적으로 주어질 것이기 때문이다. 교육에서 차이는 사회적 차이에 의한 차별로 이어질 개연성이 높아진다. 이것은 교육이 개인의 능력에 따른 소비가 아니라 사회 전체의 생산과 관련된 부분임을 인식하는 것과 관련되어 있다. 공교육이 소수의 천재를 기르기 위해 존재할 수 없는 것처럼 효율성과 수월성을 목적으로 내세우게 되면 엘리트에 대한 교육을 중요하게 인식하게 된다. 그것은 결국 사회 구성원으로서 사회의 근간을 이루는 대다수의 사람들을 소외시키고 교육을 그러한 엘리트를 선별해 내는 수단으로 전락시키게 되는 것이다. 신자유주의의 수월성 교육이 학교교육을 삼켜 버리면

 신자유주의는 우리 내면을 어떻게 바꾸어 놓았나

서 공교육은 불평등을 해소하고 사회 전반에 대한 변화를 추구하는 교육의 왼쪽 날개를 거세당하고 말았다.

학교, 배움에서 소외되다!

관리되는 성적, '가족 책임 체제'의 확립

자율과 책무성으로 대변되는 신자유주의는 학교 내에서 자기계발과 관리의 담론을 빠르게 확산시켰다. 학생들과 학부모, 교사 모두 자기 관리의 주체가 되어 스스로를 이끌고 통제하는 기술을 계발해야 했다. 이른바 자기를 경영하는 주체의 출현이다.

자기를 경영하는 주체로서 교사는 아무 일도 하지 않는 것이 얼마나 비효율적인 것이며 낭비인지, 노는 것이 얼마나 게으른 것인지 스스로에게 질문한다. 여름방학, 겨울방학을 어떻게 관리해야 하는지, 일 년에 연수를 몇 학점 받아야 하는지에 대한 자기 관리 기술을 터득하고 이를 실행에 옮겨야 한다. 이러한 자기테크놀로지의 과정에 국가의 개입과 강제는 나타나지 않는다. 교사 개인이 자유롭게(?) 스스로 부족한 부분을 찾아 자신에게 맞는 맞춤 연수를 실시하고 자기 결정에 기초한 자유 의지의 표현으로 자신의 결과에 대해서 책임을 지게 된다.

질문자 요즘 방학은 어떻게 보내세요?

교사 3(C학교) 방학? 그게 뭐죠? (잠시 후) 농담입니다. 단체협약 때문에 방중 근무 몇 년 안 하다가 요즘은 대부분의 학교에서 방중 근무를 해요. 방학에도 학교는 놀지 않는다는 인식이 확산되면서 각종 캠프가 열리고 있죠. 일종의 인정에의 욕구랄까! 학교마다 영어 캠프는 필수이고 독서 캠프, 과학 캠프 등 다양한 캠프들이 열리고 이 캠프에 교사들이 참여합니다.

교사 4(C학교) 뭐, 저 개인적으로 특별히 달라진 것은 없지만 몇 해 전부터 방학에 월급이 안 나올 수 있다는 괴담(?)이 성행했죠. 그러면서 방학 때 놀고 있다는 인상을 주면 안 된다고 일을 만들어 교사들을 나오게 하고 그랬죠. 방학 계획서도 그전에는 그냥 형식적으로 적었는데 요즘에는 교육행정정보 시스템NEIS에 날짜별로 41조 연수(교육공무원법 41조 연구기관 및 근무지 이외에서의 연수)를 달아야 해요. 신자유주의는 잘은 모르지만 휴식, 여유, 잠깐 멈춤 이런 거 몹시 싫어하는 것 같아요. 계속 뭔가를 하고 놀지 않고 있다는 것을 증명해야 하는 게 아닌가 해요.

질문자 선생님들, 연수는 많이 받으시죠?

교사 3 기본적으로 한 해에 60시간(4학점)은 받죠. 성과급 때 이게 핵심 영역이잖아요.

질문자 주로 어떤 연수를 받으시나요?

교사 4 뭐, 다른 선생님들은 체계적으로 연수를 듣는 것 같은데 난 학점 채우는 게 목적이에요. 그냥 적당히 사이버 연수로 60학점짜리 하나 들어요.

교사 3 교원평가하면서는 자기가 부족한 부분이 뭔지 분석해서 그 분야 연수 계획서를 제출하죠. 연수비도 자기계발 계획에 따른 연수를 받을 경우 지원해 주거든요. 놀지 않고 공부하는 교사를 만들고 있으니 좋은 건가?

교사 4 몇 년 전만 해도 연수 받아야 살아남는다, 안 받으면 불이익 받는다, 이런 생각을 했는데 요즘에는 아주 능동적으로 연수에 임하죠.

교사 3 예전에는 동학년 연수를 갈 때나 동호회 연수를 갈 때 그냥 자유롭게 나가서 밥 먹고 헤어지든지, 영화 보고 마치든지 했는데 요즘에는 놀러 가는 것이 아니라 진짜 연수 간다는 것을 증명해야 하는 분위기예요. 계획서를 쓰고 결과 보고서를 내죠. 노는 것은 연수가 아니라는 분위기로 자꾸 몰고 가니까 논다는 것을 부끄럽게 생각하거나 죄의식이 생기게 한다고 할까?

질문자 신자유주의가 확산되면서 '혁신'이라는 말도 굉장히 유행하고 있지 않나요?

  신자유주의는 우리 내면을 어떻게 바꾸어 놓았나

교사 3 교육 방법 혁신, 혁신 연수, 서울교육 혁신……, 어디 가나 혁신이죠. 신자유주의가 제일 좋아하는 게 혁신이잖아요. 학교가 혁신의 늪에 빠진 느낌입니다.

교사 4 교사들이 수업을 혁신하기 위해 자발적으로 팀을 만드는 것을 권장하고 교사들은 학년 초에 자율 장학을 위한 연구 계획서를 수립하여 일 년 동안 운영하도록 하고 있어요. 막 자기계발을 하라고, 전문가가 되기 위해 끊임없이 자기를 갈고 닦으라고 부추기죠. 혁신형 교사가 강조되는 분위기가 만연해 있습니다.

질문자 사실 신자유주의적 학교가 성공하기 위해서는 교사들의 조직 몰입이 절대적으로 필요한 것 같아요. 일종의 정서적 애착심인데, 신자유주의는 한 개인이 자신의 행위에 의해 구속되고, 또한 그러한 행위를 통해 자신의 활동에 지속적으로 몰두하게 하는 신념에 구속되는 상태를 만들도록 하는 것 같습니다.

교사 3 신자유주의적 원리에 따른 자기 경영은 교사 개개인에게 고도의 자율성과 책임감을 부여합니다. 자기 성장을 위해 몰입하게 만들면서 교사를 혁신의 주체로 세우죠. 요즘 진보 교육감들이 혁신, 혁신 하는데 솔직히 좀 거부감이 생기기도 해요. 기존에 교육청에서 말하던 혁신과 차이점도 모르겠고……. 강사들도 다 비슷한 사람들 아닌가요?

신자유주의적 자율과 경쟁이 사회적 에토스가 되면서 학생들에게 경쟁이 입시 경쟁에만 해당되는 것이 아니라 일생의 삶의 지침이 되었듯이 교사들에게도 경쟁과 자기 성과 관리는 승진과 무관하게 모든 교사들의 삶 전체의 원리가 되었다.

교사 3 차라리 옛날이 좋았어요. 그냥 승진할 놈들만 연수니 점수 관리하고 나머지는 좀 여유 있게 즐기면서 살아가는 거. 근데 요즘은 모두가 승진 생각이 없어도 자기계발을 해야 해요.

교사 4 요즘에는 초빙 교사제, 정기 전보와 자기계발이 연계되면서 그냥 5년 되어서 이동하는 사람은 능력 없는 사람으로 분류됩니다. 학교운영위원회에서 심사를 할 때 참 화가 나는 것은 정기 전보로 오는 교사를 기다리지 말고 초빙 교사제를 통해 능력 있는 교사를 적극적으로 찾아나서야 한다고 이야기를 할 때예요.

이러한 자기테크놀로지 전략은 사회적 위험에 대한 책임을 개인이 책임져야 하는 사적 영역으로 이전시키고 사회적 책임의 문제를 자기 지배의 문제로 환원시킨다. 그래서 좋은 교사가 되는 것은 온전히 개인의 준비와 능력의 문제로 전환된다. 따라서 교사 개개인은 자기 경영, 자기 기업가로 불리는 신자유주의 주체가 되어 스스로를 규제하고 학생 개개인도 자기 관리를 책임져야 하는 존재로 인식하기에 이른다.

경쟁력 있는 신자유주의적 주체 형성의 원리에서 주목할 만한 것은 학생 개개인의 학력에서 '가족 책임 체계'를 강화시킨다는 것이다. 매니저 엄마로 상징되는 것처럼 학생과 학부모는 학력의 문제를 자신의 삶을 구조적인 불평등과 관련하여 인식하기보다 스스로의 선택과 조건에 따른 것으로 인식하게 된다. 경제와 복지, 안전에 대한 국가의 책임이 가족 단위의 책임으로 전가되면서 학교는 이제 가정의 학력을 관리하는 역할을 강화하며 교사는 가정에서 사적으로 획득한 학력을 시험이라는 평가 방식으로 관리하는 또 다른 매니저의 역할만을 맡게 된다. 그리고 이렇게 사교육이 팽창할수록 학교는 독점적 평가 기관으로서 기능이 강화된다.

학력이 가족 단위 책임으로 전가되면서 저소득층 가정 학생들의 학습 부진은 심각한 문제가 된다. 본래 학습 부진은 학습자가 현대 사회의 정상적인 교환, 관행, 권리로부터 배제되고 있음을 나타낸다. 이러한 부진의 지속은 빈곤

   신자유주의는 우리 내면을 어떻게 바꾸어 놓았나

과 함께 주거, 교육, 건강 및 서비스에 대한 접근 등의 권리가 부적절하게 주어져 있는 상태에서 심화된다. 그래서 학습 부진을 그대로 내버려 두면 사회적 기본 구조의 취약성이 드러나고, 학력이 신분으로 세습되어 이중 구조 사회가 나타날 위험성이 있다. 그래서 학습 부진은 '사회적 부진'으로 접근해야 한다. 하지만 신자유주의 학교 체제에서는 이러한 사회적 부진을 개인과 가족의 사적 문제로 후퇴시키면서 모든 것이 학교 효과로 나타난 것처럼 전후 관계를 도치시켜 버린다.

> **학부모 2(A학교)** 솔직히 말해서 대부분의 기초 학력 부진 학생은 저희 같은 저소득층의 자녀잖아요. 그래서 학교에서 보충 교실을 열어 주는 것은 좋은데 기초 학력 부진은 해소되지 않는 것 같아요. 선생님들도 여러 교과 가르치느라 힘드신 것 알지만 아이들 가르치는 것 짜증스러워 하시는 것 같은 느낌도 받고요. 학원처럼 책 분량 정해 주고 다 풀어야 집에 보내는 식인데 그렇게 해서 부진에서 벗어날 수 있겠어요? 거기다가 선생님 눈치 안 보려면 부진아반 준비를 위한 학원을 보내야 하는 거 아닌가 하는 생각이 들어요. 아무튼 선생님은 은연중에 아이들 공부 문제를 부모가 관심이 없거나 관리를 못 했기 때문이라고 생각하고 계신 것 같고, 이걸 아이들도 느끼는 거 같아요.

학교는 학력에 대해 책임을 지며 부진아 책임 지도 체제를 확보한다고 하지만 사교육에 의해 학력이 규정되는 사회에서 학력 부진아에 대한 지도는 또 다른 계층 낙인 효과를 가져온다. 계급적 불평등은 심화되었으나 개인이 더 이상 자신의 삶을 계급이나 구조적인 불평등과 관련하여 인식하지 않는 경향이 강해졌다. 때문에 신자유주의적 통치는 개인의 자유로운 삶의 의지로 자신을 돌보고 향상시키려는 의지를 통해 작동하는 권력, 즉 주관적인 지배자의 모습으로 자신 위에 군림하는 것도 아니고 훈육과 규율의 규칙과 질서를 통해 규범화의 권력을 부과하는 것도 아닌 새로운 권력으로 작동한다.

교사 5(A학교 부장) 솔직히 이 지역 아이들 안 돼. 잘 알아듣지도 못하고. 뭐 새로운 것을 시도하는 것도 힘들어. 그런 건 좋은 지역 학교 가서 하는 거구. 그냥 책에 있는 내용 진도만 빼 주면 되는 것 아냐? 강남이나 목동 애들은 부진아가 없다고 하더라고. 그러니 선생님이 얼마나 편하겠어. 숙제를 내도 전원 다 해 오고, 학원에서 배워 와서 못 알아듣는 아이도 없고. 수업 시간에 자습시키고 업무 처리해도 전혀 문제될 것이 없어. 그런데 이 지역 아이들은 부진아가 많아. 학원도 동네 보습 학원 수준이고 선행 학습이 안 돼 있어서 수업 시간에 도무지 못 알아들어. 하긴 그래서 순수한 것은 있지만. 다음에는 그런 좋은 학교로 가야 되는데. 성취도 평가를 봐도 학생들이 못하니까 교사들이 못 가르친 것처럼 몰고 가. 잘사는 지역 선생님들은 어깨 펴고 다니는데 한번 이런 지역 학교 와 보라고 해. 여기서도 똑같은 성적이 나와야 교사 실력으로 공부 잘한다 하지. 지금 학교에서 누가 공부 가르치나. 학원에서 다 배워 오는 거지. 교사들도 못사는 지역에서 가르치니까 부진아 지도도 해야 되고 엄청 힘들어해.

이런 자기 관리가 가족 경영 체제로 확립되면서 학교는 교사와 여러 학생들의 협력을 통해 배움과 성장을 이루는 게 아니라 사교육을 통해 개인이 끌어올린 학력을 관리하는 공간이 되었다. 그래서 수업은 무엇인가를 가르치고 배우는 과정이 아니라 학원에서 배워 습득한 지식을 티나라나 아이스크림을 통해 확인해 주고 학력으로 변환하여 관리해 주는 것에 지나지 않는다.

이제 학부모처럼 교사는 '매니저 교사' 가 되었다. 학력과 스펙의 관리자로서 신자유주의적 교사 주체가 형성된 것이다. 신자유주의가 내면화되면서 매니저 엄마가 가족 구성원의 다양한 계획과 스케줄을 조정하는 매니지먼트

CEO가 된 것처럼 교사는 꽉 짜인 학교 스케줄 속에서 놀 줄 모르고, 놀 시간도 없으며, 생활기록부 관리, 국제중 입학 자료를 관리하기 위해 생활기록부 기록 사항을 점검하고 관리하는 기록의 주체에 불과하다. 이렇게 개인에게 높아진 선택의 기회 속에서 교사들은 자기 선택과 결정에 따라 자기계발 또는 자기 관리의 책임과 의무를 어깨에 지고 불안한 삶을 살아가고 있다.

신자유주의적 교사, 불안을 개인화하고 순응을 내면화하다

개인이 자신의 일의 상당 부분을 계획하고 통제하지 못할 때, 이러한 과업을 자기 반성적으로 수행하는 데 필요한 기술은 곧잘 쇠퇴하고 잊혀진다. 교사가 오랜 세월 어렵게 구축해 온 기술은 상실된다. 그 기술이란 곧 타당한 교육과정 목적 설정, 내용 확립, 수업 및 교수 설계, 교실 공동체 구축, 학생의 다양한 문화 욕구 및 필요에 정통한 지식을 기초로 한 교수 및 학습의 개별화 등이다. 여러 방면에서 권위와 통제의 중앙 집권화가 이루어지고 있기 때문에, 그러한 기술은 더 이상 필요하지 않게 되었다. 그 과정에서 교수를 (자신의 전문성과 시간을 관리하는) 전문적 활동으로 만드는 일 또한 무산되고 있다. 개인이 노동 통제를 상실하는 것보다 더 소외적이며 속타는 일은 없다. 마이클 W. 애플, 《학교지식의 정치학》, 232~233쪽

한국의 신자유주의는 전통적 신자유주의와 달리 시장 기제의 자유로운 작동을 보장하는 데 머물지 않고 신자유주의 정책 그 자체가 높은 성장률, 수출 증대와 같이 국가 경쟁력과 발전주의적 목표를 달성하는 동원 전략으로 활용된다는 데 특징이 있다. 그래서 한국의 신자유주의는 시장 자율이 아니라 성장 우선주의적이고 발전주의적이며 국가 목표와 밀접하게 결합되어 스스로를 정당화하고 사회 전 영역에 내면화되고 있다. 또한 경제성장을 위해서 필요하다면 시장 원리에 반하는 정책 개입도 흔하게 나타난다는 점에서 '발전주의적 신자

유주의'라고 부른다. 이러한 한국의 발전주의적 신자유주의를 두고 영국의 케인스주의보다 더 케인스주의적이다라는 비유를 하기도 한다.

한국에서 발전주의 모델이 경제성장, 수출 증대, 경쟁력 강화라는 명목으로 노동운동을 일방적으로 억압하고 통제해 왔듯이 신자유주의 역시 교사의 노동운동을 사회적 권리가 아닌 시장 효율성을 잠식하는 세력으로 간주하며 파트너로 생각하지 않는다.

교사 6(A학교) 사실 최근 몇 년 동안 자율과 책무성이라는 말을 많이 들었는데 자율은 없고 책무성만 강화된 것 같아요. 교육과정의 개발 운영부터 교원 정책까지 교육의 모든 영역에서 오히려 국가의 통제가 평가와 책무성이라는 이름으로 강화됨으로써 교육 활동 전반에서 교사는 더 소외돼 왔습니다. 여전히 교육은 학문의 자유와는 다른 것으로 보기 때문에 교사의 교육 활동은 국가의 검열하에 있고, 책무성을 가진 노동자로서 교사의 노동 조건은 개선되지 않고 있죠. 대신에 승진에 관계된 일부 교사들에게만 해당되던 교사 능력의 계량화가 교원 성과급을 시작으로 전 교원들에게 적용되면서 교사들은 자신의 교육 노동을 차등화된 임금과 바꾸는 소외를 경험하고 있는 거죠.

이처럼 신자유주의 교육개혁은 창조적이고 능동적이며 자유로운 노동자인 교사를 비효율적이고 자기계발을 하지 않는 집단으로 구획하면서 교육 시장의 소비재로 전락시키고 있다. 그리고 자본주의사회 구조하에서 나날이 치열해지는 생존 경쟁은 교사들이 정체성의 혼란을 자연스럽게 받아들이게 하고 있다.

특히 박정희식 발전 국가 모델이 복지국가를 미래의 시점으로 유예하는 방식으로 회피했듯이 신자유주의는 복지국가를 철회하기 위한 정치적 기획이라는 점에서 복지 문제를 회피한다는 공통점이 있다. 이렇게 교사의 노동 통제가 평가라는 방식으로 강화되고 복지국가를 회피하는 신자유주의 원리가 학교를 삼키면서 교사는 불안과 순응을 내면화하게 되었다.

교사 7(A학교) 지금의 상황을 고려해 볼 때, 교사들은 이명박 정권에 대해, 신자유주의적 교육정책에 대해 굉장히 분노하고 있습니다. 일제고사 반대 교사 해직을 비롯한 민노당 후원 교사에 대한 중징계 방침 등의 사안에 대해 교사들의 분노는 매우 큽니다. 그런데 이런 분노가 저항으로 조직되지 않고 자기 자신을 향한다는 게 문제예요.

질문자 왜 분노가 자기 자신을 향하면서 무력감으로 전환될까요?

교사 7 불안과 공포 때문이라고 봐요. 저부터도 그래요. 신자유주의가 학교를 뒤덮고 경쟁, 자기 관리, 자율과 책임, 교원평가 이런 것들이 들어오면서 교사들에게도 구조조정의 공포라는 게 내면화되어 있습니다. 우리나라와 같이 사회적 안전망이 없는 상황에서는 사회에서 벌어지고 있는 저 구조조정의 칼날이 나를 향할지도 모른다는 불안과 공포감을 갖게 하죠. 평가를 잘 못 받으면 잘릴 수도 있다는 생각, 교사가 남아돌아 구조조정을 할 경우 내가 그 대상에 포함될 수도 있다는 두려움이 저항을 포기하고 현 체제에 순응하게 만듭니다. 교사들의 순응은 합리적 판단의 결과라고 볼 수 있습니다.

질문자 그러니까 복지 수준이 매우 낮은 한국에서 신자유주의적 구조조정과 노동 유연화 논리는 교사들에게 불안과 공포의 의식을 내면화하게 하고 탈노동자 의식을 강화시켜 무력감과 체념 상태에 빠지게 한다는 거군요. 그래서 노조를 탈퇴하고 구조조정의 상황이 되었을 때 내가 그 대상이 되지 않기 위해 열심히 자기계발을 한다는 거구요.

교사 6 노동자로서 교사의 불안이 집합적 저항으로 조직되지 못하고 개인화되면서 동일한 집단 구성원들 간의 감정적 결속이 파괴되는 감정적 소외를 경험하게 된다는 겁니다. 교사들은 일상적인 교육 활동 속에서 교육 수요자에게 서비스 의식을 내면화하고 학교정보공시를 비롯한 각종 정보를 통해 감정 노동의 강도가 높아졌습니다. 그리고 일상적 불안을 내면화하고 경쟁에서 뒤처지면 안 된다는 생각이 지배하게 되고, 언제 성과급이 교원평가 인사와 연계되어 잘릴지도 모른다는 불확실성과 불안을 확대 재생산합니다.

집합적 분노의 감정은 매우 중요한 정치의식이다. 교사들이 자본주의사회에서 인간으로서 기본권을 포함하여 노동자로서 사회적 존재 가치를 부여받기 위해 투쟁하려면 분노의 감정을 공감해야 한다. 하지만 동료들이 부당한 대우를 받거나 교육권을 침해받을 때 분노를 느끼지 못하게 되면 변화를 기대할 수 있는 행위도 출현하지 않게 된다. 분노 감정은 권리 획득을 위한 감정과 관련되기 때문에 삶에 대한 분노가 없으면 삶을 변화시키는 데 작용하는 중요한 원천을 거세당하는 것과 같다.

이렇게 교사들은 서로 불안과 공포를 집단적 감정으로 공유하지 못하고 개인 수준에서 그런 불안과 공포를 해소하기 위해 교사들 사이에서 끝없는 경쟁과 감시를 행하게 된다. 이러한 신자유주의적 노동 체제 속에서 통제와 억압 메커니즘은 교사들을 더욱 합리적이고 효율적으로 길들인다. 신자유주의 체제가 심화되면서 노동자들의 해고 위험과 실업의 불안과 공포가 강화되는데 이는 교직 전반에도 영향을 미친다. 불안과 공포는 개인화됨으로써 집합적으로 소비할 수 있는 기회를 상실하고 학교 안의 사회적 관계를 개인주의적 경쟁 체제로 급속히 변화시킨다.

질문자 점점 학교가 타자에 대한 감정을 상실하고 있는 것 같습니다. 동학년도 행정적인 사무 전달 이상의 관계는 아닌 것 같구요. 메신저가 소통을 대신하고 교사들은 각자의 교실에서 원자화되는 것 같아요.

교사 7 학교에서 일어나는 어떤 사안에 합리적으로 대응하기 위해서는 우선 공감하고 감동해야 하는데 학교 일에 대해 교사들은 점점 무감각해지고 있

    신자유주의는 우리 내면을 어떻게 바꾸어 놓았나

어요. 심장은 신자유주의에 관리당하면서 정규직으로서 자신의 위치를 안도하며 내부적으로 순응의 감정을 강화하고 외부적으로는 탈노동자 의식을 키우게 되는 것 같습니다. 전문성 신장을 위한 치열한 자기계발을 하는 거죠.

어떤 교사로 나를 재구성할 것인가?

서동진은 《자유의 의지 자기계발의 의지》라는 책에서, 자신을 나사 부품으로 간주하는 조직 인간에서 벗어나고자 하는 자유를 향한 욕망은 권한 위임과 팀워크, 자기 주도성을 갖춘 권력의 욕망과 마주친다고 말한다. 그리고 감옥과도 같은 획일적인 훈육의 공간을 박차고 나오려는 학생의 욕망은 자기 주도적 학습 주체를 형성하려는 권력의 욕망과 교차한다고 말한다.

이미 주어진 삶의 궤적에서 벗어나 자유와 희망을 꿈꾸는 주체의 욕망은 자기계발, 자기 경영하는 주체를 통해 삶을 자기 책임과 자기실현의 문제로 축소하려는 권력의 욕망과 손을 잡는다. 그렇다면 자유에의 의지를 통해 우리의 삶을 예속시키는 권력에 맞서 싸우기 위해 우리는 신자유주의가 아닌 어떤 교사로서 나를 재구성할 것인가? 또한 이 달리는 신자유주의 열차 안에서 교사는 사회적 존재로서 집합적이며 협력적인 연대 의식을 경험할 수 있는 '우리'라는 좌석을 어떻게 확보할 것인가?

박
소
진

'매니저 엄마'의 탄생과 신자유주의적 교육개혁

'매니저 엄마'의 탄생

'미리 미리' 해 놔야 할 것들이 한 둘이 아니다. '내

신 관리'를 위해 음악, 체육, 컴퓨터 같은 건 초등학

교 때 다 해 두도록 하는 게 요즘 엄마들의 '지혜'다.

정보 구하고, 시간표 짜고, 학원에서 학원으로 옮겨

가는 동안 한 끼 때울 김밥이나 햄버거를 준비하고,

때로는 혹독한 일정도 떠안겨야 하는 엄마들 모습은 정말 연예인 로드매니저와 다를

바 없다. '엄마는 로드매니저'. 〈조선일보〉, 2002년 12월 5일 자

2000년대 초반, 한국의 모성과 사회적 불평등이라는 화두를 가지고 다양한 어머니들을 만나 문화기술지적 논문을 쓰겠다고 맘먹은 바 있다. 처음에는 일하는 기혼 여성의 일과 육아 문제에 천착했는데, 예비 조사를 하면서 한국의 어머니 노릇 중에 가장 중요하면서 가장 어려운 부분이 바로 자녀 교육이라는 것을 알게 되었다. 많은 어머니들이 이구동성으로 아이의 양육과 관련된 다른 부분들은 어떻게든 다른 사람들이 대신해 줄 수 있는데 자녀 교육만큼은 온전히 어머니의 몫이며 누구에게나 매우 힘든 일이라고 했다. 그래서 본격적으로 다양한 어머니들의 자녀 교육 경험에 대해 연구를 하게 되었다.

2년여의 현장 연구를 하는 동안 이 시대 한국 어머니들에게 요구되는 새로운 역할이 바로 자녀 교육 '관리'이며, 특히 다양한 사교육을 선택하고 소비하고 관리하는 '매니저 엄마' 상이 일종의 헤게모니적 힘을 얻고 있음을 깨달았다. 당시 다양한 신문 기사가 있었지만 그중에서도 이러한 매니저 엄마상을 가

이 글의 일부는 필자의 논문 〈Educational Manager Mothers: South Korea's Neoliberal Transformation〉(《Korean Journal》, 2007)과 〈'자기 관리'와 '가족 경영' 시대의 불안한 삶: 신자유주의와 신자유주의적 주체〉(《경제와 사회》, 2009)에서 부분적으로 발췌, 수정하거나 재구성했습니다.

장 잘 드러냈던 기사가 위에 소개한 내용이다. '과외 감옥에 갇힌 아이들'이라
는 제목의 교육 특집 연재 기사였는데 그 첫 번째 부제가 '엄마는 로드매니저'
였다. '과외 감옥에 갇힌 아이들'과 '엄마는 로드매니저'라는 그 두 개의 제목
이 병치되어 있다는 것이 꽤나 놀라웠다. 아이들이 과외라는 감옥에 갇혀 있는
데 그 감옥으로 몰아넣은 장본인이 다름 아닌 엄마들이라니.

그 기사에는 서울 시내 한 유명 학원 앞 도로변에 늘어선 차량의 사진을 싣
고 '차에 앉아 기다리다 아이들을 태워 가는 것은 로드매니저를 자임하는 엄
마들'이라는 설명이 붙어 있었다. 아울러 이 기사에는 "완전히 로드매니저죠,
우리가", "오가는 길에 저녁 먹여요. 김밥도 주고 햄버거도 주고……" 하는 엄
마들의 목소리를 인용하면서, 중등 내신 관리를 위해 미리미리 초등부터 특기
과외를 해 주어야 하고, 정보를 수집하고, 시간표를 짜고, 아이들의 동선과 시
간을 아끼기 위해 차로 실어 나르는 매니저 엄마의 다양한 역할이 생생히 묘사
되어 있었다.

그런데 그 기사는 한편으론 엄마들에게 비난의 화살을 돌리는 듯했지만 '엄
마는 로드매니저'라는 어구 자체도 그렇고 그 기사 내용 전반을 볼 때 매니저
엄마에게 그다지 따가운 눈총을 보내고 있지 않았다. 다음 인용에서 보듯이 그
기사는 당시 김대중 정부의 교육개혁, 특히 다양한 기준을 적용하는 대입 제도
가 매니저 엄마를 요구하고 있다고 지적했다.

모든 길은 대학 입시로 통한다. 김대중 정부의 '무엇이든 한 가지만 잘하면 대학
간다'는 교육개혁은 '무엇이든 잘해도 대학 갈까 말까"란 현실과 "무엇이든 일단
해 보자"는 강박을 낳았다. 내신과 특기, 수능, 면접 구술까지 너무나 다양한 기준
을 적용하는 현 대입 제도야말로 매니저 엄마를 요구하는 결정적 요인이다.

그 논리적 전개를 따라가다 보면, 교육개혁, 특히 대학의 총장도 자기 대학의

   신자유주의는 우리 내면을 어떻게 바꾸어 놓았나

입학 요강을 제대로 알기 어려울 만큼 복잡하고 다양화된 대입 제도 속에서 자녀 교육 성공을 위해서는 엄마가 매니저가 될 수밖에 없음을 주장하고 있다. 나아가 오히려 매니저 엄마야말로 이 시대에 자녀 교육에 성공하기 위해서 '없어서는 안 될 인물'로 재현되고 있었다.

아이 특성에 맞춰 특기 점수 만들고, 경시대회 일정과 봉사 기관 알선, 내신 관리까지, 기민하게 움직이는 행동력과 적절한 네트워크 구성까지 '척척' 해내는 엄마가 없어선 안 될 인물이다. 엄마들이 올라 탄 '자녀 교육 성공 = 대학 입시 합격'이란 궤도 열차는 앞만 보고 달린다. 혼자 힘으로 궤도를 바꾸기란 난망이고, 저 혼자 뛰어내리려면 생명을 걸어야 하는 일이다.

결국 이 기사는 이런 방식으로 한국 어머니들에게 자녀 교육 성공을 위해서는 매니저 엄마가 될 수밖에 없고 또 되어야 한다고 강조하고 있었다. 그 기사 밑에는 친절하게도 "다이어리 없인 스케줄 기억 못해요"라고 말하는 매니저 엄마의 예와 그들의 '단단한 밑천'이라는 다이어리의 견본까지 달려 있었다.

그동안 이러한 매니저 엄마상은 다른 신문 기사나 〈강남 엄마 따라잡기〉와 같은 드라마를 통해 약간의 변주를 가지고 끊임없이 재생산되고 강화되어 왔다. 때론 '강남 엄마'로 대표되기도 하는 매니저 엄마상은 주로 배타적인 관계망을 통해 자녀 교육을 관리하는 능력과 자질을 갖춘 어머니가 되라고 많은 어머니들을 부추긴다. 필자는 이러한 매니저 엄마 담론의 영향력이 상당함을 다양한 계급 배경을 가진 어머니들을 인터뷰하면서 느꼈다. 많은 어머니들이 이러한 매니저 엄마 되기의 사회적 요청 속에서 때론 주눅이 들고 불안해하고 때론 비판을 하면서도 그들의 어머니 노릇에서 자녀 교육, 특히 자녀 사교육의 깐깐한 소비와 관리가 가장 중요한 역할임을 부인하지 못했다.

한 가지 흥미로운 것은 매니저 엄마 담론이 과거의 소위 어머니들의 '치맛바람'과는 일정 정도 거리가 있다는 것이다. 대략 1970년대를 전후하여 소위 가정주부로서 중산층 기혼 여성의 가장 중요한 역할은 가계를 절약해서 집을 사고 자녀 교육을 지원하는 것으로 대표되기 시작했다. 특히 입시 교육과 관련하여 1970년대에 '치맛바람'이라는 용어가 나타나기 시작했다. 그런데 치맛바람이라는 매우 성별화된 단어는 상당히 부정적인 어감을 가지며 '과열된', '왜곡된' 또는 '무분별한'이라는 형용사와 함께 쓰였다. 1960년대 중반부터 1980년대까지 '치맛바람'이라는 단어를 제목에 포함하는 기사들을 분석해 보니 대체로 치맛바람은 교사들에게 촌지를 갖다 주거나 부정 입시에 연루된 '일부 부유층 또는 무분별한 엄마들'의 과열된 교육열로 대표되었다. 그리고 교육과 관련된 많은 문제들이 생길 때마다 비난의 화살은 이러한 일부 어머니들의 왜곡된 치맛바람을 향해 날아갔다.

이에 비해 매니저 엄마는 앞에서 살펴본 것처럼 변화된 교육환경 속에서 자녀 교육 성공을 위해서 없어서는 안 될 인물, 적어도 무시할 수 없는 인물로 재현되어 왔다. 또한 '치맛바람'이 학교교육과 관련된 어머니의 관여라는 측면이 강한 반면, 매니저 엄마는 확장된 사교육 시장의 교육 소비자이자 관리자라는 측면이 강조된다. 이러한 소비 주체로서 모성 이미지는 1990년대 말 경제위기 직전 유행했던 소위 '미시족' 이미지에서 그 전신을 찾아볼 수 있다. '중년의 아줌마' 이미지에 대항한 고학력 중산층 프로 주부 '미시족'은 분유부터 시작하여 자녀를 위해서 최상의 상품을 사는 세련되고 깐깐한 소비자이자 아가씨같이 보이도록 끊임없이 자기 관리도 할 줄 아는 기혼 여성의 이미지를 담고 있었다.

경제 위기 이후 사라진 듯한 소비 주체로서 모성 이미지는 교육 분야에서 시장과 효율성의 원리가 파급되면서 날로 확장되어 가는 사교육 시장의 교육 소비자이자 관리자, 즉 매니저 엄마로 새롭게 탄생한 것이다. 민주화와 경제 위기 이후 다양한 신자유주의적 변환 속에서 일련의 교육개혁이 단행되었고 이 과정에서 '과외금지조치'로 대표되는 사교육 억제 정책은 급격히 방향을 전환하면서 어려운 경제 상황 속에서도 사교육 시장은 급속도로 확장되어 왔다. 이러한 확장된 사교육 시장은 공교육이 요구했던 것보다 훨씬 많은 그리고 새로운 어머니의 역할을 요구하고 있다.

한국 신자유주의적 교육개혁과 사교육 시장

매니저 엄마의 탄생은 한국의 신자유주의적 변환이 우리 일상의 삶에 영향을 미친 예 중 하나라고 생각한다. 다시 말해 매니저 엄마의 등장은 신자유주의적 교육개혁과 그 한국적 특수성이라 할 만한 비대해진 사교육 시장의 산물이라 할 수 있다. 한국의 정치사와 교육사적 맥락은 최근 신자유주의적 교육개혁의 한국적 특수성에 주목하게 한다. 1990년대 이전 권위주의적 정권 당시 국가는 기본적으로 교육을 철저하게 통제하였으며 획일적인 교육을 통해 반공 규율의 주체, 산업 역군으로서 국민 주체를 만들고자 하였다. 1960년대 초부터 1980년대까지 교육의 획일성과 평등의 이름으로 처음에는 학교교육을 강력히 통제하고 표준화하였으며, 1980년 교육 기회의 평등이라는 이름으로 소위 '7.30교육개혁조치'를 단행함으로써 과외를 금지하였다. 그러나 1980년대 말에서 1990년대로 넘어서면서 소위 포스트 권위주의적 시민사회 영역의 확장, 중산층과 소비 옹호론의 증가와 함께 사교육에 대한 국가 통제 역시 점진적으로 자유화되어 갔다.

1990년대를 거치면서 고등학교부터 점차 자유화되기 시작한 사교육 시장은 2000년 4월 헌법재판소가 1980년 과외금지조치가 위헌이라는 판결을 내리면서 더욱 빠르게 성장하기 시작했다. 그 판결에 따르면 사교육에 대한 국가의 규제가 자녀 교육에 대한 부모의 권리를 보장한 헌법에 위반된다는 것이다. 새 천년을 여는 시점에서 이루어진 이 판결은 국가가 시장 원리와 교육에 대한 소비자 요구에 백기를 든 사건이라 할 만하다. 그러나 사교육 시장의 자유화는 시장 원리를 강조했던 신자유주의적 교육개혁의 결과이자 평준화 정책을 고수하면서 진행된 신자유주의 교육개혁의 한국적 특수성으로 이해될 수 있다.

김영삼 대통령 시절인 1995년, 세계화 정책에 발맞춰 대통령자문 교육개혁위원회가 발표한 소위 '5.31교육개혁'은 한국 신자유주의 국가 프로젝트의 일환으로 볼 수 있다. 이는 21세기 글로벌 경제에서 경쟁력 있는 새로운 한국인을 배출하기 위해 열린교육과 평생교육의 이름으로 학생 중심 교육과 다양하고 자율적인 교육을 강조했다. 뒤이어 경제 위기와 함께 출범한 김대중 정부역시 다른 분야의 구조조정에 발맞춰 기본적으로 교육 분야에서는 5.31교육개혁의 방향에서 크게 벗어나지 않는 개혁을 가속화했다. 오히려 당시 경제 위기를 극복하기 위해 새로운 글로벌 경제체제에서 경쟁력 있고 자립적인 소위 '신지식인'으로 불리던 '창의적인 시민'을 기르기 위한 교육개혁은 더욱 더 절박한 국가 프로젝트가 되었다.

학교교육의 변화는 크게 가시화되지 못하고 학교 붕괴 담론과 함께 공교육에 대한 불신이 더욱 커졌다. 국가의 고삐로부터 자유로워진 사교육 시장은 발빠르게 '창의성'과 '수월성'과 같은 새로운 교육 수사를 이용하여 다양한 교육 상품을 선보이면서 불안과 혼란에 빠진 소비자를 유혹했다. 특히 과외금지조치의 위헌판결 이후 초등학생들의 학원 수강이 자유로워지고 세계화 기치아래 영어교육 열풍이 함께 불면서 조기교육 및 초등학생을 대상으로 하는 사교육 시장이 급속도로 확장되어 갔다. 이러한 상황 속에서 어린 자녀를 대신해서 네트워크를 동원하여 정보를 수집하고 평가하고 선택하는 교육 소비자이자 관리자, 즉 매니저 엄마가 탄생하게 된 것이다.

이러한 신자유주의적 교육개혁은 다양한 경제, 사회 영역의 신자유주의화 과정과 함께 개인을 무한 경쟁의 소용돌이 속에서 스스로 선택하고, 결정하며, 스스로의 삶을 책임지는 교육 소비자이자 신자유주의적 주체로 호명하였다고 볼 수 있다. 다시 말해 개인의 경쟁력이 곧 국가의 경쟁력이라는 논리 속에서 좀 더 자유로워진 새로운 시민들은 자기계발의 주체로서 경쟁 속에서 살아남기 위해 스스로 자기 경쟁력을 길러야만 하는 것이다. 다양한 경쟁 속에서 경쟁력을 높이기 위해 유아부터 초등생, 중고생, 대학생, 취업 준비생, (재)취업자에 이르기까지 모두 자기계발 문화의 소비자, 특히 다양한 사교육 시장의 교육 소비자가 되고 있는 것이다. 이러한 맥락 속에서 매니저 엄마는 자녀 교육 관리를 통해 자녀의 학업 성공과 나아가 경쟁력 있는 인적 자원으로서 자녀의 가치를 높이기 위한 가족 사업의 핵심 역할을 담당하게 되었다. 그리고 그러한 역할을 통해 자녀뿐 아니라 자기 스스로를 관리하고 책임질 수 있는 경쟁력 있는 시민이 될 수 있는 신자유주의적 모성 주체가 되어 갔다.

어머니들의 고군분투

앞서 살펴본 것처럼 확장된 사교육 시장은 학령기 자녀를 가진 여성들에게 비대해진 어머니 역할을 요구한다. 필자가 만나 본 많은 엄마들은 자녀 교육 관리와 관련된 많은 고민을 토로했다. 어머니들은 교육 소비자이며 동시에 관리자라는 역할 수행을 위해 정보력, 기동력, 부지런함과 같은 매니저 엄마의 자질을 갖추기를 요구받지만 현실의 어머니들은 한정된 가계경제 상황과 엄마와 아이들의 한정된 시간 속에서 가장 적절한 자녀 교육 관리를 하기 위해 고군분투하고 있다.

필자가 만난 한 중산층 엄마는 사립 초등학교에 다니는 하나뿐인 6학년 아들을 위해 1학년 때부터 셀 수 없이 많은 사교육 스케줄 표를 만들어 왔다고 한다. 결혼 전에 직장을 다닐 때는 엄마들이 왜 그렇게 몰려다니는지 이해할 수 없었는데, 막상 아들의 학교에서 엄마들을 만나 보니 아이가 공부를 잘하기 위해서는 아이의 능력보다 엄마의 정보력과 아빠의 경제력이 더욱 중요하다는 것을 알게 되었다고 자신 있게 얘기했다. 또 다른 중산층 엄마는 "강남에 사는 엄마들은 앞에서 아이들을 끌어 주는 일종의 매니저라면, 여기(강북) 엄마들은 애들을 뒤에서 밀어 주는 정도"라며 강남 엄마와 강북 엄마의 차이를 얘기했다. 그녀는 결코 적지 않은 자녀의 사교육 스케줄과 내용에 대해 얘기하다가 "그래도 우리는 강남에 비하면 아무것도 아니다"라며 자신을 합리화하고자 했다.

그러나 경제력과 정보력을 어느 정도 갖춘 매니저 엄마 역할을 충실히 하고 있는 중산층 엄마들도 자녀 교육에 대한 자신의 역할에 대해 상당한 부담감과 갈등을 드러냈다. 예를 들어, 필자가 2002년 찬호(가명) 엄마를 처음 만났을 때 그녀는 초등학교에 다니는 두 아들의 사교육 관리를 위해 따로 샀다는 소형 승용차를 몰고 아이들을 학교에서 학원으로, 학원에서 집으로 실어 나르곤 했다. 그러나, 그녀는 인터뷰 과정에서 '미친 도가니 속에 빠진 것 같은' 한국 교육에 대한 불만과 점점 사교육에 대한 의존성이 높아지는 것에 대해 불안을 드러냈다. 또한, 그녀는 학교에서만 공부하던 자신의 어린 시절과 달리 요즘 아이들은 대체로 꽉 짜인 사교육 스케줄 때문에 놀 줄도 모르고 실제로 놀 시간도 많지 않다고 우려했다. 그러나 그녀의 갈등의 핵심은 자녀들을 놀 줄도 모르는 아이들로 만들고 있는 것이 바로 자기 자신이라는 것, 과연 이렇게 자녀를 사교육 시장에 맡겨 관리하는 것이 옳은지에 대한 혼돈과 불안, 그리고 어머니로서 책임과 부담이었다.

찬호 엄마는 한국 교육에 대해 불만과 비판을 하면서도 자녀의 꽉 찬 사교육 스케줄을 관리하는 매니저 엄마의 역할을 해 왔다. 그녀는 학교에 가서 학부모 공개수업을 참관한 후 학교만 다니는 아이들과 학원에 다니는 아이들의 차이가 크게 보여 자녀들의 사교육에 더욱 적극적이 되었다고 했다. 그러나 영어 전문 학원에 한자, 국어, 수학 학습지, 그리고 철학 그룹 과외까지 큰아들 찬호의 스케줄이 꽉 차게 되면서 아이는 매일 학습지 숙제하는 것에 불평을 했고 자신도 학습지 교사가 오기 전에 자녀의 숙제를 점검하는 것이 마치 전쟁 같았다고 했다.

"하루는 내가 방문을 열자 찬호가 놀라서 후다닥 공부하는 척하는 거예요, 참. 그래서 내가 10분도 안 걸릴 걸 빨리 끝내고 놀지 그랬더니, 자기는 빨리 끝낼 필요가 없대. 왜냐면 이거 끝내면 또 다른 숙제할 게 있다고. 자기가 마치 물속에 빠져서 숨이 막혀 허우적거리고 있는 심정이래……. 그래서, 학습지 다 그만두라고 했어."

찬호 엄마는 학습지를 끊고 나니, 학습지라는 것이 그녀 스스로에게 '그래, 그래도 내 애는 국어도 하고 한자도 공부한다' 는 위안을 주고 불안을 줄이기 위한 것이었다는 생각이 들더라고 했다. 그녀는 찬호가 "엄마들이 푸쉬push하면 공부 잘하는 범생이 타입이 전혀 아니"라고 평가했다.

결국 찬호네 가족은 뉴질랜드로 일종의 교육 이민을 떠났다. 몇 년 후 찬호 엄마가 한국을 방문해서 전화를 했다. 찬호와 그 동생은 그곳의 자유로운 학교 생활에 잘 적응하고 있다고 했다. 물론 국경을 넘어 교육 이민을 선택하고 한국과 뉴질랜드를 오가며 사업을 할 수 있었던 것은 찬호네 가족의 넉넉한 경제 자본과 문화 자본이 있었기 때문에 가능한 일이었다.

필자가 인터뷰한 이들 중 경제적 자원이 넉넉하지 못한 저소득층 어머니들도 "집 없이 살 망정 이제는 애들 교육 쪽으로 투자를 하고 있다"고 얘기하면서 제한된 가계에서도 사교육비 지출을 상당히 하고 있었다. 어려운 살림 형편을 쪼개 자녀에게 학습지나 동네 보습 학원에 보내는 저소득층 엄마들은 "애들 교육비 때문에 부업을 한다"며, 인근 아파트 단지에 사는 아이들은 원어민이 하는 비싼 영어 학원에 다닌다는데 자신들은 엄두를 내지 못한다고 안타까워했다. 한 엄마는 2학년 아들에게 영어 학습지를 시키고 있는데, 자신이 영어를 하나도 몰라서 도대체 효과가 있는 건지 없는 건지 알 수 없다며 필자에게 평가를 부탁하기도 했다. 그들은 인근 아파트 단지에 사는 엄마들의 모습과 비교하면서 "강남은 다른 나라 얘기" 같다고 했다. 이들은 아이들 사교육비를 벌기 위해 각종 부업이나 알바를 하면서 가장 싼 학습지나 보습 학원을 소비하는 것만으로도 상당한 경제적 압박을 느끼고 있었다. 이들 또한, 정도의 차이는

있지만, 자녀 교육을 위해 나름의 교육 소비자, 관리자로서 어머니 역할을 해
야 한다는 불안과 고민으로부터 결코 자유롭지 못했다.

'매니저 엄마'의 자녀는?

위에서 살펴본 대로 자녀 대신 모든 것을 선택하고 관리하면서 매
니저 역할을 하는 엄마가 보통 엄마의 모델이 되어 가고 있다. 그러나 가족의
이름으로 자녀의 좋은 학벌과 사회적 성공을 위해 적극적으로 교육 지원을 함
으로써 어머니로서 자신의 능력과 존재 이유를 인정받고자 하는 매니저 엄마
는 종종 자녀와 남편을 포함한 가족 구성원과의 관계를 이러한 목표에 종속시
켜 도구화해 버린다. 몇 년 전 방영되었던 드라마 〈강남 엄마 따라잡기〉의 주
인공인 싱글맘 민주는 야간 대리운전과 노래방 도우미까지 해 가며 학원비를
마련한다. 이는 오로지 자녀의 학업 성공만이 지상 목표인 강남 엄마 수미와
많이 닮아 있다. 매니저 엄마는 철저한 관리를 통해 아이들이 스스로 생각하고
선택할 시간도, 실패할 자유도 남겨 주지 않으려 한다. 드라마 속 강남 엄마 수
미는, 집에서는 겉돌고 밖에서는 바람 피우는 남편과 미술에 소질이 있어 적성에
맞지 않는 과학고를 그만두겠다는 아들 창훈을 때로 윽박지르고 때로 달래면
서, 그저 조금만, 둘째가 대학 들어갈 때까지만 참으면 모두 행복해질 수 있다
고 강변한다.

우리도 '아이가 대학만 들어가고 나면' 모든 것이 다시 행복해질 것이라고
굳게 믿으며, 아이에게, 남편에게, 자신에게 조금만 참자라고 속삭이며 지금
여기 행복한 가족의 웃음을 담보 잡히고 살고 있지는 않은지 한번 곰곰이 생각
해 볼 일이다. 드라마의 비극적 결말처럼 아들의 자살에 목 놓아 후회하는 강
남 엄마의 모습 대신 소위 명문대 또는 적어도 인in서울을 이룬 대학생 자녀를
자랑스러워할 자신을 상상하면서 지금 자녀가 진정 행복한지, 나중에라도 행
복할 수 있는지에 대한 질문을 애써 외면하고 있지는 않은지 말이다.

　매니저 엄마의 관리 밑에서 자란 아이들의 삶에 대해서는 경험적인 연구가 수반되어야 하겠지만 몇몇 에피소드들은 매니저 엄마의 자녀에 대한 매우 부정적인 단면을 드러낸다. 예를 들어 아이들이 뽑은 급훈 중 인기 있는 것 중 하나가 '엄마가 보고 있다' 라는 것, 작년인가 10대 여중생이 개설한 '엄마 안티 카페' 에서 엄마를 향한 욕설이 난무해 결국 폐쇄되었다는 뉴스 기사는 '관리자' 로서 어머니에 대한 아이들의 저항을 보여 준다. 또한 엄마가 대학생 자녀의 학점 때문에 교수에게 전화를 걸었다거나 취업 후 신입 사원 배치에 대해 부모가 대신 전화를 해서 사정을 했다는 얘기를 들을 때, 엄마가 항상 대신 선택하고 관리해 주었던 아이들은 대학에 가서도 직장인이 되어서도 끊임없이 다른 누군가가 자기 삶을 대신 선택하고 결정해 주기를 기대하면서 스스로 선택하고 결정하는 어른이 될 기회를 갖지 못하고 있는 것은 아닌지 의구심이 들곤 한다.

　미국 중산층 가정에서는 자녀 교육을 적극적으로 지원하고 관리하는 매니저 엄마와 닮은 꼴인 '알파맘' 에 대한 회의가 커지면서, 요가를 하고 스스로 삶의 속도를 늦추면서 자녀의 성장을 자녀 스스로에게 맡기는 소위 '베타맘' 이 등장하고 있다고 한다. 한국 사회에서도 이제 사교육 시장을 누비며 자녀 교육 성공의 치밀한 전략과 전술을 짜는 불안하고 버거운 매니저 엄마 대신, 삶에 대한 철학과 소신을 가지고 자신과 자녀가 모두 스스로 자기 주도적인 삶을 살아가도록 배려하는 '베타맘' 에 대한 이야기를 좀 더 적극적으로 구성해 나가야 할 때가 아닐까 한다. 이를 통해 신자유주의 시대의 산물인 매니저 엄마는 그 힘을 잃고 사라져 가고, 자녀 스스로 선택하고 경험하도록 독려하고 자녀에게 강요하기보다 스스로 삶의 모범을 보이는 포스트 신자유주의 시대의 새로운 어머니상이 탄생하기를 기대해 본다.

민
가
영

신빈곤,
혹은 외환 위기의 아이들

비유예, 비훈육적 문화

※ 글에 등장하는 청소년들의 이름은 모두 가명입니다.

2000년대에 들어오면서 한국 사회는 경제 위기 극복의 일환으로 신자유주의 질서를 적극적으로 도입하기 시작했다. 이러한 과정에서 '신빈곤층'이라는 새로운 빈곤층이 등장, 확산되기 시작한다. '신빈곤'은 '구빈곤'과 대비되는 개념으로 신자유주의 시대 노동시장의 유연화 전략에 기반한 광범위한 불완전 고용 상태에 놓인 이들을 포착하기 위해 새롭게 등장한 개념이다. 1998년 외환 위기를 겪으면서 신빈곤은 보편화되고 있는 추세에 있다. 경제적 양극화가 심화되고 빈곤 가구가 늘어나면서 안전망의 기능을 할 수 없는 가정이 늘어나고 있다. 현재 한국 사회처럼 가족 외의 별다른 사회적 안전망을 마련해 놓지 않은 사회에서 이 사실은 곧 보살핌과 교육의 혜택에서 배제되고 있는 십대의 층이 확대되고 있음을 의미한다.

고용 불안정과 계급 양극화, 학력–직업–소득 사이의 상관관계가 불안정해진 신자유주의 사회 속에서 긴 공교육의 시간을 유예시켜 안정된 직업을 갖는 삶을 계획하는 것은 점차 어려워지고 있다. 근대 산업사회의 출현 이래로 사람들은 미래의 안정된 일자리와 소득을 위해 현재의 긴 시간을 제도교육이라는 공간과 시간 속에서 유예당할 것을 요구받아 왔다. 그러나 부모 세대의 고용 불안과 가족의 쉬운 변형 가능성을 그대로 목격하며 자라난 신빈곤층 청소년들에게 가족과 학교의 의미는 이전과는 또 다른 의미로 변화하고 있는 것으로 보인다.

신빈곤의 가장 중요한 특징은 '미래에 대한 전망의 상실'에 있다. 신자유주의의 개인적 조건에 기반한 무한 경쟁 체제 속에서 신빈곤층 청소년들은 자신들의 계급적 조건을 간파하고 미래에 대한 전망을 상실한 상황에 놓여 있으며 미래를 위해 현재를 유예시킬 필요성과 동기를 상실해 가고 있다. 그 대신 이

들이 선택하는 것은 바로 지금 손쉽게 붙잡을 수 있는 현실로서 비유예, 비훈
육적 문화의 특징을 보여 준다. 이런 삶에 대한 전망과 동기를 상실하고 있는
신빈곤층 십대의 비유예, 비훈육적 문화를 대표적으로 보여 주는 것이 가출 청
소년이다.

이들은 왜 현재를 유예하지 않기로 작정하였는가

　　고등학교를 자퇴하고 섹슈얼리티 시장에 뛰어든 윤지는 열악한 노
동시장 상황 때문에 번듯한 4년제 대학을 나오고도 룸살롱에서 일하거나, 대
학을 나와도 '몸' 때문에 취직이 안 돼서 단식원에 들어와 있는 다른 언니들의
관계 속에서 자신을 설명했다. 대학 졸업 뒤 외모가 안 돼서 취직 못하고 살 빼
러 단식원에 들어와 있는 언니들을 한심하게 바라보면서 '대학 나와 고만고만
하게 사는 삶'으로 그들을 이해했다. 학력과 직업과 소득이 불일치하는 고용
불안정 시대에 어차피 확실한 직업을 갖지 못하거나 안정적인 소득이 있는 남
자를 만나기도 어려운 상황이라면 고가에 자신의 섹슈얼리티를 교환시키는 것
을 선택하는 것이다. 윤지는 반에서 한 10등 정도까지는 정규직이 가능한 인생
이라고 생각하지만 그 나머지는 다 '짜잘한 인생들'이라고 하면서 '참 뻔한 인
생'이라는 표현을 썼다. 직업으로 자신의 가치를 확인받을 수 있는 범주의 사
람은 극히 적고, 그 나머지 직업은 단지 밥벌이 수단으로 평준화된 채 이해된
다. 그 나머지 직업을 구분할 수 있는 것은 일의 종류보다는 그 일에서 얻을 수
있는 수입의 차이가 된다. 전문계를 다니는 혜진도 인문계에 진학해 대학을 나
와 취업을 하는 순서에 대한 회의를 나타냈다. 어차피 인문계에 진학해도 그럴
듯한 대학에 들어가 남들이 알아 줄 만한 직업을 가질 수 있는 사람들은 한 반
에서 10등 정도까지이며 그 나머지는 알바나 할 수 있을 거라는 예측 때문이
다. 쉼터에서 머물며 한때 미용 기술을 익히던 혜진은 곧 쉼터를 나가 다시 일
을 시작했다. 남자 친구가 소개시켜 준 서울의 한 불법 카지노에서 빙고 딜러

일을 시작한 그녀는 '별로 하는 일 없이 한 달에 150 정도 번다' 고 자신의 일을 소개했다. 이 카지노는 간판을 내걸지 않고 알음알음으로 손님들이 찾아오는 비공식적 영업장이다. 손님들이 벨을 누르면 관리인이 안에서 걸어 잠근 문을 열어 주고 다시 셔터를 내리는 식으로 운영된다. 카드 색깔 맞추는 빙고 딜러 일을 하는 그녀는 밤 10시부터 다음 날 아침 8시경까지 일한다. 고1 중퇴 학력을 가졌지만 큰 키와 모델 같은 몸매를 가진 혜진은 나이가 어린데도 취직이 되었다. 혜진이 이 카지노 일에 자신의 미래를 건다거나 계속 이 일을 하겠다는 결심을 한 것은 전혀 아니다. 하지만 혜진과 같이 학력이 없더라도 마음만 먹으면 일을 할 수 있고, 대학을 졸업해 비정규직으로 취직한 회사원에 맞먹는 월급을 받을 수 있는 비공식 일자리들이 열려 있다는 사실은 이들에게 학력의 중요성을 약화시킨다. 비공식 유흥업종 일자리들은 공식적 아르바이트 자리와 소득 면에서 극단적 차이를 보여 준다. 혜진도 극소수의 몇 명을 빼고는 졸업 후에 맞을 수 있는 미래는 청년 실업으로의 진입이거나 전망 없는 알바 인생일 거라고 진단을 내렸다.

불안정 고용의 현실 속에서는 자신을 '직업' 의 종류에 따른 노동자로서 정체성을 갖기보다는 소비의 수준으로 자신의 위치와 정체성을 확인하는 경향이 짙어지고 있다. 열심히 공부해 대학을 졸업해도 취직하기도 어려울 뿐더러 취직을 하더라도 안정적인 수입과 미래를 보장해 주지도 않는 고용 시장의 현실속에서 한 달에 천만 원 이상을 벌 수 있으며 대학 졸업자들도 많이 일한다는 강남의 '텐프로 담론' 은 이들에게 강남 유흥업을 일종의 선망의 직업군으로 만들게 한다. '아무 남자' 나 상대하는 것이 아니라 선별되고 선택된 상위층 남성들만을 상대할 수 있다는 점, 외국어를 요구할 정도로 이곳에서 교환되는 일의 수준이 단순한 성 판매가 아니라는 점, 그래서 명문대 출신 여성들도 이곳에서 일한다는 '텐프로 담론' 은 저임금, 임시직, 불안정 비정규직이 지배적인 노동시장의 현실과 더욱 대조를 이룬다. 현재 단란주점에서 일하고 있는 윤지는 살을 빼서 텐프로에서 본격적으로 일해 보고 싶다고 이야기한다. 텐프로에 대한 그녀의 선망 뒤에는 '어차피 공부해서 대학 나와도 이 정도 벌 수 있는 곳은 없다' 는 현실 노동시장 상황에 대한 비관적 간파가 있다. '무슨 일을 하는 가' 보다는 '어디에 살며 어떤 차를 타고 다니는가' 가 그 사람을 평가하는 기준이 되는 시대에 이들에게 굳이 '남들에게 말할 수 있고 낮에 할 수 있는 일을 한다' 는 떳떳함은 성 산업에서 벌 수 있는 돈을 상쇄시키기 어려운 요인이다.

학력이 매개된 미래의 삶에 대한 전망 상실과 삶의 불안정성은 이들에게 현재의 축적을 통해 미래를 준비하는 것보다는 기존의 질서에 구애받지 않으면서 눈앞에 즉각적으로 결과가 나타나는 비유예/비훈육 문화를 형성시키는 배경이 되고 있다. 이 문화는 이들을 비공식 자원과 관계망에 노출시킨다. 이 자원은 사회의 '정상성' 과 '질서' 를 위반함으로써 얻어진다는 특성과 짧으면 2~3일, 길면 한두 달의 삶을 지속시킬 수 있는 만큼의 자원만을 허용한다는 점에서 삶의 임시성과 일회성을 야기한다. 직시하고 싶지 않은 현실과 도달하기 어려워 보이는 미래 사이에서 이들은 소비를 통해 계급 이동을 모방하고 있다. 이러한 반복적 모방은 이들에게 삶을 긴 시간 단위로 경험하고 성찰할 수 있는 여지를 없애고 짧은 거리를 반복적으로 왕복하게 만드는 주체를 형성시키고 있다.

비유예 문화, '어둠의 자원' 을 만나다

이들이 형성하고 있는 비유예, 비훈육 문화는 이들이 자신의 계급적 지위(불안정성과 전망 상실이 평준화된 삶)를 간파하고 있음을 반증한다. 그에 대한 저항 내지는 생존 전략의 의미로 이들은 기존의 지배적 가치와 규범을 작동시키는 두 가지 원리인 유예와 훈육을 거부함으로써 그것이 지니고 있는 의미를 스스로 탈각시킨다. 현재를 유예해서 별로 얻을 것이 없다는 것과 훈육을 하지 않아도 별로 잃을 것이 없다는 간파에 따른 선택이다. 이들은 불안정성과 위험이 평준화된 삶 속에서 지배적 삶의 양식을 위해 더 이상 현재를 유예시키지 않겠다는 비유예 문화와, 사회의 지배적 규범과 가치로부터 자신을 훈육시킬 필요성을 상실하는 비훈육 문화의 특징을 보여 준다. 비유예/비훈육 문화는 이들이 가족을 벗어나 비공식 자원과 관계망이 매개된 장으로 이동하거나 이동 대기 상태에 놓이게 하고 있다.

이들의 관계망은 기존에 알던 친구들, 그 친구들을 통한 친구들의 확장, 거리에서 즉석으로 만드는 친구들, 인터넷을 통해 알게 된 친구들 등으로 끝없이 확장된다. 이들은 현재 동원 가능한 친구들이 몇 명 정도 될 것 같냐는 질문에 "100명 이상"이라고 대답했다. 자신과 비슷한 처지의 친구들이 어디에나 널렸다는 사실은 이들이 기존의 제도와 질서를 무시할 수 있는 잠정적 힘으로 작용한다.

현재를 유예시켜 지배적인 역할을 수행하며 사는 것이 더 이상 안정적인 삶을 보장해 주지 않는다는 사실과 지배적인 가치로 자신을 훈육시키는 것과 아닌 것이 뚜렷한 효과의 차이를 만들지 않는다는 것에 대한 간파는, 눈앞에 결과가 바로바로 나타나는 것들을 선택하게 만든다. 이들에게 계급은 이들을 둘러싼 가족의 현실, 불안정한 고용 시장, 학력 위상의 약화가 한데 합쳐져 형성된 '세상을 감지하는 느낌'으로 경험된다. 세상에 대한 그 느낌은 '위험'과 '불안정'으로 점철된 어떤 것이다. 교육, 대학 졸업, 취업, 결혼의 순서를 밟아 가는 것은 고용 불안의 시대에 시간 낭비로 여겨진다. 또한 그런 전철을 밟아 가질 수 있는 가족의 모습은 부모 모두 경제활동에 시간을 쏟고 집에 아이들만 남겨져 딸이 가사와 양육을 대신 해야 하는 모습이거나 한창 일해야 할 나이에 구조조정으로 하루아침에 일용직으로 전락한 아버지의 모습이거나, 신용 불량자로 부모 중 한 명이 주민등록증을 말소하고 가족이 따로 살아야 하는 모습이거나, 부모가 이혼하고 조부모에게 양육되는 바로 자신들 가족의 모습이다. 이들에게 학업을 지속한다는 것은 불안정한 예비 실업자 대열에 합류하는 일처럼 느껴지며, 열심히 살다가 결혼해서 꾸린 가정도 6개월 후, 1년 후를 예측하기 어려울 정도로 언제 어떻게 변형될지 모르는 임시적인 것으로 경험되거나 느껴진다.

이들은 대학을 나와 회사원으로 살다가 별다른 기술도 없이 실직자가 되는 삶에 대한 강한 회의를 보여 준다. 중학교를 자퇴하고 후에 검정고시를 본 후 고등학교에 입학한 뒤 6개월 만에 다시 학교를 그만둔 혜선은 그때를 떠올리며 "그 시간을 견딜 수가 없었어요. 이렇게 어떻게 3년을 참나……"라고 말한다. 자퇴 후 다방 일, 거리 판매원, 조건 만남 등을 하며 살아온 혜선은 학교가 제공한 시간과 전혀 다른 종류의 시간에 익숙해져 있었다.

불안정한 삶의 토대는 이들을 비공식적 자원에 쉽게 노출시키는 배경이 된다. 십대 여성의 몸은 금기의 대상인데다가 십대로 머물 수 있는 기간이 짧은 만큼 십대의 기간에는 높은 교환가치가 매겨진다. 그러나 그 자원은 '한시적' 자원이기 때문에 이 자원에 기대는 동안, 이들의 삶의 성장은 저하될 수밖에 없다.

일회용 삶과 비훈육 문화

느슨해진 가족 관계는 앞에서 살펴본 바와 같이 거리와 온라인에 널린 무수히 많은 불특정 관계들로 채워진다. 외환 위기 이후 등장한 '신빈곤층' 십대 여성들을 만나 인터뷰하면서 가장 뚜렷하게 느낀 사실은 바로 이것이었다. '가족이 바뀌었다!' 외환 위기 이전 빈곤층의 십대 여성들 삶과 문화를 연구했던 시절에 그들의 가족은 가출한 딸을 찾고 미아리에서 일하는 딸을 잡아다가 집에 가두었다. 하지만 이제 가족은 가출한 딸을 찾지 않는다. 자신의 딸의 문제를 상담하려고 전화한 담임 선생님에게 "왜 그런 걸 나한테 이야기하냐"며 되묻는다. 우리 이제 각자 알아서 잘 살자며 딸을 보호시설에 맡기고 엄마를 찾지 말라고 당부한다. 시장에서 팔다 남은 시래기라도 끌어 모아 아이들에게 끓여 먹이던 과거의 가난한 가족의 풍경과 달라도 너무 다르다. 가족들이 서로를 부담스러워하기 시작한 것이다. 가족을 중심으로 미래의 전망을 상상하기가 너무 어려워진 가족들은 서로가 서로를 떠나고 있다.

이들의 집 밖 생활은 고정된 관계망과 공간에 정박되어 있지 않다. 이들은 온라인으로 오프라인의 관계를 만들고 또다시 오프라인을 통해 온라인의 관계를 넓히면서 무수히 많은 관계망들과 계속 연결되고 공간을 이동해 다닌다. 이러한 이들의 집 밖 생활은 임시성과 일회성의 특징을 띤다. 삶이 임시적이고 일회적으로 이어진다는 것은 성장을 위한 지속가능한 재생산의 토대를 갖지 못한다는 것을 의미한다. 그렇기 때문에 이들의 비공식적 관계망의 삶은 성장과 변화와 축적 없이 특정한 삶의 패턴을 소모적으로 반복하게 된다.

윤지는 무작정 아는 사람 하나 없이 인천으로 왔다. 인천 방 값이 무보증으로 싼 편이라는 이유 때문이었다. 혼자 얻은 윤지의 방은 금세 새로 만난 친구들로 채워졌다. 인터넷으로 이런저런 처지를 말하며 친하게 된 전국 각지의 아이들은 인천 그녀의 방으로 몰려들었고 이들은 함께 성 산업 일을 시작했다. 언제 어디서건 함께 생활할 사람을 만날 수 있다는 사실은 이들이 어떤 관계에 연연해 할 필요가 없는 태도를 갖게 하는 하나의 배경이 된다. 윤지는 이런 식으로 만난 관계에 대해 '유효기간이 있는 친구'라고 정의한다. 유효기간이 있는 친구들과 함께 성 산업에서 일을 하고 업주를 상대로 사기를 치고 다른 지역으로 도망을 가게 된다. 이동의 가능성이 전국으로 널려 있기 때문에 잠시 일하다가 타지역으로 떠날 생각에 이들은 '부담 없이' 유흥업 일을 할 수 있다. 엄청난 이동 가능성은 비유예/비훈육적 주체의 조건이 되고 이것은 기존의 지배적 질서로부터 자신을 떼어 내는 조건이 된다.

이들이 집을 나와 한 달 동안 이동해 다닌 동선과 관계들은 집을 벗어났을 때 이들에게 가능한 관계망의 성격을 보여 준다. 슬기는 약 한 달 동안에만 10군데의 지역을 옮겨 다녔다. 사적 생활의 기능을 가정 밖으로 끄집어내 상품화시킨 다양한 공간들(고시원, 찜질방, 모텔, 카페, 노래방, 피시방 등)은 공적 영역에 존재하면서 사적 영역의 기능을 충족시키는 공간들이다. 사적 영역을 공적 영역으로 확장시킨 시장 속에서 십대들은 딱히 사적이지도 않고 그렇다고 공적이지도 않은 '비공식'적 영역 속에서 언제든 이동할 수 있는 임시적, 이동적 삶을 살아간다. 가족이 삶의 안정적인 재생산 토대로서 존재하기 어려운 신빈곤층 십대에게 흔히 가족의 기능이라고 여겨지는 것들은 가족 밖에서 이들이 형성하는 관계망 속에 지속 가능하지 않은 임시적 형태로 존재한다. 이 관계망 안에서 이들은 임시적인 관계, 이해, 자원, 보살핌을 공유하며 '임시적 삶'을 이어 나간다. 이들은 인터뷰에서 어떤 대화도 10분 이상 끌어 나가지 못했다. 이는 곧 이들이 10분 단위로 생각하고 10분 단위로 행동하며 10분 단위로 삶을 이동해 다님을 의미한다. 실제로 이들은 엄청난 폭의 공간적 이동성을 보여 준다. 길면 열흘, 짧으면 하루씩의 관계들과 만나며 하루하루 잘 곳과 함께 지낼 사람들을 바꾸어 가며 한 달을 지낸 슬기와 다슬은 '한 달'을 산 것이 아니라 하루 혹은 3일 혹은 10일의 삶을 반복적으로 살아간 것이다. 이들의 삶은 한 달 단위로, 일 년 단위로 끊어지는 것이 아니라 한 시간 단위로, 3일 단위로, 5일 단위로 끊어진다. 이들을 보살피지도, 자원을 주지도 않는 가족은 '타인'보다 못한 존재이고, 서로의 필요에 의해 간이식 관계를 함께하는 타인들은 이들의 3일 단위, 일주일 단위, 한 달 단위, 석 달 단위의 삶을 만들어 내는 매개체가 된다. 이와 같은 삶의 짧은 반복은 이들이 자신의 현재를 직면하고 싶지 않아 끊임없이 현재로부터 떠나는 행위로 볼 수 있다. 그러나 이들은 결국 비슷한 삶을 계속 반복하면서 동일한 지점 사이를 왕복하게 되고 변화와 성장의 출구를 만나기는 점차 어려워진다.

이때 이들에게 임시적이고 일회적인 삶을 만들어 주는 중요한 매개체는 이들이 형성하게 되는 거리 친구들의 성격이다. 이들이 만나는 친구들은 서로의 필요에 의해 함께 지내고 필요가 다하거나 새로운 관계가 생기면 언제든지 헤어질 수 있는 '유효기간'이 확실한 친구들이다. 이러한 관계의 특성은 이들이 기존의 지배적인 질서와 규칙을 위반하며 비공식적 자원에 접근하는 것을 더 쉽게 만들어 주는 조건이 된다. 사람들이 어떠한 규범으로 자신을 훈육시키도록 만드는 구체적인 계기는 자신과 지속적인 관계를 맺고 있는 가까이 있는 사람들의 시선을 통해 만들어진다. 그들과의 관계에서 내가 어떠한 사람으로 정체화되는가는 자신의 삶에 중요한 영향을 미치는 요소가 되기 때문이다. 그러나 이들의 임시적이고 일회적인 삶 속에서 만나는 친구들은 이들의 삶에 영향을 미칠 만큼의 지속적 관계 속에 있지 못하다. 따라서 이들의 행동을 성찰하거나 훈육시킬 동기를 부여하는 시선으로 작용하지 못한다. 언제 또 볼지 모르는 친구이기 때문에 함께 불법적 행동을 모의하는 일도 더욱 쉬워진다. 결국 이들이 맺는 관계의 특성은 이들을 비성찰적이고 무규범적으로 만드는 중요한 조건이 된다.

목적 없고 추구해야 할 가치가 부재한 채로 각자 돈 벌어서 살고 싶은 대로 살게 하는 체제인 신자유주의 흐름 속에서 기존의 체제에서 별 달리 얻을 것도 잃을 것도 없는 신빈곤층 십대들은 굳이 기존 사회체제의 가치를 작동시켜 주어야 할 필요성을 느끼지 못한다. 겉으로 보기에 이들은 '비공식적' 영역과 '비정상적' 영역을 돌아다니는 것처럼 보이지만 이들은 공식/비공식, 정상/비정상의 위계적 이분법의 경계를 무화시키고 있는 새로운 조건 속에 놓여 있다. 공식/비공식, 정상/비정상의 이분법을 통해 사람들이 자신들을 스스로 훈육시키게 만들었던 조건은 공식과 정상이 더 큰 삶의 보상과 전망을 가져다 줄 수 있다는 믿음과 이 믿음을 가능케 했던 현실적 조건들에 있었다. 그러나 이 이분법을 통한 훈육이 별 다른 차이를 만들어 내지 않게끔 변화하고 있는 조건 속에서 이들에게는 지배적인 규율이 갖고 있던 구분, 의미가 동일하게 작동하지 않는다. 규율-훈육-보상의 시스템의 기능을 점차로 약화시키는 삶의 조건 속에서 규율과 정상성의 경계는 이들에게 새로운 의미로 자리잡게 된다. 규율의 수행이 더 큰 보상을 보장하는 것도 아니고 규율의 위반과 정상성의 위반이 그렇지 않은 것에 비해 큰 위험을 낳지 않을 만큼 총체적인 '위험 사회' 속에서 규율과 정상성은 어떤 계급의 사람들에게는 강력한 훈육 권력으로 작동될 충분한 필요성을 제공하지 못한다. 따라서 지배적인 규율과 정상성을 마음대로 무시하는 '문제적' 아이들과 이들을 '문제아'로 만드는 하위문화가 있는 것이 아니다. 문제와 문제 아닌 것, 규범과 규범 아닌 것이 발생시키는 효과의 차이를 탈각시키는, 지배적인 규율과 정상성이 발생시키던 보상의 효과를 점차 무화시키는 사회적 조건이 있다. 이들은 기존의 규율로 자신을 훈육하는 대신 뚜렷한 경계와 위계가 작동하지 않는 새로운 의미 체계를 움직여 다닌다. 임시성과 일회성을 특징으로 하는 이 관계망 속에서 푸코가 근대적 주체 구성 원리로 말했던 훈육 권력, 훈육적 주체는 비훈육적 주체로 대치되고 있다.

지배적인 규범으로부터 이동을 준비 중인 10대들

신빈곤층 십대들은 전망이 부재한 미래 앞에서 미래를 향해 현재를 유보하는 유예 문화를 거부하고 비유예 문화를 선택한다. 이들의 비유예 문화는 사회에서 십대에게 부여하는 합법적 신분인 학생의 정체성을 벗어나는 것으로부터 시작해, 학벌 중심의 담론과 거리를 두는 것, 대신 시장에서의 소비가 부여해 주는 의미를 선택하며 권위의 중심을 이동시키는 것, 가족 내의 자녀 신분에서 벗어나 간이식, 이동식 삶을 붙잡는 것까지 다양한 형태로 등장하고 있다. 비유예 문화의 간이식/이동식 삶은 자신의 현재 삶을 성찰하거나 윤리적으로 규율할 필요성을 주는 지속적인 타인과의 관계를 없애기 때문에 사회의 법/질서로 자신을 규율하지 않는 비훈육 문화로 연결되기도 한다.

이들의 비유예/비훈육적 문화는 다양한 의미로 해석될 수 있다. 일단, 이것은 기존의 지배적인 집합적 삶의 양식과 규범으로부터 거리를 두기 시작했다는 의미이며, 이들이 여기에서 충족되지 않는 다른 욕망을 품고 있다는 점을 보여 준다. 이들은 기존의 '정상적'인 제도와 문화에서는 더 이상 이것을 충족할 수 없음을 몸과 마음으로 깨닫고 있다. 다만 이들의 움직임을 현재 수용하는 것이 시장-소비 중심적인 문화이기 때문에 이들의 방향이 소모적인 소비와 놀이로 향하고 있는 것뿐이다. 그러나 이러한 점은 동시에 이들의 비유예/비훈육적 문화가 다른 대안적 문화/교육과 만나기 시작할 때 변화 가능성 또한 크다는 점을 의미하기도 한다. 더구나 이들 내부에는 현재 일삼고 있는 찰나적 재미와 쾌락이 아닌 지속가능한 존중받는 삶에 대한 욕망이 분명 마음 깊숙이 존재하고 있다. 따라서 기존의 전통적인 질서로부터 이들을 떼어 놓기 시작한 비유예 문화가 대안적인 삶의 비전을 갖춘 문화와 결합할 때 이들이 보여 줄 수 있는 변화는 무궁무진할 것이다.

　변화하는 물적/규범적 토대 속에서 기존의 지배적인 집합적 규범과 거리를 두고 어느 정도 자율성을 가지며 다른 욕구를 가진 십대 여성 주체들이 등장하고 있다. 앞으로 교육은 이러한 주체들에 대해 어떤 식의 대안적 문화와 비전을 제공할 수 있을지에 대한 고민을 시작해야 할 것이다.

2^부

모두를 위한 학교는 없다

채
효
정

학교가 버린 아이들,
학교를 버린 아이들

※ 글에 등장하는 청소년들의 이름은 모두 가명입니다.

그 일이 일어난 건 어느 비 오는 날 밤이었다. "강간……." 소년원에는 왜 가게 되었느냐는 질문에 열다섯 살 소년 현준은 대답하였다. 그리고는 조금 전까지 학교 밖 무용담을 자랑스럽게 으스대며 말하던 모습은 찾아볼 수 없이, 얼굴을 푹 숙였다. 상대는 '아는 형네' 집에서 함께 머물던 여자애였다. 모두 다 나가고 둘만 집에 남았던 어느 밤에, "비가 왔고, 비가 와서 술을 한잔하게 되었는데, 그게 그만 그렇게" 되었다고 한다. 그러면 안 됐다는 걸 물론 안다. 그때는 왜 그랬는지 자신도 모르겠다. 현준이가 학교를 그만둔 건 중학교 1학년 때이다. 입학하자마자 선생님들로부터 찍혔고 문제아로 분류됐다. 잘리고 싶어서 "일부러 교무실 앞에서 담배를 피우고 선생들 보는 데서 애들을 팼다."

어느 날 엄마에게 학교 따위 안 가면 안 되냐고 물었더니 네 맘대로 하라고 해서 다음 날부터 진짜 안 나갔다. 학교에 안 가려면 돈벌이라도 하라는 엄마의 말에 택배 기사 보조 일을 했다. 택배 차에서 짐을 내려놓으면 차가 못 들어가는 골목길 구석구석까지 다세대 연립주택 계단을 오르내리며 물건을 배달하는 일이 현준이의 몫이었다. 물량이 밀릴 때는 저녁도 못 먹고 밤늦도록 일한 적도 있다. 그렇게 한 달 꼬박 일하고 받은 돈은 60~70만 원 정도. 현준이 말에 따르면 "꽤 많은 돈이었지만 인간적으로 너무 힘들어서" 때려치우고 집을 나왔다.

사라진 아이들

1년 전에 학교를 나와 2년째 학교 밖 생활을 하고 있는 현준이를 우

이 글에 인용된 통계 자료의 출처는 2011년 서울시 정책 연구 과제 《서울 초중고교 학업 중단 학생의 실태 조사와 예방 및 복귀 지원을 위한 정책 대안 개발 연구》(연구 책임자 : 김현국, 공동연구원 : 강명숙, 김성기, 채효정)를 토대로 한 것입니다.

리는 지난겨울 신림역 사거리에서 만났다. 다음의 이야기는 나와 〈학벌없는사회〉 친구들이 2011년 2월, 서울시교육청에서 주관한 학교 밖 청소년 실태 조사와 대책 연구에 참여해 현준이와 같은 학교 밖 청소년들을 직접 만나 인터뷰하고 분석하였던 것을 토대로 한 것이다. 당시 우리는 면접 조사를 통해 300명의 학교 밖 청소년을 대상으로 학교 중단 원인, 과정, 이후의 생활과 필요한 지원 대책 등을 조사했다.

현재 매년 '학업 중단자' 라는 이름으로 학교를 그만두는 것으로 보고되는 청소년들의 수가 공식 통계로만 7만 명을 넘고 있다. 이러한 통계는 매년 발생하는 학교 중단율만을 취합하여 보고하는 것으로, 중단 이후 복귀율이 20% 정도인 것을 고려하면 현재 학교 밖에 있는 학령기 청소년들의 수는 최소한 30만 이상이다. 부끄럽게도 나는 고작 지난해에야 '학교 밖 청소년과 함께하는 인문학 교실' 이라는 일을 통해 이 엄청난 수의 실상을 알게 되었고 큰 충격을 받았다. 그러나 더 충격적이었던 것은 이러한 숫자에 대한 우리 사회의 불감증이었다. 마치 〈하멜른의 피리 부는 사나이〉에서처럼 아이들이 학교에서 사라지고 있는데, 그것도 매년 작은 소도시 하나의 규모로 사라지고 있는데, 이 '소리 없는 실종' 을 느끼는 사람은 별로 없다. 학교에서 사라진 아이들, 그들은 왜, 어떻게 학교를 나와 지금 어디에 있는가.

최근 몇 년간 서울 지역 학교 중단율을 보면 학교에 100명이 입학하면 그중 한 명은 중도에 그만두는 것으로 나타나고 있다. 그러면 나머지 99명은 학교를 잘 다니고 있을까? 그렇지 않았다. 이번 조사에서 학교를 그만두고 싶은 생각을 해 본 학생이 거의 전체의 1/3(32.2%)이었다. 학교에 100명의 학생이 있다면, 100명 중 30명은 학교를 그만두고 싶다는 생각을 해 보았고 그중 5명(4.7%)은 자주 심각하게 그만둘 생각을 하고 있는 것이다. 그리고 그중 한 명(1.1%)은 얼마 후 실제로 학교를 그만둘 것이다.

그렇다면 나머지 아이들은 왜 학교에 남아 있는가? 학교를 그만두고 싶지만 그만두지 못하는 이유는 다음과 같았다. 미래에 대한 불안 때문에 48.1%, 마땅히 다른 대안이 없어서 20.5%, 부모님과의 갈등이 심해질 것 같아서 16.0%, 주변의 시선 때문에 4.8%, 친구가 없어질까 봐 2.4%, 그리고 기타 8.1%. 어떤 생각이 드는가?

왜 학교를 그만두는가 : 공부 못하는 아이가 다니기 힘든 학교

아이들이 학교를 다니고 싶지 않은 가장 큰 이유는 무엇일까? 학교에 있는 학생들에게 물었을 때, '공부에 흥미가 없어서(22.5%)'가 압도적으로 1위였고, '성적이 좋지 않아서(17.0%)'가 그 다음이었다. 아마 당연히 예상할 수 있는 응답일 것이다. 그렇다면 학습 부적응이나 성적 부진 때문에 학교생활에 어려움을 겪는 아이들이 학교를 그만두지 않고 계속 다닐 수 있도록 하는 해결책은 '학습 지원'과 '성적 향상'일까? 그러나 우리가 생각해 보아야 할 문제는 학생들이 왜 공부에 흥미가 없는가, 왜 성적이 오르지 않는가가 아니라, 지금의 학교가 '공부를 못하는 아이들에게는 너무나도 힘든 곳'이라는 사실이다. 단순히 공부에 흥미가 없어서 더 흥미롭고 재미있는 일을 찾기 위해서가 아니라, 공부 못하는 사람으로 학교에 있는 것이 너무나 힘들기 때문에 학교를 나오고 싶다는 것이다.

조사 결과도 이 부분을 뒷받침하고 있다. 학교에 다니고 있는 청소년들과 그만둔 청소년들을 함께 조사한 이번 연구에서는 '학교를 그만두고 싶은 이유'와 '실제로 학교를 그만둔 이유'에 차이가 있는 것으로 나타났다. 학교를 다니고 있는 학생들이 주로 공부와 성적을 학교를 그만두고 싶은 큰 이유로 꼽은 데 비해, 학교를 그만둔 학생들은 그와 함께 학생 지도 불만(12.8%)이나 교사와의 관계 악화(8.6%)를 실제로 학교를 그만둔 이유로 중복 응답하는 수가 많았다. 성적이 좋지 못한 아이들이 학교생활에서 겪는 어려움과 스트레스가 어떤 것인지를 짐작하게 한다. 따라갈 수 없는 수업 내용, 학교 안에서의 편견과 차별, 교사와의 마찰. 그러다가 어떤 사건이나 계기를 통해 갈등이 폭발하게 되면 그것이 학교 중단으로 현실화되는 것이다.

고등학교 1학년 때 학교를 그만둔 태우는 가정 폭력과 불화 등으로 가정환경이 좋지는 않았지만 성적도 하위권은 아니었고 중학교 때는 그런대로 무난하게 학교를 다녔다. 그나마 학교에 있는 시간이 집에 있는 것보다 속 편했다. 그런데 고등학교에 오니 분위기가 달랐다. 입학하던 첫날 담임 선생님은 "나는 따라올 놈들만 데리고 간다. 나머지는 다 필요 없고, 나는 그런 놈들 신경 쓰지 않는다. 그러니 앞으로 어떻게 할 건지는 알아서 결정해라"고 했다. 태우는 그 다음 날부터 학교에 가지 않았다. 그리고 가출과 방황이 길어졌고 결국 출석 일수 부족으로 제적될 상황이라는 연락을 받고 어머니가 학교에 가서 자퇴서를 냈다.

우리가 만난 학교 밖 청소년들은 태우처럼 고등학교 1학년 때 그만둔 아이들이 가장 많았다(36%). 학교 안 상담 교사들과의 인터뷰에서도 그 점을 확인할 수 있었다. 고1 때 그리고 학기 초에 그만두는 확률이 가장 높았다. 그래서 신입생을 받을 때와 학기 초가 가장 긴장되는 시기라고 한다. 왜일까? 현재 학교의 수업 목표는 대입 진학률과 학교 평균 성적을 올리는 데만 맞춰져 있다. 수업 내용은 당연히 상위권 학생들이 기준이 될 수밖에 없다. 그 내용을 따라가지 못하는 아이들에게는 가만히 앉아서 수업을 듣는 것 그 자체가 고통이요 고문이다. 그런데 앞으로 그 생활을 3년이나 해야 한다고 생각하면 아이들은 절망한다. 학기 말이나 학년이 올라가면 조금만 더 버티면 된다는 생각에 수업 시간에는 자면서도 학교에 나오지만, 입학한 시점이나 학기 초에는 끝이 안 보이는 것이다.

억지로 앉아 있는 수업 시간에 몸이 힘든 것 이상으로 더욱 힘든 것은 공부 못하는 아이들에 대한 편견이었다. 학교에서, 공부를 못하는 아이는 노력하지 않는 사람, 게으른 사람, 끈기가 부족한 사람, 자신과의 싸움에서 이기지 못하

모두를 위한 학교는 없다

는 사람, 학급 평균 까먹어서 전체에 피해를 입히는 사람, 선생님과 부모님을 부끄럽게 만드는 사람, 얼굴이나 옷에만 신경 쓰는 사람, 놀기만 좋아하는 사람, 앞날이 답답한 사람, 그런 사람을 의미했다. 면담 과정에서 "공부 잘하는 애였으면 안 그랬을 거"라는 말을 얼마나 많이 들었는지 모른다. 흡연 교칙 위반이 세 번 누적돼 퇴학 직전에 자퇴한 태훈이는 우리 반 1등도 담배 피웠는데 나처럼 그걸로 자르기야 했겠냐고 했고, 원래 머리카락 색이 갈색인데 염색했다고 다짜고짜 뺨을 맞은 주원이도 공부 잘하는 애 같았어도 선생님이 그랬겠냐고 했다.

원인을 학생이 아니라 학교에서 찾아야

근본적으로 '공부 못하는 것'이 왜 학교에 가기 싫은 이유가 되는지를 살펴보지 않으면 문제의 원인은 학교가 아니라 학생에게 계속 환원된다. 하지만 원인은 아이들의 학습 능력이 아니라 공부 못하는 아이들이 다니기 힘든 학교에서 찾아야 한다. 학교는 공부하기 위해 가는 곳이지 공부 '잘하기' 위해 가는 곳이 아니기 때문이다. 또한 학교는 공부만 하는 곳이어서도 안 된다. 학교는 더 많은 중요한 것을 배울 수 있는 곳이기 때문이다. '친구를 사귀고, 서로 돕고, 함께 놀고, 생각을 나누고, 갈등하고, 다시 화해하고' 그렇게 학교는 더불어 살아가는 법을 배우는 곳이기도 하다. 그러나 현재의 학교는 그러한 중요한 기능을 거의 못하고 있다는 것, 그래서 공부를 못하고 성적이 안 좋은 것이 학교를 다닐 수 없게 만드는 중단 요인이 된다는 것 그 자체가 오늘날 학교의 위상과 성격이 심각하게 왜곡되어 있다는 반증이다. 학교가 변하지 않는다면 아이들은 학교에서 계속 사라질 것이다. 왜냐하면 온몸으로 그러한 왜곡을 거부하는 '문제아'들을 계속 내보내지 않으면 기존의 학교 질서를 유지할 수 없기 때문이다. 그러나 현준이가 학교를 나온 후, 그가 다니던 학교는 정말 평온함을 되찾았을까?

학교가 변하지 않는 한, 그런 학교에서 버티기보다는 학교를 박차고 나오는 편이 자신을 위해서 차라리 나은 것인지도 모른다. 일반 학교가 아니어도 대안 학교와 같은 학교 밖 배움터나 홈스쿨링과 같은 방법, 그 외에도 다양한 다른 방식의 배움과 사회적 삶을 지속해 나갈 수 있는 방법은 얼마든지 가능하고 또 필요하다. 또한 현재 시점에서는 학교 밖에 그러한 다양한 배움터가 많이 존재하는 것이 싫든 좋든 학교를 다녀야만 하는 출구 없는 강제적 상황이 주는 스트레스를 완화하는 데도 오히려 도움이 될 수 있다.

그런데 여전히 학교를 그만둔 청소년에게 교육 당국이 붙이는 일반적 명칭은 '학업 중단자'이다. 이는 정당하지 않다. 그것은 정규 학교에서만 배울 수 있고, 그러한 교육만을 교육으로 인정한다는 편견이고, 학교 밖에서 배우는 이들에 대한 폭력이기 때문이다. 학교 밖 청소년들이 원하는 지원 대책으로 '일자리 정보와 직업 훈련(18.8%)'이 가장 큰 비율을 차지하였고 '대안교육 기회 확대(10%)'나 '학교 복귀 준비(8.9%)' 등의 응답이 꽤 나온 것을 볼 때, 이는 학교는 싫지만 '학교가 아닌 곳에서 필요한 교육은 할 수 있도록 도와 달라'는 것으로 해석할 수 있다. 배움은 원하지만 학교로 돌아가는 것은 거부하는 것이다. 따라서 현재의 중도 탈락 또는 학업 중단자라는 개념은 '학교 중단'이라는 개념으로 대체되는 것이 옳다고 본다. 그리고 그런 다음에야 우리는 어떻게 하면 학교를 그만두는 아이들을 변화시킬 것인가가 아니라, 아이들이 그만두고 싶은 학교를 변화시킬 수 있을 것인가로 문제의 관점을 이동할 수 있을 것이다.

어떻게 학교를 나오는가

'학교' 중단을 '학업' 중단으로 보게 되면 중단을 막는 것이 가장 좋은 것이고, 따라서 대책은 중단을 예방하고 중단율을 낮추는 방향으로 수립된다. 그러려면 무엇보다도 원인을 아는 것이 중요하고 중단 원인을 제거하는 것이 필요하다. 중단 과정을 어떻게 할 것이냐는 부차적인 문제가 된다. 그러나 학교 중단을 학업 중단이 아니라 '배움터 이전移轉'의 관점에서 본다면 중단 원인 못지않게 중단 과정과 방식이 중요한 의미를 갖는다. 왜냐하면 학교 중단이 제2의 새로운 시작이 되느냐, 아니면 생의 중요한 시기에 돌이킬 수 없는 상흔으로 남느냐가 여기에 달려 있기 때문이다. 그런데 우리가 만난 아이들은 원인 그 자체보다 학교를 나오는 과정에서 돌이킬 수 없이 깊은 상처를 입고 있었다.

앞에서 학교를 박차고 나온다고 표현은 했지만, 실제로 중단 과정을 보면 한편에는 학교를 '때려치운 아이들'이 있었고 한편에는 '밀려 나온 아이들'이 있다. 학교를 그만두기로 한 최초 결정자가 누구냐는 질문에 76%는 자기 스스로 결정했다 답했고, 24%는 타의에 의해 학교를 나와야 했다고 답했다. 그러니까 학교를 그만두는 네 명 중 세 명은 '때려치운 아이들', 네 명 중 한 명은 학교에서 '잘린 아이들'인 것이다. 그러나 면담을 해 보면 처음에는 호기 있게 때려치웠다고 말하는 아이들도 실은 학교 중단 과정에서 깊은 상처를 입었고, 사실상 학교로부터 자신이 버림받았다고 느끼는 경우가 많았다.

때려치운 아이들

앞의 사례에 나온 현준이도 '때려치운 아이'에 속한다. 그러나 현준이의 경우 형식적으로는 자발적 중단이라고 해도 내용적으로는 밀려 나온 것과 다름없다. "너 차라리 학교에 나오지 마라"는 말에 그 다음부터 학교에 안 나갔다는 다른 아이들도 그랬다. 학교에 적응하지 못하고 반항도 하고, 사고도 치고, 싸움질도 하고, 선생님 속도 썩이다가 결국 학교를 '때려치우고' 말았지만, 자신을 잡지도 찾지도 않았던 선생님에게는 서운함을 숨기지 못했다.

'학교에 오지 말라는 말'을 처음에는 다른 많은 이들처럼 그게 그저 선생님이 학생들을 정신 번쩍 들게 하려는 나름의 방식이겠거니 쉽게 생각했다. "그게 정말 선생님의 진심이었을 거라 생각하니? 선생님도 순간 화가 나서 그랬겠지. 정말로 그걸 원했을까?" 선생님의 그 말에 학교를 정말로 그만뒀다는 아이들의 말에 처음엔 어이가 없어 묻곤 하던 나는 나중에는 더 이상 그렇게 물을 수가 없었다. "네! 정말이에요. 제가 학교에 안 오기를 정말로 원한다고요!" 정색을 하고 대답하는 아이들을 보면서, 이 아이들이 철이 없는 것이 아니라 자신을 거부하고 있는 존재를 정말로 온몸으로 느꼈음을 나도 온몸으로 느낄 수 있었다. 그것이 거부이고 낙인이고 진심이었다고 느끼게 한 건 말이 아니라 '존재'였다. "너 차라리 학교에 나오지 말라"는 말이 칼이 된 것은 그 말의 의미 때문이 아니라 그 말을 한 사람이 선생님이었기 때문이다.

잘린 아이들

보호관찰소에서 만난 우석이는 패션 감각이 남달랐다. 스스로도 자기가 좀 멋있는 걸 안다고 했다. 여자애들한테 인기도 많다. 그런데 선생님들에게는 그게 '멋지게' 보이지 않았다. 첫 번째 학교에서는 교장 선생님한테 찍혔다. '학교 분위기 해친다'고 했다. 담임 선생님한테는 노골적으로 "왜 저런 애를 우리 학교에 두느냐"고 말하는 소리를 들었다. 그래서 전학을 갔는데 두 번째 학교에서는 담임에게 찍혔다. 그리고 사고가 났다. 친구 생일에 같이 술을 마시다 길에 세워져 있던 '죽이는' 오토바이를 보았다. 그리고 그대로 오토바이에 몸을 실었는데, 걸리고 말았다. 무면허, 절도에 음주 승차. 집과 학교로 연락이 갔고 보호관찰을 받게 되었다. 선생님은 엄마와 우석이를 불러 학적부에 빨간 줄이 그어지고 보호관찰 기록이 남는 것보다 자퇴하는 것이 낫지 않겠냐고 했다. 그러면 깨끗하다고. 그래서 엄마도 아이 미래를 생각해서 자퇴로 처리해 달라고 했다. 우석이는 그것이 강제 전학이라는 것도, 미성년자 범죄 기록은 공개할 수 없게 되어 있다는 것도 우리와의 면담에서 처음 알았다. 여학생들의 주목을 받으며 학교를 다니는 것이 결코 싫지 않았던 '간지남' 우석은 그렇게 학교를 나왔다.

"내가 담배 세 번 걸려서 잘린 놈"이라며 자신을 소개한 태훈이도 사사건건 선생님과 부딪혔다. 그냥 물어보는 건데 '개긴다'고 하고, 그냥 쳐다본 건데 '꼬나본다'고 했다. 선생님이 왜 그랬을까 물으니 자기가 좀 껄렁해 보여서 그런 것 같다고 한다. 하지만 태훈의 말에 따르면 자신은 원래 태도가 그런 거고 껄렁한 것 말고는 정말 나쁜 짓 하고 다니는 애들과는 다르다고 했다. 담배 피운 게 학교까지 잘릴 이유가 되냐고, 차라리 한 대 때리고 말지, 그걸 징계로 처리해서 그렇게 하냐고, 얼마나 억울했던지 태훈이는 면담 시간 동안 목이 쉬도록 거의 울기 직전까지 이야기를 했다. 태훈이는 학교로 돌아가고 싶어 했다. 하지만 이제는 글렀다고 말했다. 아침에 일어나지도 못하겠고 나이 어린 애들하고 같이 학교를 다닐 낯도 없다.

밀려 나온 아이들

타의에 의한 학교 중단 중에는 우석이같이 비행이나 범죄 사건으로 퇴학을 당하거나 자퇴 권유로 학교에서 퇴출되는 경우도 있지만 무기력하게 학교에서 밀려 나오는 경우도 있다. 그래서 상담 교사들은 가출을 하거나 싸움을 하는 '문제아'들이 오히려 건강할 수도 있다고 말한다. 왜냐하면 그들은 어떤 방식으로든 자신의 불만과 상황을 행동으로 적극 표출하는 것이기 때문이다. 상담 교사들이 가장 심각하게 생각하는 유형은 잘린 아이들이나 때려치운 아이들보다 오히려 아주 무기력한 방식으로 학교에 남아 있거나 학교로부터 밀려 나오는 아이들이었다. 징후는 아이들의 몸으로 나타난다. 이 유형의 아이들은 적극적으로 대들거나 반항하는 것이 아니라 몸이 아프다. 하지만 병원에 가도 특별한 원인은 없고 스트레스나 심리적 이유라고 한다. 학교에 다니기 싫어서 마음에 병이 든 것이다. 그렇게 지각과 조퇴, 결석을 반복하다 어느 날부터 장기 결석이 시작된다. 그러다 출석 일수를 채우지 못하면 유예되거나 제적된다. 이러한 유형일수록 부모가 자녀에 관심을 가지고 적극적으로 개입해 돌봐 줄 수 있는 형편이 안 되는 경우가 많다. 학교를 떠들썩하게 만들고 나가는 아이들은 선생님과 친구의 기억에라도 남지만 이런 아이들은 있었는지 없었는지도 모르게 조용히 사라진다.

학교가 아닌 다른 곳에서 무엇을 배우고 어떻게 생활할 것인가를 계획하고 준비한 후에 학교를 떠나는 아이들은 극히 소수에 불과했다. 대부분의 학교 중단 청소년들이 이와 같은 방식으로 학교를 때려치우거나, 잘리거나, 밀려 나온다. 중단 방식을 보면 대부분이 이러한 '우발적 중단 유형'에 속한다. 아무런 준비 없이 학교를 나온 후에는 학교 밖 생활에 어려움을 겪고 다시 안정적인 진로를 잡기까지 방황하는 시간이 너무 길었다.

외로운 결정

학교를 그만두는 것은 중대한 결정인데, 이 과정에서 아이들은 외로웠다. 학교를 그만둘 당시 누구와 상의했는가에 대해서는 55.7%가 부모님이라고 대답했다. 하지만 '혼자 결정했다'가 21.1%였고, 담임교사와 상담 교사는 각각 5.9%와 2.1%로 친구나 선후배와 상의했다는 비율(9.0%)보다도 낮았다. 학교 중단 과정에서 누구와 상의했는가는 이후의 지원과 조력 체계를 파악하는 데 중요한 의미를 갖는다. 다섯 명 중 한 명이 상의할 사람이 아무도 없었다는 것은 학교를 그만두는 아이들이 가정과 학교에서 어떤 상태에 놓여 있는지를 말해 준다. 또한 학교 중단 이후 진로에서 반드시 필요한 조력자와 지원 체계를 얻기 힘들다는 것을 뜻하는 것이기도 하다.

부모님과 상의했다고 대답한 경우에도 구체적으로 물어보면 그것이 반드시 부모의 지지를 뜻하는 것은 아니었다. 학교 중단 이후 겪는 가장 큰 어려움으로 많은 청소년들이 부모와의 갈등 심화(14.0%)를 꼽고 있는 것에서 알 수 있듯이, 자녀가 학교를 그만두는 것을 이해하고 지지하며 이후의 삶을 함께 고민해 주는 부모는 많지 않았다. 부모님이 반대하지 않고 그만두라고 했다는 경우도 자세히 물어보면 그것이 자녀의 결정에 대한 지지라기보다는 현준의 사례에서처럼 '네 맘대로 해라' 식의 방임이나 무관심에 가까운 경우가 많았다. 욕심대로 따라 주지 않는 자식에게 실망한 부모와의 마찰과 불화 때문이든, 자신도 감당하기 버거운 삶을 살아 내느라 자식을 돌아볼 여유조차 없는 부모의 무관심 탓이든, 제1의 조력자인 부모와 갈등 관계에 놓이게 되고 지지를 받지 못한다는 것은 이후 학교 밖의 삶을 어떻게 살아갈 것이냐에 매우 부정적인 영향을 미칠 수밖에 없다. 학교 중단이 부모와의 관계 중단으로 이어지게 되면 이는 청소년들의 입장에서는 사실상 최후의 지원처를 잃게 되는 것이다.

떠나는 아이들을 위해 학교가 해야 할 일

그래서 중요한 것이 중단 과정에서 학교와 교사의 역할이다. 학교를 떠나는 아이들에 대해 파악할 수 있는 마지막 지점이 학교이기 때문이다. 학교를 나간 후 도움을 받을 수 있는 곳에 대한 정보, 대안학교나 직업학교, 검정고시 등에 대한 정보, 다시 복귀하려고 할 때 필요한 정보 등 이 모든 것을 알려 줄 수 있는 마지막 기회이자 장소가 학교인 것이다. 학교가 그 일을 하지 않는 것, 그것이야말로 학교가 아이들을 버리는 것이다.

부모와의 관계가 단절된 아이들이 다른 진로로 안정적으로 이동할 수 있도록 안내하고 사회적 지원 체계나 관계망과 이어 줄 수 있는 마지막 연결 고리를 잡고 있는 사람은 교사이다. 그러나 조사 결과가 보여 주듯이 교사에 대한 신뢰는 또래 친구보다도 더 낮았다. 이 신뢰를 높이려면 교사가 변해야 할 터인데, 교사의 변화 역시 학교의 변화만큼이나 요원한 일이다. 그래서 현실적으로 봤을 때 학교 안에서 힘든 아이들을 이해하고 함께 고민해 줄 수 있고, 학교를 그만두고 나가는 아이들을 계속해서 학교 밖의 사회적 지원망과 연결시켜 줄 수 있는 안정적인 조력자로서 더 많은 정규직 상담 교사 확충이 시급하다. 예산 이야기는 하지 말았으면 한다. 이후에 학교 밖에서 아이들을 찾기 위해 드는 돈과 시간과 노력, 미래의 사회 적응 비용은 그와 비교할 수가 없을 것이다.

학교를 나온 후

학교를 나오고 나면 아이들은 어떤 세상을 만날까? 아마 우리는 그 세상이 학교보다 결코 더 낫지 않았으리라는 것을 쉽게 추측할 수 있을 것이다. 그럼에도 불구하고 학교로 돌아가지는 않겠다고 대답한 청소년(60.8%)이 더 많았다는 것을 우리는 어떻게 설명할 수 있겠는가? 청소년들은 학교를 그만둔 후에 무엇을 하고 싶었을까? 특별한 계획이 없었다(21.2%)는 대답이 가장 많았다. 돈을 벌고 싶기도 했고(19.1%) 기술을 배우려고도(12.0%) 했지만 계획은 뜻대로 잘 이루어지지 않았다. 실컷 놀고 싶었지만 돈이 없었고, 놀 데도 없었다. 머리도 기르고, 염색도 하고, 짧은 치마에 스키니진도 입을 수 있게 되었지만 다른 친구들이 학교에 가 있는 시간 동안 학교에 다니지 않는 청소년들이 갈 곳은 별로 없었다. 사람들은 이상한 눈으로 쳐다보았다.

학교를 그만두고 나서 달라지는 가장 큰 변화는 밤낮이 바뀌는 것이다. 처음엔 늦잠을 잘 수 있어 좋았는데, 일찍 일어나야 할 이유가 없으니 밤에 깨어 있는 시간이 길어지고 그러다 보니 점점 밤낮이 바뀌었다. 문제는 낮도깨비 생활이 몸에 배고 나면 학교든 학원이든 어디서건 계획적이고 규칙적인 생활을 하기는 점점 힘들어지게 된다는 점이다. 하지만 '낮에 자고 해가 지면 활동을 개시' 하는 이들 청소년들의 생활 리듬을 단순히 방만하고 무절제한 생활이라고 보기 전에 왜 그런지를 먼저 이해할 필요가 있다. 가장 큰 이유는 친구 관계 때문이다. 온라인이든 오프라인이든 친구를 만날 시간이 밤 시간밖에 없기 때문이다. 반면 낮 동안 잠들어 있음으로써 가족들이나 사회의 다른 어른들과는 되도록 마주치지 않는 편이 편하다. 우리 사회에서 학교에 있을 시간에 학교 밖에 있는 청소년들을 어떻게 바라보는지, 이들을 받아 주는 곳이 과연 있기나 한지를 생각해 보면 왜 이들이 밤에 활동할 수밖에 없는지 알 수 있을 것이다. 친구도 없고 재미난 사건도 없는 학교 밖에서의 하루는 너무나 길고 심심하고 지루했다. 청소년들은 학교 밖 생활에서 가장 힘들었던 점이 '할 일이 없어 심심'(23.7%)한 것이었다고 말한다.

외롭고 불안한 삶

학교를 다니지 않는 시간이 길어질수록 아이들의 삶은 피폐해진다. 가까운 가족은 물론이고 이웃과 사회로부터 이해받지 못하면서 아이들은 외로움, 무섭고 두려운 마음, 불안감, 자포자기와 무력감 속에 빠져 있다가 때로는 재미를 찾아 나선 놀이에서 비행의 유혹에 빠지고, 때로는 나쁜 어른을 만나 가슴 아픈 험한 일을 겪기도 한다. 청소년 노숙이나 쪽방 생활, 가출팸은 가족이라는 둥지에서 내몰리고, 학교라는 울타리에서 밀려 나와 아무도 반겨 주지 않는 사회 속에서 아이들이 같은 처지의 친구들을 만나 서로 의지하며 만든 그들만의 울타리였다.

쉼터에서 만난 재훈이도 얼마 전까지 그런 생활을 했다. 그러다 최근에 쉼터로 들어와서 낮에는 검정고시 학원에 다니고 있는데, 나이가 차니까 노는 게 마냥 좋지는 않더라고 했다. 우리가 학교 밖에서 만난 청소년들을 보면 연령이 높을수록 미래에 대한 불안감과 함께 검정고시나 군 입대, 직업 문제 등과 같은 현실적인 고민들을 안고 있었다. 방황하던 아이들도 점점 나이가 들고 학교에 있는 친구들의 졸업이 다가오면서 자신의 미래가 불안해지고, 자신이 헛된 시간을 보낸 것이 후회되기도 하는 것이다. 그러나 아이들이 방황을 끝내려고 해도 새로운 길 찾기는 쉽지가 않았다. 다시 공부하는 것도 일하는 것도 어떻게 다시 시작해야 할지가 막막하다. 누구에게 물어보고 어디서 어떻게 도움을 받아야 하는지 알 수가 없었다. 청소년 상담 전화 1388을 아는 친구는 드물었고 그 번호를 알려 준 사람도 자신과 같은 또래 친구인 경우가 많았다. 필요한 정보를 얻는 주요 경로는 학교나 상담 기관이 아니라 거리의 친구들과 '알바천국' 이었다.

힘들고 고달픈 삶

마음을 잡고 검정고시 준비나 취업 준비를 하려 해도 부모의 지원이 없는 경우라면 삶은 이제부터 더 힘들고 고달파진다. 검정고시 학원이든 미용 학원이든 다 돈이 필요하기 때문이다. 알바를 구해도 돈을 모아 학원을 다니기는커녕 벌어서 쓰다 보면 세월이 다 갔다. 미용실 시다로 일하면서 중3 때부터 혼자 살았다는 경호는 검정고시를 준비하고 있었다. 혼자 돈을 벌어서 미용 학원도 다니고 미용사 자격증도 땄는데, 앞으로도 계속 알바만 할 수는 없어 정식 미용사로 취직을 하려니 채용 조건이 죄다 '고졸 이상'이었다. '100에 30짜리' 월세방을 얻어 살면서 검정고시 학원비까지 내려니 도저히 생활을 할 수가 없어 현재 쉼터 생활을 하고 있다. 장기 쉼터라 좀 더 오래 머물 수는 있지만 검정고시만 따면 쉼터는 나갈 것이다. 취직할 때 사는 곳이 쉼터라고 하면 뽑아 주지 않기 때문이다. 그런데도 동네마다 개설되는 주민자치센터 강좌에도 성인 대상 취업 교육이나 주부, 노인, 유아 등 다른 대상들을 위한 교육 프로그램은 있어도 청소년, 특히 학교 밖 청소년을 대상으로 하는 강좌는 거의 찾을 수가 없다. 심지어 교육방송조차 공인중개사 강좌는 있어도 검정고시 강좌는 없다.

그러므로 지금 같은 상황에서 학교를 나온 이후 청소년들이 스스로 계획을 수립하고 그것을 달성한다는 것은 사실상 불가능한 일이다. 면담 결과를 분석한 결과, 청소년들이 중단 이후 고립되지 않고 안정적으로 진로를 설정할 수 있기 위해서 가장 필요한 요인으로 조력자와 경제적 지원을 꼽을 수 있었다. 학교를 그만둔 직후 바로 다른 배움터로 이전했든 아니면 방황하다가 진로를 찾았든 어떤 경우이건 그 계기가 되는 것은 그를 이해하고 도울 의지가 있는 조력자의 존재였다. 가장 1차적인 조력자는 부모님일 것이다. 그러나 그 외에도 선생님, 목사님, 대학생 형, 지역 청소년센터의 활동가 등 조력자와의 만남이 그들의 삶에서 중요한 전환점이 되었다. 이들 조력자의 존재는 아이들이 외로움과 불안감을 이겨 내고 다시 미래를 꿈꾸고 새로운 진로를 찾아가는 데 결정적인 역할을 하였다. 그리고 계획을 실현하는 데는 경제적 지원이 필수적이었다. 그러나 모든 아이들이 경제적 지원이 가능한 부모님을 가질 수는 없고 다른 조력자와의 만남 또한 우연적일 수밖에 없는 것이 문제이다. 따라서 우리는 그와 같은 조력자의 존재와 경제적 지원을 '제도'와 '정책'을 통해 만들어 내야 하는 것이다.

그들에게 필요한 것

학교를 나온 청소년들에게 가장 필요한 것은 무엇일까? 설문 응답은 일자리 정보와 직업 훈련(18.8%), 기타(14.8%), 사회적 편견 해소(14.4%), 경제적 지원(13.3%), 학교 밖 청소년 지원 정보(11.1%), 대안교육 기회 확대(10.0%), 학교 복귀 정보(8.9%), 상담 및 도움 기관 확대(8.9%) 순으로 나타났다. 그러나 그런 문항 제시 없이 처음에 지금 제일 필요한 게 무엇이냐고 물었을 때 거리에서 만난 청소년들이 가장 많이 답한 것은 '먹을 것, 입을 것, 잠잘 곳'이었다. 나이가 어릴수록 당장의 생활을 위해 돈을 벌 수 있는 일자리가 필요하고 나이가 들수록 취업하기 위한 기술이 필요했다. 어쩌면 이들은 이미 그 사회 안에서 살아남는 법을 경험을 통해 충분히 배우고 있는지도 모른다. 그리고 그 경험은 입시가 끝나면 쓸모없어지는 학교의 교육과정보다 훨씬 더 값어치 있는 것일 수도 있다. 그러나 이 시기를 살아 내는 것보다 더 중요한 것은 인간으로서 살아 내는 것을 배우는 것이다. 노동하지 않고 공부만 하는 것보다 노동을 경험하는 것이 더 낫고, 더 좋은 대학이 더 나은 인생을 보장한다는 환상으로 1점, 2점 올리는 데 온 시간을 쓰는 것보다는 세상살이의 혼돈과 마주쳐 보는 것이 낫다. 그러나 그것이 성찰도 보람도 없이 그저 힘겹게 살아 내는 것으로 그쳐서는 안 된다. 하지만 우리는 학교 안에서 사육당하는 대신 야수적인 사회로 뛰쳐나오는 것을 택한 아이들이 다시금 그 사회의 야수성에 잡아먹

히는 것을 수없이 보았다. 지금 학교 밖 청소년들이 함께할 수 있는 안전한 거처와 다양한 배움터들이 절실히 필요한 이유이다.

그들은 미래의 시민이다

학교를 중단하는 청소년의 수도 학교 안의 문제를 드러내는 충격적인 것이지만, 보다 더 큰 충격은 학교 중단 이후의 삶이었다. '청소년 = 학생'이라고 당연히 간주하는 사회제도 안에서는 청소년들이 학교를 중단하게 되면 동시에 모든 사회적 안전망과 지원으로부터도 함께 단절된다. 학교에 있지 않은 청소년들은 자연인으로서는 존재하나 사회 구성원으로서는 어느 집단에도 포함되지 않기에 사회적으로는 '존재하지 않는 존재'가 되어 버리는 것이다. 그들은 학생이 아닌 이유로 학생 할인이 되는 모든 곳에서 학생 할인 대상이 될 수 없고 배가 고파도 무료 급식 대상이 아니며 그럼에도 아직 청소년이어서 직업이 없어도 실업수당이 없고 돈이 필요해도 대출을 받을 수가 없으며 당연히 장애인이나 고령자 혜택 같은 것도 받을 수가 없다. 청소년은 참정권이 없기에 그나마 선거 때만이라도 반짝하는 소수자에 대한 관심도 지원 약속도 없다.

그리고 무엇보다도 치명적인 배제는 가장 중요한 미래의 삶을 위해 필요한 교육 대상에서 제외된다는 것이다. 교육 당국의 정책은 학교를 다니는 학생들만을 대상으로 하고, 사회복지 정책적 차원에서 보면 이들은 복지 정책을 통해 최소한의 시민적 삶의 질을 확보할 수 있도록 해야 할 대상이 아니라 '학교로 돌려보내야 할 일시적 존재'이다. 이처럼 학교에 가야 할 시간, 학교가 아닌 다른 곳에 있는 학생이 아닌 자는 우리 사회 안에서 아무런 시민권이 없다. 하지만 이들도 사회에서 방치된 시간 동안 성장하고, 언젠가는 성년이 되어 사회로 돌아온다. 직업을 갖고, 군대도 가고, 짝을 만나 자식을 낳아 기르고, 시민으로서 투표도 할 것이다. 이것이 학교에 다니든 다니지 않든 모든 청소년들이 미래의 시민으로서 정당한 교육권을 보장받고 최소한의 삶의 조건을 보장받아야 하는 이유이다. 우리가 그들이 학교 밖으로 나와 있는 그 시간에 대해 공동의 책임을 지지 않고 '청소년은 학교에 다녀라' 는 하나 마나 한 소리만 안이하게 계속하는 한, 한 해 7만 명씩 교문을 박차고 나오는 지금과 같은 사태의 미래는 그렇게 '안이하게' 전개되지 않을 것이다.

학교가 버린 아이들, 그러나 아직 기다리고 있는 아이들

우리가 우연히 만난 학교 밖의 청소년들로부터 그토록 엄청난 이야기들을 들을 수 있었던 것이 의아한 사람들이 있을지 모르겠다. 비결은 의외로 간단하다. 롯데리아 상품권이다. 때로는 문화상품권도 썼다. 사실 우리들도 처음엔 5천 원짜리 상품권이 그만큼 위력이 있을 줄 몰랐다. 그러나 문화상품권은 PC방에서 쓸 수 있어 인터넷이 목숨 줄과도 같은 청소년들에겐 먹을 것만큼이나 소중한 것이었다. 그만큼 아이들은 배가 고팠고 돈이 필요했다. 그러나 그것이 다는 아니었다. "이거 한 장에 나한테 5천 원 주면 아줌마한테는 얼마 떨어지냐"고 하던 아이들이 인터뷰를 마치고 정작 상품권을 주면 자신의 말을 들어 준 것만도 고마운데 이것까지 받아도 될까요, 하며 미안해하고 감사해했다. 그만큼 말을 들어 주는 사람이 없었고, 그만큼 자기 이야기를 들어 줄 사람이 필요하였던 것이다. 학교를 나온 후 꽁꽁 숨어 버린 아이들을 어떻게 찾겠느냐고 하지만, 낯선 이에게 제 이야기를 털어놓을 애들이 어디 있겠냐 싶지만, 그렇지 않았다. 아이들은 기다리고 있었다. 우리의 관심을 원하고 지원을 필요로 하고 있었다. 아이들은 자신들에게 접근하는 어른들이 자신들을 이용하려는 사람인지 도우려는 사람인지를 거의 본능적으로 알 수 있을 뿐이고, 우리는 그들을 돕기 위해 먼저 찾아가고 다가가는 것을 하지 않았을 뿐이다. 나는 이러한 이야기를 거리에서 청소년들을 찾아서 만나고 돕는 일을 오래도록 해 오신 분에게서 똑같이 들었다. 아이들은 '마치 기다리고 있었던 듯' 했다고.

한 24시 패스트푸드점에서 인터뷰를 할 때였다. 여학생 두 명이 인터뷰를 하고 나서 내게 물었다. "저 샘, 며칠 동안 못 씻어서 너무 갑갑한데 저기서 씻어도 될까요?" 아이들이 물어본 곳은 사람들이 드나드는 패스트푸드점 화장실. "그래, 여긴 따뜻한 물이 나오지. 그래도 추울 텐데. 좋아, 내가 여기 있어 줄게. 대신 문 꼭 잠그고 빨리." 내게 무슨 권한이 있다고, 얼마나 보았다고 그새 샘이라 부르면서 허락을 구하는가 싶었는데, 돌아오는 길에 곰곰이 생각하니 그게 아니었다. 아이들은 화장실 문 앞에서 몇 번을 망설였을 것이다. 해도 될까, 혹시 누가 문을 열고 들어오지 않을까, 들켜서 혼나지 않을까 하고. 그래서 어쩌면 잠시 동안의 보호자가 필요했던 것인지도 모른다. 그러니까 그 순간 나는 유일하게 자신들이 '아는 어른'으로서 그러라고 허락함으로써 짧은 시간 그들의 '엄마'이고 '선생님'이 되었던 것이다. 우리가 면접 조사를 하는 동안 이런 일은 비일비재하게 일어났다. 그래서 지금도 나는 이 글을 쓰고 있다. 그들의 존재를 증명하기 위해. 그들이 우리의 미래임을 말하기 위해. 그리고 다음에 다른 어떤 곳에서는 또 다른 누군가가 아이들에게 잠시라도 그런 '따뜻한 어른'이 되어 주기를 바라며.

문제아 홀로코스트

남양주 K고 무더기 퇴학 사태

※ 글에 등장하는 청소년들의 이름은 모두 가명입니다.

우리는 늘 홀로코스트와 대면한다

어릴 때부터 국사나 사회 같은 과목들을 좋아했
다. 내가 전부라고 여기며 살아온 세상이 사실은
아주 좁은 세상임을 알았을 때의 '놀라움'이, 나
보다 훨씬 이전 시대에 살았던 사람들의 삶을 엿
본다는 '짜릿함'이, 내가 태어나기 이전에 벌어
졌던 역사적 사건들이 준 '전율'이 아마 내가 사
회 과목을 좋아할 수밖에 없었던 이유들이리라.

아주 나른한 오후의 수업 시간이었다. 쏟아지는 졸음을 참아 가며 힘겹게 사
회 교과서를 뒤적거리고 있을 때, 내 눈에 짧은 토막글 하나가 들어왔다. 그것
은 '홀로코스트'에 관한 이야기였다. 사회 선생님은 제2차 세계대전 당시 히
틀러와 나치가 '열등한' 유대인들에게 저질렀던 만행을 비판하며 열변을 토했
고, 다시는 이런 일이 역사적으로 반복되지 않도록 우리 모두 노력해야 한다는
말로 수업을 마무리했다. 그때 그 수업에서 느낀 감정들은 뭐랄까. 이전까지
국사나 사회 시간에 느꼈던 기분 좋은 놀라움이, 짜릿함이, 전율이 아니었다.
그것은 기분 나쁜 공포였고, 분노였고 소름 돋는 불쾌함이었다.

참 무서웠다. 그렇게 타인의 삶을 송두리째 빼앗은 그들의 '아무렇지 않은
듯한', '당연한' 행동이 무서웠다. 그래서 참 부끄럽게도 나는 '홀로코스트'라
는 단어를 떠올릴 때마다 늘 생각했다. 이런 일들이 나에게 일어나지 않음에
참으로 감사하다고.

솔직히 말하면, 그렇게 믿고 싶었는지도 모르겠다. 한마디로 말해서, 난 착
각하며 살아온 것일지도 모른다는 뜻이다. 사실 어쩌면, 우리는 순간순간마다
또 다른 홀로코스트와 대면하고 있었던 것일 수도 있다. 나치가 홀로코스트라
는 이름으로 역사에 선례를 남긴, '사회에 해가 되는' 부류를 신속하게 추방하
고 배제하는 방식을 가장 잘 실천하고 있는 곳은, 아마도 오늘날 대부분의 청

모두를 위한 학교는 없다

소년들이 다니는 '학교' 라는 공간일 것이기 때문이다.

현재 나는 학교를 그만두고 아수나로라는 청소년인권단체에서 활동하며 나름대로 청소년인권운동이란 것을 한다고 헐떡대며 살아가고 있다. 하는 일 덕분인지, 다양한 고민과 다양한 정체성을 가진 청소년들을 수없이 만난다. 얼마 전 언론에서 이른바 '40명 퇴학' 으로 시끄러웠던 경기 남양주 K고등학교 학생회 임원인 성민이도 그렇게 아수나로를 통해서 만나게 되었다.

홀로코스트 인 스쿨

지난 5월 22일, 아수나로 남양주지부 회의가 있었다. 그날 성민이는 우리를 찾아왔다. 회의 내내 조용히 듣고만 있던 성민이는 회의가 마무리되어 갈 때쯤 자기 학교에서 있었던 이야기를 우리에게 꺼내 놓았고, 성민이의 얘기에 나를 포함한 지부의 모든 활동가들은 "헐!"을 외칠 수밖에 없었다.

성민이의 말에 따르면, 올해 개교한 성민이네 학교는 개교한 지 한 달 만에 처음 퇴학당한 학생이 나왔고, 석 달이 된 지금까지 교칙 위반으로 무려 20명 가까이 강제 자퇴나 전학으로 학교를 떠났으며, 그렇게 많은 학생들이 학교를 타의적으로 떠나게 만들었던 교칙이 제대로 개정될 기미가 안 보인다는 것이었다. 더 큰 문제는 그 교칙이 그대로 적용된다면 징계위원회에 회부되어 있는 20여 명의 학생들이 또다시 학교를 떠나야 할 수밖에 없는 상황이란다. 학생이 학교를 떠나는 데 참으로 큰 '공'을 세운 교칙의 조항은 벌점이 70점 이상이면 자퇴나 전학을 선택해야 한다는 것, 흡연 및 담배나 인화물 소지 4회 이상 적발 시 역시 자퇴나 전학 절차를 밟아야 한다는 것이었다.

당시 경기도교육청에서는 각 학교에 학생인권조례안을 반영한 〈학생생활인권규정〉을 5월 27일까지 제·개정하라는 공문을 내려보낸 상태였고, 학교 측은 이를 알고 있었음에도 학생회 임원인 성민이에게 "학생회 측에서 학생, 교사, 학부모용 설문지를 만들어 결과를 가져오지 않으면 규정에 인권조례 반영은 없다"는 식으로 배짱을 부리고 있던 상태였다. 게다가 학교는 교칙을 제·개정해야 한다는 사실마저도 마감을 2주일 정도 앞두고서야 학생회 측에 알렸다. 그 사실을 안 후 1주일 정도 임원 연수에 참여해야 했던 학생회 쪽에선 사실상 교칙 제·개정을 준비할 수 있는 기간이 단 1주일밖에 없었다. 학교 측의 요구가 부당한 걸 알고 있지만 도저히 다른 방법이 보이지 않았다. 성민이는 애가 탔다. 이러한 상황에서 학생회 임원으로서 성민이는 큰 부담을 느꼈고, 지푸라기라도 잡는 심정으로 학교 측 몰래 우리를 찾아왔다고 한다.

고민이 깊어졌다. 지부의 활동가들이 머리를 모았다. 일단 시급한 문제는 수많은 학생들이 학교를 떠나도록 한 교칙을 하루 빨리 개정해 더 이상 학생들이 학교를 그만두는 일이 벌어지지 않도록 하는 것이었다. 나와 성민이는 한 팀이 되어 일을 추진하기로 했다.

새벽 5시까지 뻑뻑한 눈을 비벼 가며 설문지를 만들었다. 쟁점이 되었던 두발과 복장, 상벌점제, 핸드폰 수거 등에 대해 학생, 교사, 학부모에게 의견을 묻는 설문지였다. 문항마다 관련이 있는 학생인권조례안 조항도 함께 집어넣었다. 그러나 학교 측은 조례 항목을 삽입한 것을 두고 "편파적"이라며 설문지 배부를 불허했다. 우리는 알 권리 침해라며 반발했다. 맥이 탁 풀렸다. 성민이와 나는 밤늦게까지 어떻게 할지 머리를 싸매고 고민했다. 결국 그 다음 날, 우리는 설문지 '배부'를 위한 서명운동을 진행했고, 설문지 배부는 뒤늦게 그날 오후가 되어서야 허가가 됐다(서명운동의 힘이라기보다는 그날 오후 퇴학 사태와 관련해 터진 언론 보도 때문이라는 생각이 미친 듯 솟구쳐 오르긴 했다). 우리는 오전에 전교생에게 설문지를 돌리고 오후에 수거해 밤새도록 통계를 냈다. 다음 날 바로 교칙 개정 심의위원회가 있어 당일 아침까지 통계 자료를 만들어야만 했다. 그날 오후 드디어 교칙 개정 심의위가 시작됐다. 심의위에 참가한 교사들은 어떻게든 빨리 대충대충 끝내 보려 했지만 성민이를 비롯한 학생회 임원들이 끝까지 물고 늘어지다 보니 회의 시간만 7시간을 훌쩍 넘겼

모두를 위한 학교는 없다

다. 1주일 동안 그렇게 고생했는데 대충 할 수는 없는 일이었다.

회의가 끝나고 동네 벤치에 성민이와 나란히 앉아 개정된 교칙을 뜯어 봤다. 벌점으로 인한 퇴학 조항과 문제가 됐던 흡연 관련 규정이 사라졌다. 일주일 만에 처음으로 기쁨의 웃음이 나왔다. 더 이상 친구들이 학교를 떠나야 하는 것을 그저 손 놓고 보고 있지 않아도 된다는 뜻이었다. 성민이는 연신 나에게 고맙다는 말만 되풀이했다.

그러나 기쁨도 한순간뿐이었다. 교칙 개정 결과가 아무리 잘 나오면 뭐하나. 이미 학교를 떠난 그 많은 학생들이 다시 학교로 바로 돌아올 수 있는 건 아닐 텐데. 학교를 그만둬야 했던 학생들을 만나 얘기를 들어 보고 싶었다. 사실, 한 편으로는 자신이 없었다. 누군가에게는 핑계로 들릴지는 모르겠지만 힘들었 다. 교칙 개정으로 이미 힘이란 힘은 다 빠진 상황이었고, 그 친구들이 학교로 다시 돌아가고 싶어 하는지조차 모르는 상황이었다. 쓸데없는 고민만 하다 시 간이 흘러갔다.

너를 통해 나를 보다

그러던 어느 날, K고 퇴학생이라는 태희에게서 연락이 왔다. 태희는 학교로 다시 돌아가고 싶다는 말을 전했다. 친구들도 다시 돌아가고 싶어 한단다. 만날 약속을 정했다. 학교에서 쫓겨나다시피 했던 '루저'와 학교가 싫어 제 발로 뛰쳐나온 '루저'는 그렇게 처음 만났다.

늦은 오후 시간, 우리는 조그만 회의실에 모였다. 태희를 비롯해 2년 정도 학교를 유급한 수진이, 퉁명스러운 태도로 회의 시간 내내 나를 힘들게 했던 지훈이, 핸드폰만 바라보던 태용이까지 4명의 퇴학생들과 학생회 대표로 성민 이를 비롯한 학생회 임원 4명, 그리고 나, 이렇게 9명이 옹기종기 모여 앉아 이야기를 시작했다. 모인 퇴학생들이 원하는 건 올해 2학기에 바로 복학하는 것. 학교 측에선 특별한 문제가 없으면 1년 뒤에 다시 복학을 시켜 주기로 했지

만 이들은 남들보다 1년만 늦어져도 영원히 밀려 나갈 것 같은 세상에서 시간
을 죽이고만 있는 것 같아 불안해했다.

제일 먼저 퇴학생들에게 학교를 나오게 된 이유와 과정에 대한 진술서를 부
탁했다. 말보다는 글이 편할 것 같았다. 종이를 한 장씩 나눠 주고 기다렸다.
이런저런 얘기가 튀어나온다. "내 벌점이 얼마였지?" 하는 질문부터 "길게 써
도 돼요?" 하는 질문까지. 그렇게 모인 진술서를 차례로 읽어 봤다.

태희는 이번에 모인 퇴학생들 중 유일하게 교칙에서 정한 퇴학 대상이 아니
었다. 벌점이 퇴학 수준까지 쌓였던 것도 아니고, 흡연도 자퇴나 전학 대상으
로 정한 4회에 미치지 않았다. 그동안 자잘한 일들로 학생부장에게 '찍혀 있
던' 태희는 복도를 지나가던 중 화장한 것을 학생부장 교사에게 들키고 5월 중
순쯤 바로 징계위원회에 회부됐다. 그날 바로 부모님도 학교로 소환돼 함께 징
계위에 참석했다. 징계위가 끝나고 수업을 받던 태희에게 담임교사는 전화를
걸어 "10일 안에 자퇴서를 내든지 퇴학을 당하든지 결정하라"고 했다. 학교 측
은 이 과정에서 퇴학 조치에 이의가 있는 학생과 보호자가 조치를 받은 날로부
터 15일 이내 또는 그 조치가 있음을 안 날로부터 10일 이내에 '시 · 도학생징
계조정위원회'에 서면으로 재심을 청구할 수 있는 '퇴학조치재심청구제도'나
'학업중단숙려제도'가 있음을 전혀 알려 주지 않았다. "그럼 10일 동안은 학교
에 등교해도 되냐"는 태희의 물음에 교사는 "안 된다"고만 단호히 대답했다.

그렇게 태희는 자퇴서를 써냈다. 당장 10일 안에 전학 갈 학교를 찾을 방법
이 없어 퇴학보단 나을 것 같아 자퇴를 할 수밖에 없었다. 태희를 비롯해 참석
한 학생들이 자신을 자퇴생이 아니라 '퇴학생'이라고 하는 이유다. 그러나 자
퇴 이후 다른 학교를 찾으려고 해도 이미 소문이 났는지 학교들은 태희를 받아
주지 않았다. 태희가 원서를 낸 한 예고에선 태희 부모님께 전화를 해 "여기는
문제아들이 재기할 발판을 제공해 주는 곳이 아니다"라며 입학을 거부했다.

지훈이는 교사로부터 체벌을 받는 과정에서 욕설을 내뱉었다. 그런 식으로

쌓인 벌점이 140점을 넘어 지훈이 역시 5월 중순쯤 태희와 똑같은 방식으로 자퇴를 결정했다. 지훈이는 학생부장 선생님에게 자신이 찍힌 상태라 친구들과 함께 욕을 해도 자기만 불려 가서 혼이 났다고 말했다. 태희의 말에 따르면 학생부장 교사가 자기나 지훈이를 포함해 몇몇 요주의 인물을 찍어 두고선 그들에게 집중적으로 벌점을 부과하려 했다고 한다. 어떨 땐 주의나 반성할 시간을 전혀 주지 않고 바로 벌점부터 매긴 뒤 자신들에게 통보만 해 준 적도 있다.

수진이는 흡연 사실을 네 번 적발당해 바로 징계위원회에 회부되었다. 담임교사는 수진이에게 역시 퇴학보단 자퇴나 전학이 더 좋을 거라고 했단다. 수진이는 근처에 있는 미용고에 전학을 가려 했지만 입학을 거부당해 어쩔 수 없이 자퇴서를 썼다. 태용이는 지각과 결석으로 벌점이 70점을 넘었다. 자퇴나 전학 대상이었다. 교사가 어머니께 전화를 걸어 자퇴나 전학을 하지 않으면 퇴학을 시킬 수밖에 없는 상황이라고 했단다. 그렇게 태용이도 4월 말쯤 자퇴서를 냈다. 이 학생들도 모두 태희와 마찬가지로 '퇴학조치재심청구제도' 나 '학업중단숙려제도' 에 대해 학교로부터 전혀 안내받지 못했다.

퇴학생들의 진술서를 꼼꼼히 모두 읽고 나니, 이건 태희와 지현이, 지훈이와 태용이만의 이야기가 아니었다. 그건 나의 이야기이기도 했다. 그래서 더 익숙했고 그만큼 더 마음이 아팠다. 태희의 진술서를 읽으면서는 특히 학교가 참 잔인하다고 생각했다.

"그때 저는 많은 부분을 고친 상태였어요. 화장도 안 하려고 노력했고, 복장을 제대로 갖추기 위해 더 신경 쓰고, 학교가 원하는 대로 했는데 그렇게 고친 모습의 나를 보고도 학교는 자퇴나 퇴학만을 물었어요. 그것도 전화 한 통으로."

이미 찍혀 버린 문제아여서일까. 모난 돌이어서일까. 학교는 학생들을 학교 밖으로 내모는 것에만 집중했다. 그렇게 그들이 학교를 나오는 과정에서 겪었을 상실감, 분노, 실망. 그건 내게 너무 익숙한 감정들이었다. 그들의 모습 속에 내가 보였다.

학교, 루저를 만들어 낼 뿐

내가 학교를 때려치우고 나온 지 벌써 1년이 넘었다. 참 싫었다. 수요일마다 강제로 참가해야 했던 예배 시간이, 노랗고 구불구불한 머리를 걸리지 않으려 새벽 일찍 등교를 하거나 아예 수업 시작하고 등교를 해야 했던 일들이, 모두 참 싫었다.

편하자고 믿지도 않는 예수님을 향해 기도를 하고 꼬박꼬박 예배에 나가기는 자존심 상하고, 벌점 받기 싫어 까만 머리, 짧은 생머리를 하기엔 그건 내 미적 기준에서 볼 때 너무 찌질한 헤어스타일이라 날 때려 죽여도 학교의 취향에 맞출 수가 없더라. 사실 강제 예배나 두발 규제보다 싫었던 것은 학교의 태도였다. 교사에게 난 하나님을 믿지 않는다고 예배 시간에 책이나 읽겠다고 말했더니 "그럼 너 우리 학교 왜 왔니? 다른 학교 가지"라는 대답이 돌아왔다. 두발 검사로 벌점을 받기 싫어서 "개성을 표현할 권리도 인권입니다"라는 말을 했을 때는 "학생한테 인권이 어디 있어?"라는 비아냥을 들어야 했다. 내 생각들을 아무리 말해 봤자 돌아오는 것은 허무함뿐이었다. 답답했다. 차라리 벽과 이야기하는 것이 나을 것 같았다.

태희를 비롯한 퇴학생들은 학교 측의 퇴학 결정으로 어쩔 수 없이 '루저'가 되었고, 난 내 스스로 '루저'가 된 것이 차이라면 차이랄까. 자발적이든 강제적이든 그것과 상관없이, 어쨌든 학교가 학교에서 떨어져 나갈 루저를 적극적으로 만들려 하고 있다는 것은 분명한 사실이었다. 태희의 학교처럼 아예 대놓고 쫓아내든지, 아니면 내가 다닌 학교처럼 스스로 지치게 만들어 제 발로 나가게 하든지 하는 방식의 차이만 있을 뿐, 자기들이 정한 기준에 미치지 못하는 학생들을 학교 밖으로 내몬다는 점은 똑같았다.

지금, 여기에서의 홀로코스트

예전 그 사회 수업 시간에 홀로코스트에 대해 배웠을 때 느꼈던 불쾌함을 참 오랜만에 다시 경험해야 했다. 학생들의 진술을 통해서 보았던 학교의 태도, 내가 겪었던 학교의 태도 모두 히틀러나 나치와 다를 것이 무엇인가 하는 생각이 머리를 가득 채운다.

홀로코스트는 그리스어로 '완전히' 라는 뜻의 holos와 '불태우다' 라는 뜻의 kauston의 조합인 Holokauston이라는 단어가 어원이다. 그렇다. 완전히 불태웠다. 그렇게 히틀러와 나치는 유대인뿐만 아니라 공산주의자, 장애인, 소련군 포로, 국내 정치범 등 참 많은 사람들을 완전히 불태웠다.

참 무서운 일이다. 히틀러와 나치가 왜 이러한 일들을 저질렀는지에 대한 역사적 이유도, 배경도, 사실 이제껏 내가 신나게 떠들어 댄 이야기에서는 별로 중요하지 않은 것 같다. 어떻게 죄 없는 '유대인' 과 죄 많은 '퇴학생' 따위를 비교하느냐는 비난도 중요하지 않다. '유대인 = 퇴학생' 이라는 공식이 아니라 '나치의 방식 = 학교의 방식' 이라는 공식을 우리가 보았으면 좋겠다. 나는 다만, 그들의 폭력적인 '방식' 에 집중하고 싶을 뿐이다.

히틀러와 나치는 그들이 불필요하다고, 열등하다고 판단된 부류들과 함께 가려 하지 않았다. 그저 정말 광고 속 대사처럼 "묻지도 따지지도 않고" 배제하고 제거하기만 하는 그들의 방식은 소름 끼치도록 무섭고 잔인하다. 그것이 누군가의 삶과 직접적으로 연관이 될 때는 더 그렇게 느껴진다.

학교 또한 크게 다르지 않다. 유대인들은 목숨을 잃었지만, 퇴학생들은 '미래' 를 잃었다. 자기 학교는 문제아들의 재기를 위한 발판이 아니라며 태희의 입학을 거부한 예고처럼 학생들이 다시 설 기회를 이 사회는 쉽게 주지 않는다. 어떤 학생들은 학교에 대한 기대를 완전히 접기도 했다. '복학 운동' 을 준비하는 퇴학생들과 이야기를 하다가 주변에 복학을 하고 싶어 하는 학생이 더 없냐고 물었더니 태희가 답했다. "연락이 안 되는 애들도 있고 어디로 전학을 간 아이들도 있고요. 그런데 연락 되는 애들은 이제 학교에는 완전히 정이 떨어졌다고, 안 돌아갈 거라고 하더라고요."

그리고 그보다 더 슬픈 것은 그들이 느꼈을 잔인함이다. 태희가 했던 말이 생각난다. "선생님들은 특히 나를 싫어하셨어요. 특히 학생부장 선생님이요. 내가 지나가면 잡을 게 없나 스캔하는 것 같았어요. 친구들이 오죽하면 그랬겠어요. 선생님이 너 자르려고 작정한 것 같다고." 그렇게 자신을 믿어 주고 함께 살아가는 방법을 가르쳤어야 할 교사라는 존재가 줬던 그 잔인한 실망. 학생들은 실망을 넘어 환멸을 느꼈을 테다.

가정 이후 아마 최초로 경험했던 공동체였을 학교가 나를 거부했을 때의 그 아득함. '문제'가 있는 나이기에 내쳐지는 것이 당연하다는 듯 말하는 학교에 대한 불신과 실망. 그 공허함과 환멸. 왜 우리는 그토록 잔인한 방식을 먼저 배워야 하는가. 학교와 나치의 다른 점이라면, 학교는 이 사회에서 보기에 그 이유가 좀 더 논리적이고 사람들한테 잘 먹힐 핑곗거리가 더 많다는 것뿐. 나에게 이런 홀로코스트가 다시 반복되어선 안 된다고 말씀하셨던 그 선생님은 지금 이 사태를 어떻게 생각하실까. 이는 다른 문제라고 말씀하실까.

K고에서 이토록 많은 학생들이 떠나야 했던 이유에는 아마 이 학교가 신설 학교라는 점도 한몫하지 않았을까 생각한다. 올해 초 개교한 학교이다 보니 아무래도 초반에 분위기를 좀 잡는 게 필요할 것이고, '명문고 이미지'를 만드는 것도 좀 필요했으리라. 그렇게 마음먹고 나니 눈에 거슬리는 학생들이 한둘이 아니었겠지. 초반에 학교 이미지 잘 만들어 놓아야 나중에 착하고, 선생님 말씀 잘 듣고, 공부 잘하는 학생들이 많이 오겠지. 그러기 위해선 학교의 명예를 더럽히는, 혹은 그럴 만한 학생들은 미리 잡초 뽑듯 걸러 내 버려야 했을 것이다.

거기다 '그런 불량 학생들은 공부 열심히 하고 선생님 말씀 잘 듣는 착한 학생들이 학교생활을 하는 데 방해만 된다.' 혹은 '교칙에 퇴학이라고 명시되어 있는데도 벌점이나 모으고 담배나 피우는 학생들은 공동체 생활을 하는 데 최소한의 기본마저 지키지 않은 학생들이기에 더 이상 우리도 손을 쓸 방법이 없었다'는 핑계 한마디면 무더기 퇴학은 아주 당연한 것으로 받아들여지기 좋았을 것이다. 이미 그 잔인한 학교의 방식에 익숙해진 탓일까. 학교에 남은 학생들은 퇴학이 부당하다는 걸 인정하면서도 그들이 다시 학교로 돌아오는 것에 대해선 '무리' 라고 말했다.

이렇듯 나치와 학교 모두 진짜 목적이 무엇이든지 간에, 그들 독자적으로 어떠한 기준과 잣대를 세우고, 거기에 미치지 못하는 '루저' 들을 가차 없이 제거한다는 점에서 같다. 담배 피우고 벌점 많은, 그런 문제 학생들이 학교를 떠나는 것은 어쩔 수 없는 일이라는 생각을 하는 게 일부 보수적인 교사들만의 문제는 아닌 듯하다.

처음 이 '무더기 퇴학' 사건을 들었을 때, 지역 전교조 교사에게 전화를 걸었다. 그분은 바로 그런 일이 있었느냐며 펄쩍펄쩍 뛰시더니 당장 해당 학교 조합원 교사를 만나 진상을 파악하겠다고 하셨다. 얼마 후, 다시 연락이 왔다. 그런데 정말 진상 파악을 '잘' 하고 오셨다. 문제아들을 지도해야 하는 교사들의 고충에 대한 진상 파악. "퇴학 부당하지. 부당한 거 아는데, 교사들도 힘들어. 복도가 쉬는 시간이면 담배 연기로 뿌옇대. 교사들도 많이 혼란스러워해. 학생들과 같이 끝까지 가는 것도 중요한데 교사들로서도 어떻게 지도해야 할지 감이 안 잡히는 게 사실이야. 현장은 그렇지." 앞서 말한 학교 교칙 개정 과정에 함께할 수 있는지 묻기 위해 전화를 했을때도 이렇게 말씀하셨다. "과정이 어쨌든 교칙 개정 설문 조사하고 심의위원회에 학생 대표까지 참여했으면 학교 측은 충분히 학생 의견 반영한 거 아니냐. 더 이상 학교 측에 우리가 뭐라 할 수는 없는 일이다."

어쨌든, 이 무한 경쟁 사회는, 경쟁에서 뒤떨어지는 부류들과 함께 살아가기를 거부한다. 경쟁에서 뒤떨어진 부류라면, 혹은 필요 없거나 방해된다고 판단되는 부류라면 가차 없이 내버리는 이 사회에서 그들의 기준에 맞추지 못한 루저들은 그저 서럽고 고달프다. 왜 우리는 그런 루저들과 함께 살아가는 것을 왜 이리도 어려워하고 불가능한 일로만 여기는 걸까.

존재를 인정하라

그래서 K고 복학 투쟁을 시작하게 되었는지도 모르겠다. '루저'들 끼리 사고 한번 쳐 보자고. 우리도 존중받아 마땅한 인간이라고 저들에게 외쳐 보고 싶었다. 그렇기에 K고 복학 투쟁은 경쟁에서 뒤떨어지는 '나'임에도, '문제'가 있는 '나'임에도 존중받아 마땅한 사람이라는 것을 인정하라고 요구 하는 싸움이 되었다.

학생들과 만난 첫 번째 모임에서 우리는 지역의 다른 단체들과 함께 본격적 으로 대책위를 구성하자고 합의했다. 다른 지역단체들에게 사건을 알리고 대 책위에 함께 참여해 달라고 부탁하는 것은 내 몫이었다. 첫 회의가 있고 1주일 후 두 번째 회의에서 아수나로 남양주지부, 다산인권센터, 구리 여성회, 민주 노동당 구리·남양주협의회 등 지역의 인권·시민단체와 피해 학생, 학부모들 을 중심으로 K고 사건 해결을 위한 대책위원회가 꾸려졌다. 참여한 학생들 중 수진이는 이미 학교를 2년 정도 유급한 상태였고, 곧 성인이 될 나이였기에 더 이상 기다릴 수 없다고 판단했는지 대책위에서 빠졌다.

방학이 한 달도 남지 않은 시점에서 모인 터라 대책위도 속이 탔다. 2학기에 복학하지 못하면 학생들은 수업 시수 문제 등으로 내년에 다시 1학년으로 복 학해야 하는 상황이었다. 그래서 여름방학 시작 전에 어떻게든 사건을 해결해 야만 했다. 얼마 남지 않은 시간을 야속해하며 대책위는 발 빠르게 움직였다.

대책위는 강제적으로 학생들을 학교 밖으로 내몰았던 K고와 관리·감독을 소홀히 한 교육청을 국가인권위에 제소했다. 어머니들과 함께 K고 감사 결과 공개를 요청하는 집단 민원을 제출하고, 교육청 앞에서 K고 사건 재조사를 촉 구하는 기자회견을 진행했다. 언론 보도가 꼬리에 꼬리를 물었다. 이 과정에서 더 많은 피해 학생과 학부모들이 K고 사건 해결을 위해 동참했다. 세 명이었던 대책위 소속 학생들도 세 명 더 늘어나 여섯 명이 되었다. 그리고 마침내, 방학을 3일 앞둔 시점에서 학교와의 면담이 성사되었다. 3시간 동안 진행된 면담은 말 그대로 카오스였다. 부모님들은 그동안 쌓였던 감정들을 모두 쏟아 내셨고, 학교 측과 한 치의 양보 없는 설전을 벌였다. 그동안 교육청과 학교 측은 '절차상에 문제가 없었다'고 말했지만 학생들과 학부모들의 진술에 따르면 분명 절차상에도 문제가 있었다. 그래서 자퇴 당시의 절차에 대해 집요하게 짚고 넘어갔다. 이 과정에서 드러난 학교 측의 행태에 입이 다물어지지가 않았다. 학교는 학생들과 부모님들에게 자퇴 및 전학을 요구할 당시 일방적으로 학생들을 징계위원회에 회부하고 징계위를 진행했다. 그 과정에서 당시 학생들이 받은 벌점과 해당 목록을 문서를 통해 확인시켜 주지 않고 교사들이 일방적으로 구두로 벌점 총합만을 알렸다. 그리고 공식 문서나 서면을 통해서가 아니라 전화나 구두로 자퇴를 요구했다. 학생과 학부모는 자신을 변론할 기회조차 가지지 못했다. 담임교사의 변론 시간 또한 없었다. 이 모든 학교 측의 행태는 〈경기도학생인권조례〉에서 보장하고 있는 징계 사유에 대한 사전 통지, 공정한 심의기구 구성, 소명 기회 보장, 대리인 선임권 보장, 재심 요청권 보장 등 징계 절차에서 학생이 가지는 권리를 정면으로 침해한 것이다.

　하지만 K고의 '삽질'은 여기서 끝이 아니었다. 뒤늦게 대책위에 합류한 수혁이도 다른 학생들처럼 자퇴를 권고받고 어쩔 수 없이 자퇴서를 낸 경우였다. 하지만 자퇴한 뒤에도 계속해서 부모님의 통장에서는 수업료가 빠져나가고 있었다. 사실을 확인하기 위해 행정실로 전화를 걸었을 때 정말 믿기지 않는 소식을 전해 들었다. 행정실 직원은 수혁이가 학교를 잘 다니고 있다고 했다. 수혁이는 남들보다 조금 일찍 자퇴서를 내고 학교를 나가지 않고 있었는데 장기 결석 처리조차 되어 있지 않을 정도로 출석부가 깨끗하다는 것이었다. 담임교사에게 정확한 사실을 물었다. 교사는 분명 자퇴 처리가 되었다는 말만 반복했다. 며칠이 지난 후 담임교사는 부모님께 전화해 수혁이에게 받은 자퇴서를 자신의 책상 서랍 안에 넣어 둔 것을 까먹고 자퇴 처리를 하지 않았다고 했다. K고의 멍청하다고밖에 할 수 없는 행정력에 박수를 보내고 싶었다. 누군가에게는 인생이 달린 문제를 이렇게 허술하게 처리하는 학교 측의 태도가 역겹기까지 했다. 학교 측은 계속해서 책임을 회피하기에 바빴지만 학부모들의 일관된 진술에 절차상의 문제가 있었음을 시인했다. 3시간 동안 진행된 면담 끝에, 결국 2학기 복학을 위해 노력하겠다는 대답을 얻어 냈다.

면담 이후 학교 측은 18명의 자퇴생 전원에게 복학 희망 여부를 조사하는 통지서를 발송했고 개별적인 면담을 진행했다. 그리고 2학기에 즉시 복학을 시키며 수업 시수와 진도 문제를 해결하기 위해 방학 보충을 진행하겠다고 했다.

K고 사건이 우리에게 남긴 과제

학생들은 2학기에 모두 학교로 돌아갔다. 태희의 소원대로 학생들은 모두 다시 교복을 입었고, 급식을 먹으며 친구들과 즐겁게 학교생활을 하고 있다. 참 다행스럽다.

하지만 그렇다고 해서 K고 사건이 모두 해결되었다고는 생각하지 않는다. 면담 내내 학교가 보여 준 태도가 뇌리에 깊게 박혀 떠나지를 않는다.

면담 당시 대책위에서 사과를 요구하자 "문제아들 다시 받아 주겠다는데 왜 고맙다는 말도 한마디 안 하냐?"라고 했던 K고 교감, 그리고 "학교 돌아가고 싶으면 무조건 죽이고 들어가라, 시민단체는 빼고 가라"고 했던 교육청 장학사의 말을 떠올리면 K고 사건은 아직 끝나지 않았음을 느낀다.

단순히 학생들의 '복학'만을 목표로 했다면 K고 복학 투쟁은 상당히 성공적인 결과였다. 내가 활동하고 있는 아수나로 내에서도 복학 투쟁은 전례가 없었고, 사회적으로도 벌점과 흡연으로 강제 자퇴를 당한 학생들이 복학을 한 사례 또한 내가 알기로는 없다. K고 복학 투쟁이 상당히 좋은 선례를 남기리라는 것은 사실이다. 단 거기까지다.

우리는 제2의 K고가 나오지 않을 것이라고 장담할 수 있을까? 우리가 애초에 고민했던 추방과 배제의 폭력적 교육에 대한 문제 제기가 잘 이루어졌을까.

　　　　　　　　　　　　　　　　　　　모두를 위한 학교는 없다

왜 학생들은 그렇게 내몰리기만 했는지, 학교는 왜 이토록 잔인한 방식만을 선택하고 있는지에 대한 고민이 충분했을까. 학교와 교육청은 이 문제로 시끄러워지는 것이 두려워 사건을 빨리 마무리하기에 급급할 뿐이었다. 상처받은 학생들과 학부모들에게 사과의 말 한마디 없었다.

'경쟁' 만이 답이라고 외치는 학교와 사회 안에서 '경쟁력' 이 없는 학생들 또한 함께 살아가는 방법을 고민하는 것, 그리고 더 나아가 '루저' 들을 생산해낼 수밖에 없는 이 나라의 한심한 교육과 사회의 구조를 바꿔 내는 것. 그렇게 대안을 만들어 가는 것이 K고 사건이 우리에게 남긴 과제이다.

그럼에도 불구하고

우리는 오랫동안 이렇게 소위 '문제 있고', 함께 살길 '원치 않는' 루저들과 함께 살아가기 위한 방법을 제대로 고민해 본 적이 없다. 우리는 그저 소외시키는 것밖에 할 줄 몰랐다. 내모는 것밖에 할 줄 몰랐다. 버리고 가는 것밖에 할 줄 몰랐다. 그래서 우리에게 남겨진 이 과제가 버겁게 다가오는 것은 어쩌면 당연하다. 그래서 우리는 좀 더 근본적인 이야기를 해야 한다. 우리가 어쩌면 무심코 당연하다고 여기고 넘어갔을 수많은 이야기들, 예를 들어, '청소년은 왜 담배를 피우면 안 되는가' 또는 '상벌점제는 과연 교육적인가' 라는 질문부터 시작해 그리고 마침내 루저들을 만들어 낼 수밖에 없는 사회 구조에 관한 이야기들까지.

그들에게 '문제' 가 있다면 그 문제를 어떻게 해결할지 함께 고민하고 또 고민하자. 그렇게 모두가 할 수 있는 길을 찾아가고 마침내 함께 걸어가자. 우리가 걸어가려 하는 길에 얼마나 많은 어려움이 있을지 잘 알고 있다. 쉬운 일이 아니라는 것도 잘 안다. 그럼에도 불구하고 충분히 해낼 가치가 있는 일임은 어느 누구도 부정하지 못할 것이다.

함께 살아가는 방법을 고민하는 것은 학교가, 교사가, 또 학생 모두가 지혜를 모아야 하는 일이다. 서로 소통하고 존중하며 그렇게 반성하고 마침내 문제를 해결하는 그 과정 하나하나가 곧 배움이며 희망이 될 것임을 믿어 의심치 않는다. 그 과정이 지난하더라도, 지치고 힘겨운 길이라 할지라도, 그렇기에 이제는 고민을 시작해야 할 때다.

면담이 끝나고 학생들에게 면담 결과를 알려 줬을 때가 떠오른다. 믿기지가 않는다며 좋아하는 친구들의 모습에 코끝이 시려 왔다. 그들이 얼마나 힘든 시간들을 보내야 했을지 누구보다 잘 알기에 학교의 결정이 반가웠고, 또 한편으로는 그만큼 걱정이 되었다.

면담 당시, "우리가 잘못해서 아이들을 받아 주는 것이 아니다"라고 말하던 학교와 "학생들이 학교로 돌아오면 과연 얼마나 잘 버텨 낼지 두고 보겠다"며 으름장을 놓고 떠나시던 K고 학부모 대표를 떠올리면 학생들이 앞으로 걸어가야 할 그 모진 가시밭길이 눈에 훤히 보인다. 학생들이 잘 이겨 내기를 바랄 뿐이다. 이건 그들에게 남겨진 과제이기도 하니까.

학교가 학생들에게 끝끝내 가르치지 못했던, 혹은 거부했던 '함께 살아가는 삶'의 모습을 학생들은 복학 투쟁 과정에서 느낄 수 있었을까. 사건 해결을 위해 3주일을 거의 정신 줄 놓고 동동거리며 뛰어다녔던 다른 활동가들과의 연대를 통해, 혹은 K고 대책위 트위터 계정으로 쏟아지던 응원 멘션을 통해 그들에게 마침내 전해졌기를 바란다. 너무나도 간절히 바란다.

마지막으로 K고 사건을 통해 내 자신을 떠올리며 함께 울고 웃었던 또 다른 '루저'가 전한다. 나의 소중한 '문제아' 친구들아, 너희는 어떤 사람이든 간에 존중받아 마땅히 소중한 존재임을 잊지 말기를. 그 힘을 버팀목 삼아 '당당'하게 그리고 '뻔뻔'하게 다시 시작하기를. 늘 그렇게 반짝반짝 빛나기를.

류
경
원

"선생님, 우리 반에서
공부하고 싶어요"

장애 학생들이

학교에서 경험하는 배제와 차별

특수교육을 전공하던 대학 시절 내내, 장애 학생과 비장애 학생은 일반 학교에서 함께 통합교육을 받아야 한다고 배웠다. 모든 아이들은 장애/비장애라는 구분 없이 학교에서 자신의 다양성을 존중받으면서 다녀야 한다고 말이다. 그러나 현실의 학교는 내게 이러한 배움을 책 속의 이상으로만 받아들이길 자꾸만 강요하는 듯했다. 일반 교사는 일반 학생을 가르치고 특수교사는 장애 학생을 가르친다는 식의 인식이 여전히 너무 공고했고, 입시와 경쟁 중심의 학교 문화는 다른 학생들에 비해 속도가 더딜 수밖에 없는 장애 학생을 함께 품고 갈 여력이 없어 보였다. 학교는 계속해서 장애 학생들을 위한 '특별한 지원'이라며 아이들을 최대한 분리해서 교육시키려고만 했다. 그러나 나는 통합교육을 이상적으로 생각했고, 그것이 또한 세계적인 추세라 들었기 때문에 현장에 나가면 당연히 내가 해야 할 일이라고 여겼다.

특수학교로 보내세요 vs 일반 학교로 보내세요

임용 시험을 통과하고 일반 학교에 발령을 받았다. 교실 하나를 반으로 나눈 것 중의 한쪽이 나의 첫 근무지였다. '자바라'로 구분된 교실은 옆 반에서 나는 소리가 고스란히 들리는 그런 곳이었다. 옆 반 특수학급 담임교사는 일반 교사 자격증을 가진 분이셨고 교무부장을 맡으셨던 터라 장학사가 오는 날을 빼고는 늘 교무실에 가 계셨다. 그래서 나 혼자 특수학급에 오는 모든 학생을 가르쳤다.

발령받은 지 2일 정도 지났을까. 신입생이 입학했다. 장애를 가진 학생이 있을까 살펴보았는데 두 명의 학생이 그렇게 보였다. 곧 부모님과 담임교사의 상담이 이루어졌다. 한 부모님은 통합교육의 이상에 따라 일반 학교에서 우리 아이가 공부했으면 하는 희망으로 아이를 입학시키셨고, 다른 한 부모님은 자신의 아이가 장애가 있다고 인정하지 않으셨다. 입학식 날부터 보통 아이들과 달랐던 그 아이들의 행동은 두 분의 담임교사와 같은 반 친구들, 그리고 학부모들의 시선을 집중시켰다. 담임교사들은 나에게 특수학교가 있는데 왜 일반 학교에 왔는지 모르겠다며 특수학교로 보내거나 특수학급에서 계속 데리고 있으라고 하셨다.

대학에서 통합교육으로 정신무장이 되어 있던 나는 용감하게 통합교육의 이상을 부르짖으며 두 분의 담임교사를 설득했다. 그러나 내게 돌아온 것은 "하룻강아지 범 무서운지 모른다. 이제 교직을 시작한 지 며칠 되었다고 현실을 몰라도 유분수지, 알지도 못하는 것이 선배 교사들을 가르치려고 한다"는 대답이었다. 그리고 같은 반 학부모님들은 "그 아이 때문에 다른 학생들이 수업에 피해를 입잖아요. 그 아이의 교육권만 중요하고, 다른 아이들의 교육권은 중요하지 않습니까? 그런 아이들을 위한 특수학교가 있는데 왜 힘들게 우리 학교에 다니려고 하는 건가요? 특수학교에서 공부하라고 하세요"라며 항의했다.

그래도 나는 의지를 꺾지 않고 교장 선생님께 특수교육진흥법(현재는 '장애인 등에 대한 특수교육법') 조항을 말씀드리며 통합교육이 가능하기 때문에 학생들을 특수학교로 보낼 수 없다, 통합된 학급에서 몇 시간이라도 함께 공부할 수 있어야 한다고 말씀드리고 회의 소집을 요청하였다. 그리하여 교장 및 교감 선생님, 학급 담임교사들, 장애 학생 부모님들과 모여 처음으로 회의라는 것을 했다. 그 자리에서 여러 이야기들이 나왔으나 결정적으로 "그 학생들을 받느니 학교를 그만두겠다"는 담임교사의 말로 회의는 단숨에 정리가 되었다. 교장 선생님은 날 설득했고, 학교를 그만두겠다는 담임교사의 말에 나는 더 이상의 노력을 포기하였다. 결국 두 명의 아이들은 일 년 내내 나와 함께 특수학급에서만 생활했다.

두 번째 학교에선 중증 자폐 학생들을 만났다. 이 학생들은 특수학급에서 몇 시간, 자기 반에서 몇 시간씩 나누어 생활하였다. 이제는 더 이상 첫 번째 학교에서처럼 장애 학생들을 받지 않겠다고 말하는 담임교사는 없었다. 그러나 나서서 장애 학생들을 받겠다는 분은 없었고, 제비뽑기로 반이 정해진 다음 자기 반에 장애 학생들이 있으면 난감해하면서 앞으로 장애 학생들을 어떻게 대해야 할지 모르겠다며 혼란스러워했다. 나는 그때마다 담임교사들에게 장애 학생의 특성들을 설명하고, 수업 시간에는 공부보다는 장애 학생들이 비장애 학생들과 같은 것을 경험하고 생활하는 것이 중요하니까 너무 신경 쓰지 않으셔도 된다고, 공부는 특수학급에서 시키니까 너무 걱정하지 말라고 말씀드렸다.

그러나 수업 시간에 다뤄지는 내용들은 발달 장애 학생들이 쉽게 이해하고 함께할 수 있는 종류의 것들이 아니었다. 국어와 수학은 특수학급에서 공부한다 치더라도 나머지 교과들 역시 체험 중심이라고는 하나 발달 장애 학생들이 이해하기에는 어려움이 많았다. 그리고 40분을 교실 안의 책상에서 움직이지 않고 있어야 하는 게 발달 장애 학생들에게는 너무 힘들었나 보다. 특수교육 보조원이 있었지만 아이들은 울거나 짜증을 냈다. 자신들이 해낼 수 있는 쉬운 학습지나 교구 등을 제시해도 책상에 앉아 있기를 거부하고 돌아다니거나 교실 밖으로 나가려고 했다. 이러한 행동을 제지하려 하면 아이들은 화를 내고, 소리를 지르고, 다른 사람들을 때리는 등 감정을 폭발했다. 그러다 결국 아이들은 특수교육 보조원이나 내 손에 이끌려 특수학급으로 가곤 했다.

이러한 경험이 수없이 반복되던 어느 날, 나는 한 부모님에게 말씀드렸다. "중학교에 올라갈 때는 특수학교로 보내는 것을 생각해 보세요. 아이가 일반 학교에 있는 것을 너무 힘들어합니다." 처음 교사가 됐을 때 특수학교로 보내라는 일반 교사들의 말에 반발하며 통합교육을 고수했던 나는 13년이 흐른 지금 그때 그 교사들의 말이 틀리지 않았음을 인정하고 있었다.

내 아이가 아닌 아이

일반 교사들의 인식에는 내가 가르칠 수 있는 학생과 내가 가르칠

모두를 위한 학교는 없다

수 없는 학생에 대한 구분이 뚜렷하다. 그리고 내가 가르칠 수 없는 학생에 대해서는 다른 사람이 가르쳐야 한다는 인식 또한 분명하다. 내 아이와 내 아이가 아닌 아이. 장애 학생은 일반 교사들에게 내 아이가 아닌 아이들이다. 아무리 정부가 장애 이해 교육을 해도 일반 교사들은 장애 학생을 자신들이 가르쳐야 할 학생으로 여기지 않는다. 학교에서 자신들이 해야 할 역할은 따로 있기 때문이다. 장애 학생이 아닌 '일반' 학생들을 위한 교과 교육 및 생활지도 말이다.

이런 탓에 요즘 특수학교는 '비대화'로 몸살을 앓고 있다. 비대화는 주로 유치원 및 초등학교 과정이 아니라 중·고등학교 과정에서 발견된다. 학교 급이 올라갈수록 일반 학교에 특수학급이 부족하기도 하고, 통합교육을 위해 일반 학교에 갔다가 낙오하는 학생들이 많아서이다. 그러나 무엇보다 중요한 이유는 우리나라 중·고등학교의 교육과정이다. 초등학교보다 입시 위주의 경쟁 체제에 많이 노출된 중·고등학교 교육과정은 장애 학생들이 더 이상 일반 학교에서 공부하는 것을 불가능하게 만든다.

그렇다고 해서 초등학교도 안전지대는 아니다. 일제고사 등 경쟁 교육 체제가 강화되면서 초등학교 교육과정도 파행적으로 운영되기 시작했고 특히 고학년이 된 장애 학생들은 다시 특수학교로 돌아가도록 종용당하고 있다. 한 담임교사는 이렇게 말했다. "우리 반은 ○○ 때문에 평균 점수가 확 떨어져요. 특수교육을 받아야 하는데 부모님이 반대하시니 어떻게 해야 할지 모르겠어요." 일제고사가 부활되기 전까지 장애 학생들은 시험 점수라는 것에서 자유로웠다. 초등학교에서 보는 시험이래야 담임교사가 시행하는 수행평가 중심의 시험 정도뿐이었다. 그러다 일제고사를 다시 치르기 시작하면서 발달 장애 및 학습 장애 학생들의 시험 점수가 문제가 되었다. 이 학생들의 시험 결과를 평균에 포함시키자니 평균 점수가 크게 낮아졌고, 학급 및 학교 순위에 영향을 주었다. 결국 국가에서 공문을 보내어 특수교육 대상자로 선정된 학생들은 미리 일제고사 대상에서 제외시키고, 시험을 보더라도 시험 결과를 학급 및 학교 평균에 포함하지 않기로 했다. 획일적인 평가 방식이 초등학교까지 내려와 장애 학생들을 또다시 학교에서 소외시키고 있는 것이다.

이런 점에서 볼 때 학교에서 장애 학생이 차별을 당하고 배제되는 이유는 단순히 교사나 다른 학생들이 장애에 대한 이해가 부족해서가 아니다. 이는 철저하게 한국에서 학교가 운영되는 시스템 때문에 발생한다. 한국의 학교는 소수의 특권층을 대상으로 한 입시 위주의 경쟁 체제로 운영된다. 이러한 운영 체제에서 그 경쟁을 따라오기 힘들거나 그러한 경쟁을 거부하는 학생들은 학교교육에서 자연스레 배제당할 수밖에 없다. 장애 학생들 또한 그렇게 밀려난 여러 학생들 중 하나이다.

상황이 이러한데도 정부는 장애 학생들이 일반 학교에서 제대로 지내지 못하는 이유를 단순히 교사나 학생들의 장애에 대한 이해가 부족해서라고 진단하고 장애 이해 교육에만 심혈을 기울인다. 실제로 정부는 학생, 학부모, 예비교사, 현직 교사, 교감 및 교장을 위한 관리자 연수 등 여러 교육 주체를 대상으로 장애 이해 교육을 실시하고 있다. 물론 이런 교육도 장애에 대한 인식을 개선하는 데 도움을 주긴 할 것이다. 그러나 현재의 학교교육을 바꾸려는 근본적인 노력 없이는 단지 몇 시간의 장애 이해 교육만으로 장애 학생들이 처한 상황을 개선할 수 없다.

우리 반에서 공부하고 싶어요 VS 특수학급에만 있을래요

어느 날 특수학급에서 공부를 해야 할 시간에 한 학생이 오지 않았다. 담임교사에게 전화를 해 보니 아이가 특수학급에 가지 않겠다고 울면서 떼를 쓴단다. 당장 교실로 올라가서 아이를 데리고 오는데 학생이 말했다. "선생님, 나는 장애인이 아니에요. 나는 3학년 3반에서 공부하고 싶어요. 우리 반 아이들은 다 3반에서 공부하는데 왜 나는 여기에 와서 공부해야 해요. 나는 공부 잘해요. 나는 장애인이 아니에요. 우리 반에서 공부하고 싶어요."

사실 그 학생에게 내가 뭐라고 대답했는지는 기억이 잘 나지 않는다. 대신 그 아이가 나에게 절규한 그 말만 기억난다. 그리고 그 말을 떠올릴 때마다 나는 속으로 울음을 삼킨다. 그 아이에게 미안했던 마음이 온몸을 휘감는다. 나는 그 시절 그 아이에게 아무것도 해 줄 수가 없었다. 그 아이의 말을 제대로 들어 주지도 못했고, 그 아이의 소원대로 해 주지도 못했다. 아이의 상처를 어루만져 주지도 못했다. 그냥 그 아이를 계속 특수학급에서 공부하게 했을 뿐이다.

자신이 장애인이라는 것을 알지 못하는, 또는 인정하지 못하는 학생들을 '장애 학생' 이나 '특수교육 대상 학생' 이라고 낙인찍고 별도의 공간에서 가르쳐야 한다는 것은 아이들에게 큰 소외감을 준다. 반 친구들과 다른 장소에서 공부해야 한다는 것만으로도 친구들과 거리감을 느끼게 하기에 아이들은 수업 내용을 이해하지 못해도, 선생님의 말을 알아듣지 못해도 자기 반에서 아이들과 어울려 지내기를 바란다.

반면에 또 어떤 장애 학생들은 자기 반에 가는 것을 싫어하거나 거부한다. 가 봤자 어울려 놀 친구도 없고, 반 친구들로부터 따돌림을 당하거나 신체적 폭력에 노출되기 때문이다. "종 쳤어. 빨리 교실로 가야지. 종 친 후에 가면 수업에 방해가 되니 쉬는 시간에 이동하렴." "싫어요. 쉬는 시간에 안 갈래요. 종 치면 갈래요." 쉬는 시간이면 학생들과 자주 이런 말로 실랑이를 한다. 아이들은 자기 반에 가기가 싫어 최대한 미적대다가 간다. 쉬는 시간이면 삼삼오오 무리를 지어 노는 친구들 사이에 낄 수가 없어서다.

많은 장애 학생들이 학교 폭력에 노출돼 있기도 하다. 내가 첫 번째 학교에서 만났던 장애 학생 역시 학교 폭력을 당했다. 그 학생이 고등학교를 졸업한 후 만났던 학생의 어머님은 이렇게 말씀하셨다. 아이가 고등학교를 겨우 졸업했다고, 죽지만 않고 살아서 졸업하기를 바랐다고……. 그 학생은 고등학교 시절 같은 반 아이들에게 집단 구타를 당하여 병원에 입원해 간질이 재발했고,

아이들에게 다시 맞을까 봐 두려워서 학교를 제대로 다니지도 못했다고 한다. 심한 발달 장애 학생이 아니라 경한 지적 장애 학생이었기 때문에 학교에 잘 다닐 줄 알았는데…….

장애 학생들이 학교 내에서 따돌림을 당하거나 폭력에 노출되는 일은 아주 흔하다. 특히 중학교와 고등학교로 갈수록 심해진다. 초등학교는 그나마 담임 교사가 쉬는 시간이나 점심시간에 학생들이 무엇을 하는지 파악할 수 있지만 중학교와 고등학교는 그렇지 않기 때문이다. 상황이 이러하자 요즘 중·고등 학교에서는 자녀를 특수학급에서만 공부하게 해 달라는 학부모들의 하소연이 증가하고 있다. 특수학교가 싫어서 일반 학교에는 왔으나 일반 학급에 장애 학생을 보내는 것은 걱정되니 특수학급에서만 교육을 시켜 달라는 것이다. 불과 2~3년 전만 해도 최대한 아이를 일반 학급에서 공부하게 해 달라던 학부모들의 희망은 이제 최대한 아이를 특수학급에서만 공부하게 해 달라는 바람으로 바뀌었다. 이유가 뭘까? 무엇이 급격하게 달라졌기에 불과 2~3년 만에 이러한 현상이 만들어져 버린 것일까?

이유는 여러 가지이겠지만 분명한 것은 최근 몇 년 사이에 한국 학교의 교육 환경이 급속하게 나빠졌다는 점이다. 장애 학생의 학부모들이 통합교육에 욕심을 부릴 수 없을 만큼, 장애 학생들이 목숨을 걸고 학교를 다닐 만큼 학교의 환경이 열악해졌다. 비장애 학생들이 행복하지 않은 학교에서 장애 학생이라고 행복할 수 있을까? 학교 운영체제가 경쟁에서 이기는 학생들만을 인정하고, 경쟁에서 이길 수 있는 학생들만을 위하여 돌아가는데 그 경쟁에서 이기지 못한 대다수의 아이들이 장애 학생을 배려하며 살아갈 수 있을까? 성적이나 사회·경제적 차원의 경쟁에서 뒤처진 아이들이 본인들 스스로부터 학교에서 배려와 존중을 받지 못하는 상황에서 자신보다 약자인 장애 학생들을 위해 무엇을 할 수 있을까? 이러한 학교 현실을 간과한 장애 이해 교육은 모두 실패할 수밖에 없었다. 일반 학교에 있는 모든 학생들의 인권이 존중되지 않는 한 장애 학생에 대한 인권도 존중받을 수 없는 것이다.

장애인과 비장애인이 함께 공부하고 생활할 수 있는 교실을 꿈꾸며

장애인이동권연대 동지들이 몸에 쇠사슬을 감고 철로와 도로를 점거하며 투쟁한 덕에 지하철 여건 개선이 획기적으로 이루어졌다. 그 동지들이 목숨을 걸고 이동권을 요구하지 않았다면 지금 지하철이나 공공기관에 에스컬레이터, 엘리베이터가 설치되고 운영되었을까? 그들의 노력 덕분에 장애인은 아니지만 임산부, 영·유아를 키우는 부모들, 나이가 많은 어르신들도 편하게 지하철을 이용하게 됐다. 장애인을 위해 만들어진 시설이었지만 결국에는 장애인 자신만을 위한 시설이 아니라 모든 이들을 위한 시설로 활용되었다.

학교도 마찬가지가 아닐까? 장애 학생을 위한 학교 시설과 교육과정 운영은 결국 모든 학생을 위한 시설 및 교육과정 운영이 될 수 있다. 북유럽의 학교는 특수교육 대상 학생들이 전체 학생의 50%에 육박한다고 한다. 물론 그들이 모두 장애 학생은 아니다. 그들은 장애 학생처럼 특별한 교육적 지원이 필요한 학생들이며, 학교는 이들이 개별 특성에 맞는 교육 계획을 세워 공부할 수 있도록 돕는다. 그리고 이를 확대하여 특수교육 대상자 외에 다른 모든 학생들도 자신들의 개별 학습 계획을 근거로 공부하도록 한다. 장애 학생들만 특별히 교육과정이 다른 것이 아니라 모든 학생들이 각자 자신의 특성에 맞는 교육 계획을 세우고 자신의 학습 속도에 따라 공부를 한다. 이곳에서 장애 학생은 장애 학생이 아니라 보통의 일반 학생들보다 다만 특별한 지원이 좀 더 필요한 학생일 뿐이다. 장애 여부 및 장애 수준 그리고 장애 종류는 중요하지 않다. 학교가 개별 학생의 다양성과 특수성을 존중해 주고 각자의 발달 가능성을 최대한 이끌어 줄 수 있는 교육과정을 운영하느냐 그렇지 못하느냐가 중요하다. 진보 교육감이 당선된 여러 지역에서 실험하고 있는 혁신학교에서 이러한 희망을 본다. 한국 교육의 현실에서 성공이 쉽지는 않겠지만 장애 학생과 비장애 학생 모두가 행복한 학교를 위하여 혁신학교가 반드시 성공했으면 좋겠다.

'장애는 그 사회의 생산양식과 중심 가치 사이의 관계를 통해 문화적으로 생산되고 사회적으로 구조화된다'고 한다. 때문에 경쟁 중심의 학교에서 장애 학생을 위한 배려는 있을 수 없고, 장애 학생에 대한 차별과 배제는 사라질 수 없다. 학교는 장애 여부를 떠나 다양한 특성을 가진 학생들이 공존하는 공간이다. 한 명 한 명의 학생들의 다양성을 인정하고 존중해 줄 때 학교는 모든 학생이 행복한 공간, 다양한 사람들이 함께 살아가는 법을 배울 수 있는 공간이 될 것이다. 2010년 전국고교생장애인리더대회 참가자들은 곽노현 서울시교육감을 직접 만나 아래와 같이 요구했다고 한다. 그 학생들이 요구한 내용으로 이 글을 마칠까 한다.

존경하는 서울시교육청 곽노현 교육감님 및 여러 장학사님들에게 참가자 일동은 우리 사회가 장애 · 비장애를 떠나 모든 학생이 친구가 되어 함께 공부할 수 있는 학교를 만들 수 있도록 다음과 같이 건의합니다. 이를 서울시 교육정책에 반영하여 주십시오.

1. 모든 학생들이 평등하게 교육받고 인격적인 대우를 받으면서 성장하여 자신의 능력에 따라 사회에 기여할 수 있는 사회 분위기를 만들어 주십시오.
1. 학교에서 성적이나 외모, 장애의 유무를 가지고 저희를 판단하지 마시고 저희의 인격을 가지고 판단해 주십시오.
1. 경쟁 위주의 입시 중심 교육이 아닌 스스로 생각하고 선택하여 책임질 수 있는 인성교육을 받을 수 있도록 도와주십시오.
1. 장애를 가졌다는 이유로 분리되거나 배제되지 않고 함께 공부하고, 함께 놀 수 있는 통합교육을 실시해 주십시오.
1. 통합학교 내에서 장애 학생들이 차별받지 않도록 장애 학생인권을 위한 인식 및

제도 개선을 해 주십시오.

1. 돈이 없어서 배움의 기회를 잃거나 꿈을 접지 않도록 고등학교까지 무상교육의 기회를 제공해 주십시오.

1. 장애인들도 꿈이 있습니다. 장애로 꿈을 포기하지 않고 꿈을 펼칠 수 있도록 대학교까지 장애 학생에 대한 지원이 필요합니다. 교내에 엘리베이터를 비롯해 편의 시설 설치, 수화 통역, 중증 장애인 학습 도우미 및 활동 보조인, 특수교사 확충 등 겉치레가 아닌 실질적인 장애 학생 지원 대책을 만들어 주십시오.

1. 수화는 UN에서 인정한 공식적인 언어입니다. 수화를 정식 과목의 하나로 지정해 초등학교부터 수화를 배워 누구나 기초적인 수화를 할 수 있도록 해 주십시오.

1. 외모나 장애는 하나의 개성입니다. 다양성이 인정되는 학교 문화가 정착될 수 있는 환경을 만들어 주십시오.

2010년 7월 22일

전국고교생장애인리더대회 참가자 일동

문제로 정의된 사람들이 그 문제를 다시 정의할 수 있는 힘을 가질 때 혁명은 시작된다. 존 맥나이트, 1995

정
용
주

학교에
학습 부진 학생은 없다!

학교 부진아 정책 실태 보고서

결핍 패러다임과 자기 책임화에 기반한 학습 부진 정책

학습 부진 학생이란 영어로 표현하면 'child with learning difficulty'로 배움에 곤란을 겪는 학생을 말한다. 이러한 학습 부진이라는 용어는 기존까지 '공부 못하는 아동'이라는 의미로 사용되다가 7차 수준별 교육과정이 운영되고 1999년 학습 부진아 교육이 시 · 도교육청 평가 항목으로 들어가면서 누구를, 어느 수준의 학생을 과연 학습 부진이라고 해야 하는가 하는 논의를 불러일으켰다.

통상적으로 학습 부진의 정의는 다음 세 가지 차원에서 논의되고 있다. 우선 학습 부진을 정의하는 가장 흔한 접근은 일반 지능을 준거로 하는 것인데, 해당 아동의 지능 수준에 비추어 볼 때 이 학생이 어느 수준의 학습을 성취할 것이라고 기대되는데 만약 그 성취를 이루지 못했을 경우 학습 부진이 발생했다고 본다. 이는 정상적인 지능보다 낮아서 발생하는 학습 지진과 구별된다. 그러나 이러한 접근은 학생의 지능이 고정되어 있지 않고, 지능이 학교 학습에 미치는 영향이 절대적이지 않다는 비판으로부터 자유롭지 못하다. 다음은 선천적인 문제로 학습에 곤란을 겪는 학습 장애와 학습 부진을 구분하는 접근이다. 이때 학습 부진은 가정, 수업, 또래 문화 등 개인의 학습에 영향을 미치는 환경적 요인에 의해 발생하는 것으로 본다. 마지막은 학습 부진을 최저 학업 성취 수준에 도달하지 못한 것으로 규정하는 접근인데 통상적으로 학교 현장에서 일반적으로 학습 부진을 말할 때 이 관점을 따른다.

학습 부진 학생을 선별하고 프로그램에 배치할 땐 학습 부진 학생을 '결핍'의 관점에서 바라볼 것인가 아니면 '성장'의 패러다임에서 바라볼 것인가가 문제가 된다. 어떤 패러다임을 선택하느냐에 따라 어떻게 학습 부진을 진단하고 평가할 것인지, 통합의 관점에 설 것인지, 분리의 관점에 설 것인지, 교육과정은 어떻게 운영할 것인지 하는 부분에서 서로 다른 접근을 취하기 때문이다. 성장 패러다임에서 학습 부진 학생 문제를 다루려는 사람들은 특수교육과 일반 교육의 유기적 연계와 일상생활에서 또래 간의 상호작용, 각 개인에 맞는 자료와 수업 전략을 강조한다.

우리가 일선 학교에서 학습 부진 학생 지도와 관련하여 가장 많이 듣는 말이 '부진아 제로'라는 용어인데, 이 '부진아 제로'라는 말은 결핍 패러다임으로 학습 부진 문제를 바라보는 대표적인 사례이다. 학습 부진의 원인은 다층적이며 어떤 요인의 경우 매우 장기적인 접근을 필요로 한다. 하지만 '부진아 제로'라는 표현은 부진 학생에 대한 배려 없이 학습 부진의 원인이 어떤 것이든지 이를 색출해 제거하겠다는 매우 폭력적인 논리를 전제로 가지고 있다. 이러한 결핍 패러다임의 관점에선 학교는 학습 부진 학생들에게 선별과 낙인을 통한 배제의 논리가 작동하는 공간이 될 수밖에 없다. 올해 혁신학교로 지정된 서울의 강명초등학교 교육 계획서에서는 부진아 제로라는 용어의 위험성을 정확하게 명시하고 있다.

'학습 부진 학생' 또는 '학습 부진아'라는 말이 학습 능력이 부족한 특징을 가진 아이를 도울 대상으로 보기보다는 없애야 할 대상으로 보는 부정적인 의미가 강하게 와 닿아서 현재 교사들과 알맞은 말을 찾기 위해 고민하고 있다. 이와 함께 '학습 부진아 지도'에서 가장 쓰지 않아야 할 말이 '학습 부진아 제로화(정책)'라고 본다. 강명 교육과정 운영 계획서 101쪽 각주

학생들이 학습에 곤란을 겪는 원인을 유형화시켜 보면 크게 학교 요인, 가정 요인, 사회 요인으로 구분할 수 있다. 그런데 지금 학교 현장에서는 학습 부진의 학교 효과와 사회계층 효과보다는 개인적 요인, 즉 학습 부진의 자기 책임을 강조하는 경향이 있다. 그러나 현재와 같이 흥미와 지적인 자극 없이 일제

히 이루어지는 진도 나가기 수업에서 아이들이 수업에 묵묵히 참여하고 좋은 성적을 거두길 요구하는 것은 저수지가 없는 지역에서 가뭄이 계속되는데 훌륭하게 작물을 길러 보라고 요구하는 것과 같다. 또한 자기 책임론은 학교가 모든 아이들에게 평등하게, 오로지 능력에 따라서만 학생들에게 점수를 주고 그들을 선별한다고 믿게 만듦으로써 만일 그들이 성공하지 못한다면 그것은 그들에게 재능이 없거나 노력하지 않아서라고 인정하도록 강제한다. 이는 학습 부진을 유발하는 계층 효과와 수업 효과를 은폐하는 기능을 한다.

미끄럼틀 학교 : 부진아의 판별과 낙인

유아사 마코토는 《빈곤에 맞서다》라는 책에서 무심코 미끄러지면 어디에도 걸려 멈추지 못해 끝까지 추락하고 마는 복지가 결핍된 일본 사회를 '미끄럼틀 사회' 라고 불렀다. 학습 부진 정책과 관련해 보자면 우리의 학교 역시 '미끄럼틀 학교' 이다. 대부분의 학생들은 초등학교 3학년 때 학습 부진 판별을 받고 다양한 프로그램에 참여하지만 선별 과정에서의 낙인, 개인차를 고려하지 않은 프로그램 배치, 그리고 진도 나가기식 수업이라는 3중의 배제와 소외를 경험하며 어디에도 걸리지 않고 학습 부진의 늪으로 떨어지고 만다.

그래서 나는 학교가 어떻게 학습 부진 학생을 배움으로부터 배제시키고 추방하는지 살펴보고자, 서울의 A초등학교의 6학년 학생들 중 학습 부진 학생 10명을 선정해 이들이 학습 부진 학생으로 선별돼 여러 프로그램에 참여하는 과정에서의 경험과 느낌을 듣는 시간을 가졌다. 필요하다고 판단되는 경우엔 현재 담임과 이전의 담임, 그리고 학부모와도 면담을 실시하였다. 특별히 6학년 학생들로 대상을 한정한 이유는 현재 초등학교 6학년에서 학습 부진으로 분류된 학생이 초등학교에서 학습 부진의 선별, 지도 과정의 문제를 종합적으로 보여 줄 수 있으리라 생각해서다. 대상 학생 10명의 가정환경이나 양육 방식은 다양했지만 국민기초생활수급권자이거나 차상위계층인 경우가 전체의 절반에 해당했고, 특히 집에서 학습을 지도하는 경우는 두 명에 불과했다. 집에서 대화가 많고 이야기가 잘 통한다고 이야기한 학생은 두 명뿐이었고, 교사에 대한 인식은 부정적이거나 양가적이라고 대답한 학생이 여덟 명이었다.

	학생 1	학생 2	학생 3	학생 4	학생 5
학습 부진 기간	학습 부진 (3학년부터)	학습 부진 (3학년부터)	학습 부진 (3학년부터)	학습 부진 (3학년부터)	학습 부진 (3학년부터)
가족 구조	부모	부모	친척	한부모 (모자 가정)	부모
급식비 본인 부담 여부	국민기초	본인 부담	본인 부담	차상위	본인 부담
	학생 6	학생 7	학생 8	학생 9	학생 10
학습 부진 기간	학습 부진 (2학년부터)	학습 부진 (3학년부터)	학습 부진 (3학년부터)	학습 부진 (3학년부터)	학습 부진 (2학년부터)
가족 구조	한부모 (모자 가정)	부모	친척	한부모 (부자 가정)	한부모 (다문화 가정)
급식비 본인 부담 여부	국민기초	국민기초	본인 부담	국민기초	본인 부담

선별 과정 : 허술한 진단이 허술한 처방을 낳는다

학교에서 부진아를 선별할 때, 지능 검사나 학업 적성 검사를 예측 도구로 사용하거나 표준화된 교과 학습 진단 검사 도구를 사용하는데 이러한 평가로 학습 부진을 선별하는 것은 한계를 가질 수밖에 없다. 그런데 상황은 정반대이다. 대부분의 학교들은 학습 부진을 일으키는 요인이 워낙 다양해서 일회성 지필 검사로는 학습 부진을 판별할 수 없다는 것을 잘 알면서도 단 한 차례의 시험을 통해 학습 부진아를 선별해 낸다. 여기서 검사의 타당도는 차치하고서라도 학습 부진이 지능이나 성격과 같이 비교적 영구적인 개인의 특성이 아니라 학습 여부 및 정도에 따라 달라지는 일시적이고 가변적인 특성이라고 할 때, 한 학생을 고작 일회용 검사 하나로 학습 부진아라고 낙인찍는 것이 과연 교육적으로 옳은 것인지 생각해 볼 필요가 있다.

질문자 지금 수업 끝나고 보충수업을 받고 있는데 어떻게 보충수업을 하게 되었니?

면담 학생 모두 3월에 시험 보고 나서 60점보다 적게 받으면 보충수업을 받아야 해요.

학생 5 어머니 시험 보기 전에 예상 문제를 나눠 주면서 학습 부진아가 되면 남아서 공부해야 하니까 예상 문제를 미리 풀고 지도해 달라고 했던 것 같아요. 우리 아이는 3학년 때부터 담임 선생님과 방과 후 보충수업에, 방학 때도 보충수업하고 대학생하고 하는 프로그램도 하고 그리고 올해는 학습 부진아 전담 강사한테 지도를 받는데도 계속 부진아예요. 그러니 아이 기만 죽이는 것 같아서 더 이상 시키고 싶지 않아요.

학습 부진 학생 10명을 면담한 결과 이전의 다른 연구에서 분석된 것처럼 이들은 동일한 학습 부진을 보이더라도 학습에 곤란을 일으키는 원인이 서로 달랐다. 어떤 학생의 경우 학습 태도와 낮은 동기가 학습 부진의 원인이었고, 어떤 학생은 심리·정서적 문제로 학습에서 곤란을 겪었다. 특히 이들은 학업 성취 수준이 높은 학생들과 비교했을 때 양육 방식에서 큰 차이를 보였다.

보통 학업 성취 수준이 높은 학생의 부모들은 아이들의 재능, 주장, 기능을 적극적으로 육성하는 '조율된 양육'이라는 자녀 양육 관습을 가지고 있다. 그들은 자녀들의 여러 가지 활동을 계획하고 아이들과 어떤 행동이나 감정의 이유와 원인이 무엇인지 찾는 과정을 함께한다. 그들은 최근 자녀에 대한 과잉보호와 관리로 비판받는 헬리콥터맘처럼 아이들의 주변을 맴돌며 아이들의 이익과 관련되어 있는 일이라면 어떤 망설임도 없이 개입한다. 또한 그들은 아이들의 발달을 자극하고 그들의 인지능력과 사회적 기술을 배양하기 위해 신중하고 지속적인 노력을 한다.

그런데 10명의 학습 부진 학생들은 성장 과정에서 부모로부터 어떤 안락함과 생존을 위한 기본적인 조건들, 그리고 다른 기본적인 양육을 제대로 제공받지 못한 채 스스로 모든 걸 성취해야 했는데, 이러한 아이 양육 방식을 '방목적 양육', '자연적 성장을 통한 성취'라고 부를 수 있다. 그래서 학교에서 교과서 진도만 빼 주고 교사가 수업 시간에 그냥 자습을 시켜 두고 자기 볼일을 봐도 전혀 문제될 것이 없는 어떤 아이들과 달리, 그들은 학습을 전적으로 학교와 교사에 의존할 수밖에 없다. 그러나 학교는 이러한 성취 수준의 계층적 차이를 무시할 때가 많다.

의사가 환자를 치료하기 위해서는 환자의 상태와 질병에 관하여 정확히 알아야 하는 것처럼 학습 부진 학생 문제를 해결하기 위해서는 기초 학력 부진 학생 또는 기초 학력 부진 현상에 대해 학교가 충분히 이해하고 있어야 한다. 만약 이것을 적절히 파악하지 못한다면, 의사가 환자의 상태나 질병에 대해 잘못 파악함으로써 그릇된 처방을 해 결국 환자의 생명을 위태롭게 하는 것과 마찬가지로, 학교 역시 오히려 학습 부진 학생의 상태를 악화시킬 우려가 있다.

그래서 우리는 학습 부진 학생을 엄격하게 선별하기보다 학습 부진의 다차원성과 계층성을 이해하고 매일 학생의 학업 수행을 점검함으로써 부적절한 향상을 보이는 학생을 판별해야 한다. 하지만 대부분의 학교들은 그저 일회성 진단 평가에만 의존하려 든다. 당연히 학습 부진 학생이 가지고 있는 지적, 정의적, 신체적 특징을 올바르게 파악하지 못한다. 물론 학생 선별 과정에서 교사의 관찰과 추천이 전혀 없는 것은 아니다. 그러나 그런 경우에도 교사의 관찰이나 면접 자료가 학생 지도를 위한 실질적이고 유용한 정보를 제공하기 때문에 선택되는 것이 아니라 형식적인 행정 지원을 받기 위한 조치로 이용되는 경우가 많다. 또 학습 부진 학생을 지도할 때 학생의 생애사적 관점에서 프로파일을 관리해야 하는데 현재 학교에서 이뤄지는 학습 부진 학생 관리는 학교 일정이나 교부되는 예산에 맞춰 1년 단위로 관리된다. 장기적이고 복합적인 처방을 기대하기 어려운 것이다.

질문자 학년이 올라갈 때마다 시험을 보고 보충 학습 프로그램이 바뀌어서 불편하지 않니?

학생 6 저는 학년이 올라갈 때마다 공부하는 선생님이 바뀌어요. 작년에는 대학생 형이랑 공부했고 4학년 때는 옆 반 선생님하고 공부했는데 솔직히 핑계 대고 도망간 적도 많아요. 가면 문제집만 푸는데 어떨 때는 이전 학년 문제집을 풀고, 어떨 때는 지금 학년 문제집을 풀어요.

학생 10 어머니(동남아 여성) 우리 아이는 2학년 때 담임 선생님하고 보충수업을 했어요. 3학년 때부턴 이중 언어 선생님이 오셔서 오후에 공부를 가르쳐 주고 계세요. 제가 아직 한국말을 잘 못해서 가정 통신문 같은 거 나눠 주면 무슨 뜻인지 잘 몰라서 이중 언어 선생님한테 물어보고 아이 학교생활 상담도 하는데, 이중 언어 선생님이 담임 선생님이 '얘는 어느 과목이 약하니까 성적 올리라' 고 해서 스트레스 받으신대요. 공부는 문제집이랑 교과서 가지고 하는데 문제집 풀이가 대부분이에요.

경쟁과 평가 중심의 학교 문화는 학습 부진 학생들을 학교에서 더욱 소외시키는 원인이 된다. 이런 학교 분위기에서 부진 학생은 학급의 성적을 떨어뜨리고, 학교 평균을 낮게 하는 악성 바이러스처럼 여겨지게 된다. 이에 따라 부진 학생 지도는 부진 학생의 삶의 질을 위한 문제가 아니라 학교 전체의 점수를 위한 관리 차원에서 이루어지며, 이러한 패러다임 속에서 선별되는 학습 부진 학생은 낙인을 통한 추방의 과정에 입문하는 것이나 다름없다.

지도 과정 : 학습 부진 해소가 아닌 부진의 늪으로 빠지기

학습 부진 학생을 선별하여 지도하는 방식은 크게 세 가지로 유형화할 수 있다. 첫째, 예방을 강조하는 접근으로서 학교 학습에서 실패할 가능성이 높은 학습자들을 미리 파악하여 양질의 교육 프로그램을 미리 투여해 학습 부진을 사전에 예방하는 것이다. 둘째, 교실 내 수업의 변화를 도모하는 접근으로 특정 집단에게만 유리한 일제식 수업, 획일적 수업을 지양하고 다양하고 풍부한 수업 환경을 제공해 수업 상황 중에 학습 부진이 아예 나타나지 않도록 하는 것이다. 마지막은 학습 부진 학생 지도에서 가장 널리 사용되는 교정 또는 치유적 접근으로, 정규 수업 시간 이외에 추가로 학습 결손이 있는 부분을 보완해 줄 수 있는 프로그램을 제공해 주는 접근법이다.

현재 초등학교에서 부진 학생 지도는 교실 내 통합 지도와 교실 외 지도가 병행되고 있다. 그래서 두 가지로 나누어 왜 학습 부진을 해소하고자 만들어진 프로그램이 오히려 학습 부진을 지속하고 심화시키는지 살펴보도록 하자.

교실 내 지도에서 이루어지는 부진 학생에 대한 배제와 추방

진도 나가기 수업과 부진 학생 '제외하기'

우리는 수업이 학습 부진에 끼치는 영향을 고려하지 않는 경향이 있는데 사실 학습 부진을 유발하는 가장 큰 요인 중의 하나가 교사의 수업이다. 우선 학습 부진은 교사의 수업 진도를 제대로 따라가지 못하는 진도 부진으로부터 야기된다. 특히 학교교육에 평가, 즉 입시 제도가 미치는 영향이 높은 우리나라에서 교육과정에 따라 진도를 나가는 것은 교사들의 절체절명의 과제라고 해도 과언이 아니다. 학생들 역시 예외가 아니어서 남들보다 학습 진도를 미리 나가는 것, 즉 사교육을 통해 선행 학습을 해 두는 것이 필수라는 생각이 팽배해 있다.

그래서 교사들은 대부분의 학생들이 사교육을 통해 선행 학습을 해 왔다는 전제하에 수업 중에 진도를 빠르게 나간다. 이에 따라 선행 학습을 받지 않은 학생, 학습이 뒤처지는 학생들은 자연히 수업에서 밀려 나게 되고, 학습 부진의 늪에 빠져 들기 시작한다. 정작 교사의 수업이 정말 필요한 학생, 교사의 수업에만 의존할 수밖에 없는 학생들은 수업에서 소외되고 배제되는 것이다. 즉 진도 나가기에 집중하다 보면 학습이 뒤떨어지는 학생들을 지원할 여력이 부족할 수밖에 없게 되며 교사들은 자연히 수업에서 부진 학생 제외하기 전략을 구사하게 된다.

질문자 담임 선생님과 수업할 때 이야기 좀 해 줄래?

학생 1 선생님은 늘 수업을 할 때 학생들이 이미 다 알고 있다고 생각하시는 것 같아요.

학생 3 전 솔직히 수업에서 뭘 배웠다는 생각이 안 들어요. 그냥 책 펴고 정해진 내용 읽는 게 전부예요.

학생 5 이거 비밀 보장돼요? 솔직히 그런 수업 나도 할 수 있어요. 책 읽고 동영상 보여 주는 게 다예요.

학생 7 '어디까지 배웠냐? 오늘 어디 할 차례냐? 너 조용히 해. 너 이거 학원에서 안 배웠니?' 이런 말을 제일 많이 들어요. 그런데 신기한 건 애들은 배우지도 않았는데 이미 다 알고 있더라고요. 전 배운 것도 없는데 시험 보고 나면 선생님이 가르쳐 준 것도 모른다고 뭐라 하셔요.

교사들은 교실에 다양한 수준의 학생이 존재한다는 것을 안다. 자신의 계획대로 학습할 준비가 되어 있지 않은 학생들이 교실에 함께 존재한다는 것도 안다. 그러나 진도가 수업의 중심이기 때문에 그들 한 명 한 명을 지도할 수 있도록 수업을 설계할 수가 없다. 수업 중간에 부진 학생에게 신경을 쓰면 수업이 막히고 중단되고 매끄럽지 못하다. 이럴 경우 선행 학습을 해 온 학생들이 짜증을 낼 수도 있다고 교사들은 생각한다. 그래서 정규 수업 시간에 부진 학생은 제외되고 투명인간이 된다.

일제식, 강의식 수업과 부진 학생이 되게 '내버려 두기'

많은 교사들은 학습 부진이 학습 능력과 관심, 학습 의욕의 문제이며 모든 해결책은 학생이 가지고 있다고 생각한다. 즉 교사는 잘 가르쳤는데 학생이 내용을 알아듣지 못해 학습 부진이 생기는 것이라고 여긴다. 대부분의 학습 부진 정책 역시 이러한 사고에 기반하고 있다.

그러나 이러한 접근은 매우 피상적인 접근이다. 부진 학생이 공부에 관심이 없고 의욕도 없을지라도 부진 학생은 단지 현재와 같은 학습 체제와 수업 방식의 종속변인일 뿐이다. 학습 부진인 학생을 잘 관찰해 보면 특정 영역에선 학업 성취도가 우수하거나 참여도가 높은 것을 발견할 수 있다. 따라서 학습 부진에는 교사의 수업 요인이 크게 작용할 수 있다.

질문자 모든 수업이 재미없는 것은 아니지? 너희들이 잘하는 건 뭐야?

학생 6 저는 체육을 잘해요. 체육은 항상 '매우 잘함' 이에요.

학생 5 담임 선생님이 ○○ 과목 교과서를 만든 유명한 분이시래요. 그런데 수업이 재미없어요.

학생 9 애들이 다 수업 재미없다고 하는데 선생님은 '너는 공부에 흥미가 없어!' 라는 말만 하세요.

수업을 마친 이후에도 학습 부진 학생은 교사들의 고려 대상이 되지 못한다. 즉 어떤 아이들이 학습을 모두 소화하지 못했다는 것을 알면서도 교사들은 따로 지도하지 않는다. 이유는 교사들이 가르치는 일 이외에도 하는 일이 많아 바쁘고 다음 시간에 나갈 진도를 준비해야 하기 때문이다. 결국 교사는 학습 부진 학생을 포기하고 그들이 부진의 늪에 빠지는 것을 그냥 내버려 둔다. 이는 가족 여행에서 계획한 일정대로 목적지에 도착하기 위해 잘 따라오지 못하는 자녀를 버리고 길을 재촉하는 것과 같다. 계획된 일정이 아이에게 너무 벅차고 흥미를 주지 못하는 게 아닌지는 검토의 대상이 되지 못한다. 이것이 3학년 때 부진아 판별을 받은 후 학습 부진이 계속해서 반복되는 과정이다. 학년이 바뀌면 다시 진단 평가를 보고 부진아가 되고 또 이듬해가 되면 해당 학생은 다시 진단 평가를 보고 학습 부진아가 된다. 이렇게 학습 부진은 오래 지속된다.

학생 10의 담임교사 부진아 지도! 그거 밑 빠진 독에 물 붓기예요. 예산만 낭비하는 거지 효과가 없어요. 안 돼. 안 고쳐져.

위 교사의 인식처럼 학습 부진 학생에 대한 정책을 밑 빠진 독에 물 붓기라고 생각하는 교사들이 많은데 이러한 사고는 학습 부진의 복잡성, 다차원성과 비교해 학습 부진에 대한 교사들의 인식이 지나치게 단순하고 피상적이라는 것을 보여 준다. 교사들은 학습 부진의 문제를 단순히 학생의 점수를 높이는 것으로 생각해 그저 부진아들로 하여금 문제집을 풀게 하면 되는 걸로 생각하는데, 이러한 접근은 매우 안일한 접근이다.

이와 다른 맥락에서 최근 혁신학교에서 사용되는 부진아 제로, 단 한 명의 학생도 포기하지 않는 학교라는 접근은 어휘가 가지는 긍정적인 뉘앙스를 충분히 이해한다고 해도, '전 학생의 프로메테우스화'라는 문제에 빠질 수 있다는 사실을 조심해야 한다. 모든 학생을 구제할 수 있다는 접근은 역설적으로 뒤처진 자들에게 낙오자라는 낙인을 찍고 학교가 전체주의에 동조하게 만들 가능성이 존재한다. 따라서 학습 부진 문제는 여러 가지 요인들을 고려하여 단순히 학생의 교과 성적만을 올리는 것이 아니라 학생의 삶의 질과 잠재력을 길러 주는 차원에서 접근해야 한다. 이렇게 접근할 때 학습 부진을 단지 점수의 높고 낮음으로 판별하는 게 아니라 점수는 높더라도 혹시 학생이 배움에 곤란을 겪고 있지는 않은지, 점수는 낮지만 그보다는 다른 잠재력을 계발하는 것이 학생의 미래를 위해 더 좋은 것인지가 함께 고려될 수 있다.

다른 교실 지도에서 이루어지는 부진 학생에 대한 배제와 추방

'강제'로 배정하고 부진에 대한 '초점 빗나가기'

다른 교실에서 이루어지는 부진 학생 지도는 정규 수업 시간 외에 특별 프로그램을 마련해 학습 부진 학생을 지도하는 것인데 이 과정에서도 대부분의 학습 부진 학생은 배제를 경험할 뿐 학습 부진은 해소되지 않는다.

많은 학교에서 학습 부진 학생을 위해 방과 후 보충 과정이 운영되고 있는데 보통 대학생 멘토나 전담 강사에 의해 수업이 진행된다. 방과 후 보충 과정에 학습 부진으로 선별된 학생을 배치하는 데에는 담임교사의 추천과 학부모의 동의가 있어야 하는데 최근에는 부진 학생 정책이 교육청 차원에서 양극화 해소 정책으로서 강조되고 예산이 대거 투입되면서 학부모 동의가 사실상 강제되는 경우가 많다.

질문자 수업 끝나고 대학생이나 전담 강사님하고 공부하기 전에 너희들 엄마, 아빠가 그분들하고 같이 공부한다는 것을 허락하는 동의를 한 거 아니?

면담 학생 모두 예.

학생 3 그런데 정작 저는 동의를 안 했는걸요?

질문자 만약 네가 동의할 수 있는 권한이 있다면 어떻게 할 건데?

학생 3 당연히 안 하죠. 담임 선생님 수업이랑 똑같이 재미없고 문제지만 푸는데 뭐하러 해요.

질문자 다른 친구들도 같은 생각이야?

학생 6 예. 저도 그래요. 시험 봐서 60점 이하이고 엄마가 학교에서 하라는 거니 그냥 하라고 해서 하는데 무슨 시험 준비하는 것 같아요. 만날 문제만 풀고……

학생 4 5학년 시작할 때 시험 봤을 때 60점이 안 돼서 수업 끝나고 남아서 공부하게 됐는데요. 5학년 내용을 모르니까 우선 4학년 내용을 배우는 거라고 해서 그렇게 하고 있는데 담임 선생님은 수업 중에 이해 안 가는 거 있으면 보충 선생님한테 물어보라고 하세요.

학생 10 우리 엄마가 그러는데 공부 가르쳐 주는 선생님(이중 언어 강사)이 담임 선생님 때문에 울었대요. 엄마 말로는 제가 성적이 안 올라서 담임 선생님이 왜 애 성적이 안 오르냐고 신경 좀 쓰라고 했다는데, 해도 안 돼요.

방과 후 학교 프로그램 운영에서 가장 큰 문제는 학생들의 자발성이 없다는 것이다. 핀란드에서는 방과 후 프로그램을 수강할 때 부모의 동의 이외에 학생 본인 또한 프로그램을 납득해야 프로그램을 진행한다. 하지만 우리나라에선 학습 부진 학생을 납득시키고 동의를 구하는 과정이 없다. 이는 자기 결정의 원리에 위배되는 것이다. 아무리 학생이라도 자신의 흥미와 기호에 바탕을 둔 선택을 할 권리가 있는데 우리나라에서는 학부모가 동의하면 학생들에게 '좋은 것' 이므로 아이들이 원하지 않아도 해야 한다고 생각한다.

이렇게 학생들의 의사와 무관하게 배치된 방과 후 보충 프로그램은 정규 수업 시간과 크게 다르지 않다. 부진 학생은 또다시 여러 학생 중 한 명으로 간주되며 진도 나가기가 수업의 주가 된다. 학교에서는 무엇을 가르쳤냐 하는 서류만 엄밀하게 관리할 뿐 학생들의 실질적인 변화에 대해서는 관심이 없다. 부진 학생 지도도 단기간에 효율적으로 결과를 성취하는 것이 목표가 되어 학생들 각각의 특성이 고려되지 않고 일시에 동일한 내용을 동일한 시간에 동일한 방법으로 학습한다. 또한 학교는 부진 학생을 선별해 놓고는 부진을 유발하는 학생들의 생활에까지 적극적으로 개입하지 않는다. 단지 모든 것을 학습자의 능력의 문제로 접근하기 때문에 학생들은 부진에서 해소되는 것이 아니라 부진을 지속하게 된다. 설령 학습 부진으로 선별된 학생이 부진을 벗어났다고 해도 그것은 현재의 학습 부진이 아니라 과거의 부진을 만회했다는 데 문제가 있다. 면담 중에 학생 4가 말한 것처럼 지난 학년의 학습 내용을 메우기 위해 현재의 시간을 투자하지만 이로 인해 지금 자기 학년의 학습 내용을 제대로 배우지 못한 탓에 학생들은 과거의 부진에서는 벗어났을지라도 지금 학년의 부진을 또다시 다음 연도로 유예하게 된다.

'천천히, 쉽게, 반복하며' 부진 지속하기

방과 후 보충 학습 프로그램은 학생들에게 유의미한 학습보다 기계적 학습을 조장하여 부진을 악화시키는 결과를 초래하기도 한다. 개별 학생들의 흥미와 동기, 학습 양식에 대한 고려 없이 학습 부진 학생은 이해 속도가 느리고 학습 능력이 부족하므로 그저 '천천히 쉽게 반복해서' 지도하면 그만이라고 생각한다. 면담을 한 10명의 학생들 중 일부는 학습 동기가 낮거나 아예 없는 경우도 있었지만, 대부분의 학생들은 특정 영역에서 저마다 독특한 특성을 지니고 있어 오히려 어떤 과목에선 높은 성취 수준을 보이는 학생들도 있었다. 이들을 위해 더 정교하고 섬세한 교재와 프로그램들이 설계되어야 하는데 교사들은 단지 '천천히 쉽게 반복해서'만을 되풀이한다. 다시 말해 학습 부진 학생에 대한 지도 방법이 학습자에게 맞지 않으며, 학생이 배우고 싶어 하는 방식으로 배우지 못해 부진이 계속되고 있는 것이다.

질문자 부진 학생을 어떻게 지도하고 있나요?

부진아 전담 강사 부진아는 학습에 어려움을 겪는 아이들이니까 쉽게 천천히 반복해서 가르치면 돼요.

대학생 멘토 일단 설명이 쉬워야 하고, 천천히 반복해서 해야 해요. 교육은 반복이라고 배웠거든요.

학습자의 학습 양식은 다양하다. 어떤 학습자는 들으면서 학습하는 것을 선호하고 어떤 학습자는 보면서 학습하는 것을 선호한다. 이런 학습자는 어떤 개념이나 현상을 이해할 때 머릿속에 그림을 그려야 한다. 만지고 움직이면서 학습하기를 좋아하는 학습자는 또 이에 맞는 수업이 설계되어야 한다. 그러나 우리가 접하는 대부분의 수업은 일방적인 강의나 설명식이다. 방과 후 보충수업마저 여전히 문제 중심의 지필 자료로 학습이 이루어지는 탓에 학생들의 동기는 자극되지 않으며 부진이 지속된다.

학습의 문제로만 접근하며 배제시키기

앞에서도 간략히 살펴본 것처럼 핀란드와 교육 복지가 잘된 나라들에서는 학습 부진의 문제를 단순히 학습 문제가 아니라 학생의 웰빙, 즉 삶의 질이라는 관점에서 접근한다. 그리고 교과 교육뿐만 아니라 학생들의 생활에까지 적극적으로 관여한다. 그러나 한국의 방과 후 교사들은 학생 한 명 한 명에게 주의를 기울일 수 없다. 아니 정확히 말하자면 그렇게 학생 한 명 한 명에게 관심을 가져야 한다는 것을 배우지 못했다는 것이 솔직할 것 같다. 면담한 10명의 학생들 중 대부분은 자신과 관계를 맺고 있는 사람들로부터 사회적 지지를 받지 못했다. 특히 학습 부진 학생 중 저소득층 가정의 학생들은 가족들의 지지 속에서 성장하지 못한 탓에 자아 존중감이나 자아 통제, 지적 발달에서 또래에 비해 만족스럽지 못한 성취를 한 경우가 많다. 이러한 학생들은 학습 부진의 늪으로 떨어지면서 다음과 같은 '자기 훼손 전략(자기 장애화)'을 구사한다.

- 관계 빈곤(관계 단절)
- 무관심(무동기)
- 낮은 진로 기대 형성
- 학교 활동에 대해 비참여적
- 거리 두기(심리적 좌절)

부진 학생들이 구사하는 자기 훼손 전략은 '자발적 배제' 의 일종으로 학교가 점점 무의미한 공간으로 인식되면서 학생들이 스스로 대인 관계로부터 단절되고 무동기를 내면화하며, 진로에 대해 낮은 기대감을 가지고, 학교 활동에 참여하지 않고 거리를 두는 것이다. 우리나라 부진 학생 정책과 달리 핀란드는 삶의 질을 향상시킨다는 관점에서 학습 부진 문제에 접근하면서 보충 교육과 특별 지원 교육을 병행한다. 특히 핀란드에서는 학습에 어려움을 겪는 학생들의 개별적 특성에 따라 다양한 방식으로 학습을 지원하고 있다. 뿐만 아니라 예방과 조기 개입을 강조하고 중층 단계적 지원으로 학습에 뒤처지는 학생들이 지닌 복합적 문제에 효과적으로 대처한다.

면담을 실시한 학생 중에는 공부에 흥미를 못 붙여 노력을 기울이지 않아 학습 부진이 되는 경우도 있었지만, 열심히 공부했는데도 투자한 만큼의 성과가 나오지 않는 경우도 있었다. 이는 학습하는 방법에 문제가 있는 것이다. 따라서 이런 학생에겐 '학습하는 방법을 학습' 하는 방안이 적극적으로 모색되어야 하는데 현재는 이런 점들이 세심하게 고려되지 않고 있다. 여기서 생각해야 할 것이 개인별 수업과 수준별 수업의 차이이다. 면담 학생들의 사례에서도 확인이 되지만 학습 부진 학생이 수준별 수업을 계속 받는 경우 학습 부진 학생이 중ᄈ이나 상ᅡ 수준으로 진급하긴 어렵다. 계속에서 하ᅲ에 머물며 부진이 지속되는 경우가 대부분이다. 그러므로 우열반이나 수준별 반 편성은 모든 학생을 위한 질 높은 수업을 보장해 주는 것이 아니라 계층 효과를 강화할 뿐이다.

학습 부진 학생은 없다!

학생 5 공부를 하면 선생님이 쭉 진도를 나가고 문제를 풀라고 하세요. 그렇게 한 후 시험을 보면 저는 공부를 못하는 학생이 되고 점점 교실하고 학교

    모두를 위한 학교는 없다

에서 필요 없는 사람이 되는 것 같아요.

학생 7의 담임 사실 특별히 수업 시간에 가르치는 것은 없어요. 대부분 내용을 가르치기 전에 학생들이 미리 배워 알고 있고요. 한두 명 못하는 아이들 때문에 다 알고 있는 다수의 아이들에게 피해를 줄 순 없죠.

학교 문화는 모든 학생들이 존중받고 학교의 일부로 소속감을 느낄 수 있도록 다양성에 기반해 통합적으로 조직되어야 한다. 또한 학생들이 저마다 다양한 분야의 능력과 소질, 적성을 계발할 수 있도록 해 수업에서 학습 부진 학생들이 소외를 느끼지 않고 적극적으로 참여하게 만들 방법을 고민해야 한다. 이를 위해 학생이 지식을 습득하는 과정이 교사에 의해 일방적으로 설명되는 것이 아니라 적절한 개입에 의한 체득으로 재구조화되어야 한다. 그들의 문화적 특성이 반영된 수업이 설계될 때 학생들은 적극적으로 수업에 참여하게 되며 학습 부진이 예방되기 때문이다.

학교는 학생들을 배움의 궁전에서 부진의 늪으로 추방하고 다시 그들을 배움의 궁전으로 포섭하는 배제와 포섭의 장 속에 위치해 있다. 배움의 궁전에서 추방된 아이들은 학습 부진 학생이 되어 학교의 변방을 배회한다. 학교는 학생들에게 부진이라는 낙인을 찍고 다시 보충 과정에 배치하면서 학생들을 부진의 늪에서 헤어나지 못하게 한다.

이제까지 학습 부진 문제는 학교가 부진 학생을 엄혹하게 선별해 내서 이들에게 특별 과정에 참여하도록 하고 그 성취 결과에만 초점을 맞추었지, 부진이 이루어지는 맥락은 고려 대상이 아니었다. 시험을 통한 학생 선발 체제가 교사들로 하여금 수업을 그저 진도 나가는 시간으로 만들었고, 이러한 체제 속에서 협동보다는 일제식 학습이, 통합 학습이 아니라 수준에 따라 분리한 수준별 학습을 선호하게 되었다. 결국 수업에서 배움은 사라지고 끊임없는 선별만이 남게 되었다. 장애와 마찬가지로 누구나 어떤 특정한 시점에서 학습에 곤란을 겪을 수 있다. 그런데 이렇게 학습에서 곤란을 겪어 낙오되거나 소외된 상태로 수업을 계속 듣다 보면 학교에 다니는 것이 가방을 들고 왔다 갔다 하는 것 이상의 의미를 가지기 어려워진다. 그래서 핀란드와 덴마크 등과 같이 교육과 복지가 잘 구조화된 나라에서는 선별과 낙인에 기반하지 않고 삶의 질이라는 관점에서 특수교육과 연계해 학습 부진 문제에 통합적으로 접근한다.

면담을 진행한 10명의 학생들에게서 공통적으로 확인할 수 있었던 점은 경쟁 중심의 학교 문화, 진도 나가기 위주의 수업, 학생들에 대한 학교의 몰이해, 시험에 의한 선별과 낙인이 이들을 학습 부진아로 만들었고, 그 부진의 늪에서 헤어 나오지 못하게 만듦으로써 아이들로 하여금 스스로를 의미 없는 존재이며, 학습 부진은 오롯이 자기 책임이라고 내면화하도록 만들었다는 사실이었다. 다시 말하자면 학교가 학습 부진아를 만들어 내고 있었다. 이런 의미에서, 난 현재 우리 학교에 진정한 의미에서의 학습 부진 학생은 존재하지 않노라고 말하고 싶다.

이
미
연

아이들은 실패할 권리가 있다

흔들리는 아이들,
하지만
꽃보다 아름다운 아이들

실업계 아이들 이야기를 들려 달라고 한다. 교직 생활 21년 6개월 동안 무려 11년을 세 군데의 공고를 옮겨 다니며 살았으니 그 누구보다 실업계 아이들을 잘 아는 선생이라고 생각할 수 있을 것이다. 하지만 내가 그들을 잘 알고 있는가? 대답하기 어려운 문제다. 실업계 아이들은 생각으로 만날 수 있는 존재들이 아니므로. 내게 때로는 태산처럼 무겁고, 봄날 지천으로 피어나는 들꽃처럼 가볍고, 세상을 두들겨 패듯 세차게 내리는 장맛비처럼 감당하기 힘들고, 어린 나이에 너무 고단하고 힘겨운 인생의 무게를 감당하느라 가슴을 먹먹하게 하는 아픔을 가진 존재들. 내가 10년 이상 공고 아이들과 더불어 살 수 있었던 것은 그들이 어찌할 수 없이 나를 그들의 벗이자 선생으로 성장시켰기 때문이다. 10년 세월 그들과 더불어 살았던 세월이 아니었더라면 나는 지식을 포장해서 가르치는 전달자로 그냥 남았을지도 모른다. 학교를 떠나려고 생각하지도 않았을 것이고 어쩌면 특목고나 인문계고에서 우수한 아이들을 좋은 대학에 보내는 일을 보람으로 삼고 살았을지도 모른다. 하지만 나는 변두리 중학교 선생 10년 반에, 도대체 어디로 튈지 모르는 아이들이 살고 있는 공고에서 11년을 살고 결국 선생 생활을 마감했다. 그러니 내게 이 아이들은 참으로 귀하고 아름답고 소중한 삶의 존재들이다.

나는 학교라는 체제를 신뢰하지 않는다. 그러니 《오늘의 교육》이 목적하는 '교육의 불가능성'에 두 손을 들어 주고도 싶다. 한데 많은 매체에서 실업계고 아이들의 삶과 꿈과 미래를 묻는 기획을 꾸준히 다루고 있지만 내가 보기에 기사는 늘 그 자리다. 아이들의 삶이 그대로이고 여전히 전문계고(이 말의 허구성을 생각해 보라. '전문'을 갖다 붙이면 무늬만이 아니라 본질까지 바꿀 수 있다고 생각하는 이 어리석은 관료들의 형식주의적 발상!)의 일상과 미래는 바뀐 게 없으니 당연한 이치다. 그러니 가난하고 공부 못하는 아이들이 교육의 변방으로 밀려와 겨우 붙잡은 누구의 주목도 끌지 못하는 불안한 자리, 흔들리며 피는 꽃들의 중간 기착지인 실업계고에 대해 말하는 것은 늘 제자리 맴돌기이다. 하지만 나는 그 아이들과 더불어 교사 인생 반을 살면서 남겨진 추억의 편린들을 통해 《오늘의 교육》이 드러내고 싶어 하는 교육의 불가능성과 손잡아 보려고 한다. 나 역시 결국 학교를 자퇴했으므로. 체제가 요구하는 교사로 살지 않겠다는 결심이 결국 아이들을 남겨 두고 스스로 학교를 떠나는 길을 선택하게 했으므로.

'공업 국어' 전문가가 되다

처음 공고에 갔을 때만 해도 어리바리해서 종횡무진, 좌충우돌, 하루도 빠짐없이 내 머리 뚜껑이 열리도록 애를 먹이는 아이들 때문에 꿈속에서도 쉬지 못하고 시달릴 정도였다. 아침이면 학교에 가기 싫어서 떠나온 여중 아이들을 얼마나 그리워하였던지 차라리 인문계에 갔더라면 이런 고생은 하지 않았겠지 후회막급이었다.

처음 근무했던 공고는 중학교 내신 70~80%의 아이들이 오는 곳이었다. 80년이 넘는 전통을 가진 명문고였으나 명성이 퇴락한 만큼 배움에 대한 아이들의 의욕은 바닥을 맴돌았으며 늘 어디로 튈지 모르는 공처럼 위험해 보였다. 그 시절 나는 온갖 수단과 방법을 다 동원해 (다양한 모둠 활동, 사탕이나 상품으로 회유하기, 엄하게 야단치기, 다양한 벌세우기 등) 가르치기를 시도했으나 번번이 실패했다. 그나마 한 학년 500명 중에 30명 정도 되는 건축과 여학생들이 있어서 남녀공학이라는 것을 상기할 수 있었지만 땀과 때에 전 작업복을 입고 검은 얼굴로 실습장을 오가는 아이들의 모습은 늘 내게 낯설고 마음 아프게 여겨졌다.

공고 아이들은 고학년으로 올라갈수록 실습 교과가 차지하는 비중이 높아져서 3학년이 되면 전체 시간표에 인문 교과가 거의 보이지 않는다. 수학, 영어,

국어가 2시간씩, 윤리나 국사, 지리 같은 사회 교과가 1시간 정도 있다. 그러니 하루 종일 실습장에서 사는 날도 많다. 눈알이 빨갛게 용접을 하거나 금속 주물 작업을 하거나 선반을 돌리거나 엉덩이가 아프도록 앉아서 캐드 작업을 하고 교실로 돌아와 듣는 국어 수업이 아이들에게는 얼마나 낯선 타자였을까. 학교는 거대한 공장이었고(실제 공고에 있는 교사들은 학교를 '우리 공장'이라고 부른다) 여전히 산업 역군을 키워 내던 시절의 꿈에서 멀리 가지 못했는데 아이들은 그 꿈을 실없는 농담으로 여기며 요리조리 빠져나갈 궁리만 한다. 어차피 자신의 자발적인 선택으로 진학한 게 아니라 공부를 못해서 혹은 공부하기가 싫어서, 성적이 대충 맞으니까, 가정 형편이 어려워서 이 학교에 올 수밖에 없었던 아이들이다.

공부 시간에 앉아 있는 것만도 고마워해야 했던 그 시절, 나는 수업을 통해 아이들과 배움을 나눌 수 없음이 무엇보다 안타까웠다. 학년이 올라갈수록 아이들은 재미도 없고 의미도 없는 공부를 스스로 포기한다. 직업교육으로서 전공 교과도 마찬가지다. 그러니 가르치는 이로서 자존감을 여지없이 구겨야만 했던 수업 실패담은 나만의 것이 아니었다. 수업하는 보람을 얻기 위해서라도 일치감치 인문계로 떠나라는 조언을 여러 선생님들에게서 들었다. 도무지 공부하기를 싫어하는, 10대만 살고 말 것처럼 미래에 대한 예측 없이 사는 아이들에게 나는 어떻게 하면 쉽고 즐겁게 가르칠 수 있을까를 늘 고민해야 했다. 공업 국어 전문가도 아무나 할 수 없는 것이다.

다음으로 옮겨 간 학교는 참으로 아름답고 환한 곳이었다. 교정에 들어서서 주차장으로 올라가는 길에 바라보는 금정산은 맑은 날이나 흐린 날이나 변함없이 푸르렀고 그곳에서 보낸 4년은 마음 편하게 가르치고, 좋아하는 연극을 아이들과 실컷 하면서도 싫증이 나지 않았던 날들이었다. 전임 학교 아이들에 비해 성적이 10% 정도밖에 높지 않았지만 아이들은 종이 치면 교실에서 공부를 하고 교사들의 지도에도 비교적 잘 순응했다. 물론 가정 형편이 어려운 아이가 많고 공부에 흥미가 없어서 성적에 맞춰 진학한 아이들이 대부분이지만 그래도 전자 계통의 실업고라서 통신, 전자계산, 전자 등을 배우기 때문에 실습장도 어둡지 않고 아이들 역시 검은 작업복의 우울한 얼굴들이 아니었다. 교무실은 언제나 커피 향기와 환담으로 온기가 피어올랐는데 출근해서 내 자리에 앉아 동료들과 반가운 인사를 나누고 커피 한잔을 마실 때면 선생으로 산다는 것이 이만큼만 하다면 참 행복한 일이다 싶었다. 생각해 보니 그곳에는 사람이 있었다. 오늘은 말썽을 부리지만 내일 어떤 모습으로 자라 내 앞에 나타날지 모를 아이들과 술 한잔 기울이며 학교 문제를 나눌 동료들과 억지스럽지 않은 관리자들이 한 울타리 안에서 서로 의견이 맞지 않아 부대끼기도 하고 함께 벚꽃 아래에서 축제도 열어 가면서 살았다.

그 시절 나는 공고 아이들에 대한 주변의 시선이 매우 편협하다는 걸 내 문제로 느낄 만큼 공고 전문 선생이 되어 있었다. 멋지고 착하고 좋은 아이들이 많은데 사람들이 공고 아이들은 거칠고 공부 안 하고 말썽쟁이들일 것이라고 생각하는 것이 참 억울했다. 내가 지도하는 연극반 아이들만 해도 교칙을 어기거나 학교를 자주 안 오거나 해서 비록 학생부 관리 대상인 경우가 태반이었지만 재주 많고 성격 좋고 긍정적인 에너지를 가진 아이들이 많았다. 4년 내내 우리는 연극에 죽고 사는 동지로 서로를 격려하며 매년 공연을 올리고 즐겁게 살았다.

유령이 산다

그리고 옮겨 온 세 번째 공고. 결국 내가 교사 생활을 접게 된 그 학교는 사립보다 더 이상한 체제를 가진 국립고인데 아직도 변신 중이다. MB정부의 전문계고 육성책으로 마이스터고로 지정된 이후 학교는 점점 더 이상한 대마왕의 나라로 변해 갔다. 월, 화, 수는 전원이 참가하는 방과 후 수업까지 11교시(9시 10분에 마친다)를 운영하고 목요일은 9교시까지 수업한다. 금요일

오후에만 야간 수업이 없다. 거기다 집중 이수 교육과정이 시작되면서 2학년 시간표에서는 체육이 사라졌다. 기업이 요구하는 인재를 키우기 위한 수월성 교육으로서 전문계 교육, 영마이스터 육성을 통한 세계 명품을 지향한다는 교육 목표는 얼마나 그럴싸한가. 그런 교육을 담당해야 할 전문고 교사들이 아직도 게으른 꿈에서 깨어나지 못하고 있다는 듯이 '너네들은 고물이다. 그러니 모든 걸 다 바꿔' 라고 질타하는 관리자들의 행태는 또 어떠한가.

변신 이후 중학교 성적 20~50%의 우수한 아이들이 학교에 왔다. 그중 많은 아이들은 마이스터고가 뭔지를 모르고 인문계에 가서 의미 없이 공부하기가 싫어서, 공부하는 데 크게 취미가 없어서, 가정 형편이 몹시 곤란해서 이곳을 선택했다. 그러나 학교가 가야 할 목표가 밖으로부터 강제된 이상 마이스터고는 다른 학교들과의 경쟁에서 살아남아 좋은 점수를 얻어야만 하고 업무 담당자들은 어쨌거나 내려온 예산들을 집행해야 한다. 그러니 아이들이 힘들다고 소리를 지르면 "이런 것도 못 참으면서 앞으로 군대나 사회생활은 어떻게 할 거냐"고 어르고 달래서 가고 있는 것이다. 그래, 학교와 군대의 공통점을 다룬 개그가 있었지. 알튀세르가 말한 이데올로기적 국가 장치로서 학교, 군대의 동질성을 나는 그곳에서 만났다.

마이스터고 육성의 목표는 70% 이상이 대학으로 진학하는 실업고의 현실에서 우수한 인재들을 유치해 공고 졸업만으로도 대기업과 건실한 중소기업에 전원 취업시킨다는 것이다. 3년간 그 실험을 하기 위해 엄청난 예산이 쏟아부어졌다. 덕분에 아이들의 일상은 다른 실업고와 달리 모든 것이 경쟁을 향해 내달리도록 프로그래밍되었다. 눈으로 보이는 성과가 강조되고 모든 것이 돈으로 보상되면서 (아이들에게는 각종 상금과 장학금, 해외 연수 등으로, 교사들에게는 포상 해외여행이나 성과급 등으로) 아이들은 인문계 못지않게 성적에 시달렸고 무엇보다 빡빡한 학교생활에 몸과 마음이 지쳐 갔다. 3년의 실험이 어떤 결과를 가져올지 아직은 알 수 없지만 오늘날 우리나라의 노동 현실에

   모두를 위한 학교는 없다

서 이 아이들이 전원 좋은 기업에 정규직으로 취업한다는 것이 도대체가 신빙성이 있는 희망인가 묻지 않을 수 없다. 마이스터고로 지정되기 전에 졸업시킨 우리 반 아이는 9개의 자격증을 따고도 결국 취업을 선택하지 않고 4년제 대학 기계공학과에 진학했다. 가정 형편이 몹시 어려운, 한부모 가정에 기초생활수급권자였는데도 말이다. 끊임없이 가공되고 주입되는 희망으로 학교는 몹시도 바쁘고 요란했지만 내 눈에는 학교가 점점 괴물이 되어 아이들을 집어삼키는 듯 보였다.

아름다운 학교 교정과 새들의 노랫소리조차 위로가 되지 못하던 어느 날, 나는 여기에 유령이 살고 있음을 깨달았다. 공고의 설립 목적은 조국 근대화의 기수를 배출해 내는 것이다. 1970년대 박정희 정권의 산업화 전략은 공장에서 일할 유능한 미래 일꾼으로서 학생들을 필요로 했다. 그때는 별 이름 없는 공고만 졸업하고도 대기업이나 괜찮은 중소기업에 취업을 할 수가 있었던 시절이니 내가 거쳐 온 명문 공고들은 얼마나 앞서 나가는 산업의 현장, 교육의 산실이었을까. 그 시절을 살아 냈던 선배들이 두 눈을 부릅뜨고 학교를 지켜보고 있다. 그 수많은 사람들이 살아 내었던 세월의 가치들, 군사주의적 문화들, 기업의 입장에서 바라보는 노동의 가치전도 등이 유령이 되어 이곳에 함께 살고 있는 것이다. 그러니 학교는 결코 그 시절로부터 멀리 갈 수가 없다. 아무리 모순되는 것들도 소리 없이 그냥 받아들여진다. 새로운 형태의 산업화 역군을 꿈꾸는 2011년의 희망은 그러니까 사람의 것이 아닌 듯하다. 유령은 사람보다 힘이 세다.

아이들은 자라서 언젠가는 어른이 된다

이제 아이들 이야기를 하려고 한다. 학교와 교사가 한 축을 이룬다면 아이들은 언제나 그 축에서 엉뚱하게 빗나가 있다. 실업고 아이들이 학교와 교사를 믿는가. 대답을 내릴 수 없다. 다만 11년 세월 내가 만나 온 아이들이 지금도 세상의 한 귀퉁이, 여전히 불안하고 보잘 것 없는 자리에서 흔들리는 꽃으로 피어 있지 않기를 마음으로 걱정하며 가끔씩 그들에게서 오는 신호를 소중하게 받아 안을 뿐이다.

L.

어느새 아이가 돌이 되었단다. 녀석, 아들과 나란히 누워 곤히 낮잠 자는 사진을 카카오톡에 올려놓고 "우리 부자♥"라고 적어 놓았다. 늘 내 마음 한쪽에 바늘처럼 박혀서 명절이면 밥은 먹었는지, 무탈하게 잘 지내고 있는지 걱정을 하게 만들었던 L이다. 2000년 3월, 중학교에서 공고에 옮겨 와서 처음으로 맡았던 건설정보과 우리 반 녀석들 중에 유독 눈에 밟히던 아이. 빨간색 폴로 가방을 늘 등에 매고 있다가 여차하면 무단 조퇴를 해 버려서 내 머리 뚜껑을 있는 대로 열리게 했는데도 난 왜 L이 전혀 밉지가 않았을까. 아무리 내 속을 태우고 우리 반 약한 아이들을 괴롭히고 거친 말과 행동을 일삼고 나에게 대거리를 해도 난 그 녀석이 좋았다. 아마도 내가 알 수 없는 다른 세상에서 그 아이가 나를 위해 꽃 한 송이를 피웠거나 내가 그 아이와 살짝 옷자락이라도 스쳤을 것이다. 그래서 나는 그 아이를 알아본 것이다. 마치 부처님이 수행하고 있는 자신을 스치고 지나가는 500년 전 원수를 알아보셨 듯.

  L이 내 반이었던 2000년 그해, 내 손으로 4명의 아이들을 잘라 냈다. 마지막 아이를 자퇴시키기 위해 교장실에 들어갔던 날, 교장은 아이들을 내보내는 나를 무척 무능한 교사로 몰아댔다. 모두 출석 미달이었다. 사고결 72일이 넘으면 아이들을 구제할 수가 없다. 여학생 K를 학교에 데려오기 위해 집 근처에서 잠복하기를 수일째. 겨우 아이를 만났지만 아이는 이미 학교에서 살기에는 몸도 마음도 너무 멀리 가 버렸다. 노랗게 염색한 머리에 의미를 알 수 없는 눈빛, 그래도 작은 목소리로 "선생님~ 죄송해요"라고 말한다. 그렇게 네 명의 아이를 포기하면서 어떻게든 L을 놓치지 않겠다고 다짐했다. 하지만 L은 2학

년 봄 소풍이 오기 전 부모님 통장을 들고 사귀고 있던 여자 친구와 가출을 했다. 학교는 풍기문란이라는 죄명으로 두 아이의 인생을 한순간에 처리해 버렸다. 퇴학당한 뒤 여학생은 친척 집으로 쫓겨났고, L은 근처 공고로 전학을 갔다가 일주일 만에 결국 자퇴를 해 버렸다. L 말대로라면 전학 간 공고는 학교라고 불릴 수도 없는 곳인데다가 담임이란 사람은 자신을 못마땅하게 생각해서 매일 무슨 핑계를 대고라도 때렸단다. 자존심이라면 하늘을 찌르는 녀석이 어찌 그 모욕을 참을 수 있었을까. 그 후로 L은 학교에서 세상으로 내동댕이쳐졌다. 중학교 때는 공부를 썩 잘했던 아들의 방황과 일탈이 부모님들에게는 큰 상처가 되었고 가정불화로 이어졌으며 결국 L은 그 후 10년 이상을 C급 공고 중퇴라는 주홍글씨를 매달고 살아온 것이다.

언젠가 L이 오토바이 사고가 나서 경찰서에 있는 친구를 빼내야 한다며 밤늦게 전화를 했다. 돈이 필요하다고. 그때 선뜻 달려가서 도와주지 못했던 것이 내내 마음에 남았다. L은 그 후로도 명절이 되면 잊지 않고 안부 문자를 보냈다. 갖가지 일들을 하며 살아가고 있다고, 때로 사는 게 너무 힘들고 고단하다고, 그래도 늘 샘이 보고 싶고 나한테 미안하다고 말한다. 그랬던 L이 결혼식은 올리지 못했지만 혼인신고를 하고, 아들을 낳고, 회사에 다니면서 가족을 부양하고, 아들의 돌잔치를 하고, 가족과 여름휴가를 가고, 꼭 나를 저녁 식사에 한번 초대하고 싶다고 한다. 아직도 내게는 빨간 폴로 가방을 매고 앉아 깐죽거리던 17살 작은 아이로 기억되는 L이 스물여덟, 어른이 된 것이다.

K.

K 역시 L과 같이 2000년에 만난 우리 반 여학생이다. 그 당시 갑자기 학생 모집 방침이 바뀌면서 건축과와 토목과가 건설정보과로 묶였다. 난데없이 우리 반은 예쁘고 공부 잘하는 건축과 여학생들과 거칠고 날뛰는 토목과 남학생들로 구성된 반이 되어 버렸다. K는 그중에서도 단연 돋보이는 여학생이었다.

성적이 우수하여 1학년 수석으로 입학을 한데다 어릴 때 아파서 두 해를 쉬다 보니 또래 아이들보다 언니, 누나여서 반장으로 아이들의 추대를 받았다. 지금까지 내가 만난 어떤 아이들보다 똑똑하고 사려 깊고 지혜롭고 재주 많은 K. 하지만 부모님은 이혼을 하시고 새아버지와 함께 살고 있었는데 양친 모두 건강이 안 좋으셔서 집안 형편은 늘 궁색했다. 어떤 날은 차비가 없어서 학교에 올 수 없을 만큼 아픈 현실을 살고 있는 아이였으나 그래도 얼마나 씩씩하고 긍정적인지 K 덕분에 애를 먹이는 반 아이들의 문제도 함께 상의할 수가 있었고, 무엇보다 연기에 재주가 많아서 함께 연극반을 만들고 공연을 함께 해 나갈 수 있어서 내게는 참으로 의지가 되었다.

백일장에서 K가 쓴 시를 읽던 날, 나는 그 아이가 살아온 날들의 아픔이 물결처럼 몰려와서 결국 울어 버렸다. 3학년이 된 K는 대학에 갈 형편이 아니었지만 원서라도 한번 넣어 보고 싶었는데 전문대학 원서비 2만 원이 없어서 결국 원서 한 장 써 보지를 못했단다. 내가 담임을 했더라면 어떻게든 아이를 보살폈을 텐데 하는 자책으로 마음이 얼마나 무거웠던지. 그래도 K는 환하게 웃었다. "선생님, 저는 괜찮아요. 취직하고 돈 벌어서 공부하면 돼요."

여학생 몇 명과 함께 LG전자에 취직이 되어 정말 기뻐하던 K는 2년을 넘기지 못하고 결국 퇴사를 하고 말았다. 세상은 그 아이의 빛나는 감성과 맑은 심성을 그대로 봐 주지 않았다. 아이가 워낙 착하다 보니 천성이 부지런하고 인사성이 밝은 것인데도 주변의 동료들은 상급자에게 잘 보이려 하는 것이라며 아이를 구석으로 몰아붙였고 스스로 회사를 그만두게 만들었다. 그 심성 고운 아이가 오죽하면 회사를 그만뒀을까 생각하면 우리 사회가 가지는 비인간성과 폭력성이 참으로 무섭게 느껴진다.

공고 출신이다 보니 별스럽게 할 수 있는 일이 없어 여러 일자리를 전전하면서도 K는 여전히 밝고 건강했다. 지금 K는 공고 자동차과를 나와서 카센터 일을 하고 있는 건실한 청년과 결혼해서 딸을 낳고 소박한 행복을 누리며 잘 살고 있다.

언니처럼, 친구처럼 K와 내가 나누어 온 10년 세월의 정은 지금도 이어지고 있다.

M.

M은 애교가 많고 웃는 눈매가 동글동글한 귀여운 여학생이었다. 키는 작고 마르지 않은 아이지만 옷 가게 주인이 되는 꿈을 가진 만큼 패션 감각이 남다른 멋쟁이였다. 성격이 칼칼하다 보니 다른 여학생들과 잘 지내지 못해 3년 내내 힘겨워했다. 그래도 똑 부러지는 성격이라 내게는 늘 미더운 아이였는데 아무런 예고 없이 가출을 하는 바람에 K와 내 마음을 졸아들게 하고 걱정으로 밤을 지새우게 만들었다. 학교 가기 싫어서 그냥 좀 놀았다고, 일주일 만에 돌아온 M은 여전히 당차게 말했다. "아이고, 니들 땜에 내가 제명에 살지 못할 거다." 욕을 하면서도 아이가 학교로 돌아온 것이 참으로 고마웠다. 그 뒤 M 역시 연극반에 합류하여 주인공 줄리엣 역에 열정을 불사르고 졸업한 뒤에도 연극반 후배들을 보살피는 천사가 되었다. M은 삼성 SDI에 취업을 했다. 돈을 모아서 꼭 옷 가게를 차리리라 결심하고 고생스러워도 잘 견디며 5년을 착실하게 일했다. M 말고도 여러 여학생들이 삼성 양산 공장이나 수원, 구미 공장으로 떠났다. 수원으로 간 한 아이는 교대 시간에 전화를 걸어 "선생님~ 너무 잠이 와요. 친구들이랑 샘 다 보고 싶어요" 하면서 울먹이기도 했다. 지금 그 아이들은 다 무사할까. 삼성에서 원인 모를 병으로 죽어간 꽃 같은 아이들의 소식을 접할 때면 지금도 나는 심장에 덜컥 큰 돌이 떨어지는 소리가 난다. 연기력이 뛰어나서 연극영화과를 갔으면 한껏 재주를 펼쳤을 S나 G도 지금 삼성에 다니고 있지 않은가. (그래서 나는 《삼성을 생각한다》는 책이 그냥 읽히지 않는다.) 다행히 M은 삼성을 무사히 잘 빠져나왔고 백화점 여성복 코너 점원이 되었다가 지금은 운이 좋게 은행 청원경찰이 되어 일하고 있다.

늘 학교에서 금지하는 분홍 신을 신고 와서 내게 "분홍 신은 안 돼. 저주를 받을 거야" 이런 황당한 소리를 듣곤 했던 Y는 전문대학에 진학하여 스튜어디스 공부를 하고 있다고 우연히 들었다. 몇 년 전 한 패션몰에 들렀는데 갑자기 한 점원이 "선생님~" 하고 부른다. 20년 세월 선생이란 역할을 하며 한 해 수백 명에서 수천 명의 아이들을 만나다 보니 술집이나 옷 가게, 핸드폰 가게 이런 곳을 들르면 어김없이 "선생님~" 소리를 듣게 되는데, Y의 절친이면서 역시나 나에게 국어를 배운 아이다.

그때 그 아이들은 이제 모두 어른이 되었다. 서른을 바라보며 제각각 세상 한 귀퉁이에서 20대의 마지막 날들을 보내고 있을 것이라 생각하면 마음에 서늘한 바람 한 줄기가 분다. 이제는 무거운 인생의 짐들이 조금 가벼워졌을까. 지금 여기, 소중한 시간 속에서 그들을 위해 꽃 한 송이를 내가 피운다면 우리는 세월이 지나 다시 서로를 알아볼 수 있을까.

진짜 인생은 삼천포에 있다

내 선생 인생에 또 한 번의 획을 그었던 아이들을 2004년에 만났다. B공고 근무 막차를 함께 탄 동지들이었고 첫 고3 담임을 맡은 내게 친구처럼 고민을 풀어 놓고, 1년 동안 나를 늘 웃게 만들었던 애인들이다. 실업계 아이들이라면 무조건 공부 못하고 말썽쟁이고 위험한 존재라는 생각에 무턱대고 무시하는 선입견을 경험할 때마다 나는 내가 만난 아름다운 아이들을 떠올린다. 실업계는 가난해서 기술을 배워 취업을 하려고, 도무지 공부를 하기 싫어서, 인문계 갈 성적이 되지 않아서 온 아이들이 대부분이지만 갖가지 빛깔을 가진 아이들의 삶이 보여 주는 진정성이 있다. 경주마가 되어 무한 경쟁의 트랙을 돌도록 강요하는 이 미친 교육이 아이들의 인성을 파괴하고 온갖 거짓 환영을 만들지만 실업계 아이들은 더 잃을 것이 없기에 오히려 소박한 꿈을 꿀 수 있다. 세상을 좀 살아 보니 '어떻게 하면 행복하게 살 수 있을까' 라는 물음에 '공부를 잘한다' 가 정답으로 나오지는 않는다는 것을 당신들도 알고 있지 않은가.

P.

P는 행동이 단정하다 못해 절도 있기가 대적할 자가 없을 만큼 한 칼에 사과도 벨 만한 모범생이다. 반 아이들에게 신망이 두텁고 매사에 착실하고 공부를 잘 하니 누구에게나 귀공자 스타일로 여겨질 만큼 그늘이 없어 보이는 녀석이었다. 그런 P가 가정 문제로 늘 가슴으로 눈물을 흘리는 아이란 걸, 그래서 그즈음 집을 뛰쳐나와 거리에서 밤을 지새우고 있다는 걸 알게 되었다. 어찌하여 이 아이들은 이토록 많은 상처를 가지고 있는지……. 실업계에서 선생으로 살아 내려면 가슴에 구멍 하나 뚫어 놓고 내내 바람 소리를 들어야겠다고 생각할 만큼 마음이 저려 왔다. P는 기계과 1, 2등을 다투었지만 수시로 쉽게 갈 수 있는 공대 진학의 기회를 버리고 자신이 원하는 대로 체육대학에 20대 1의 경쟁률을 뚫고 합격했다. 2학기에는 타이어를 제작하는 공장에 실습을 나가 학비를 벌었다. 가정은 여전히 P를 힘들게 했지만 P는 성숙하게 부모님의 삶을 이해하고 자신의 삶을 잘 살아 내려고 애썼다. 나는 P에게 늘 메일을 쓰고 문자를 날렸고 항상 'P, 힘내라 사랑해^^*'로 끝을 맺었다. 내가 인생의 선배로서 진심으로 그를 격려하고 사랑한다는 말을 전하고 싶었기 때문이다. 우리가 나누었던 이야기 중 하나를 여기에 옮겨 본다. 지금, 이 순간 누군가 P처럼 위로를 받아야 할 영혼이 있을지도 모르니까.

진짜 인생은 삼천포에 있다.

그리고 알고 보면 인생의 모든 날은 휴일이다. 박민규, 《삼미 슈퍼스타즈의 마지막 팬클럽》에서

P,

주말 하루 어떻게 보냈니? 니가 말한 대로 오늘은 가족을 위해 사는 위대한 어머니가 되려고 했는데 오전에는 보살펴야 할 가족들이 모두 저마다의 일들로 바빠서 집에는 작은 아이랑 나만 남아서 오전을 빈둥거리며 보냈단다. 딸아이는 격주로

'해보기 학교'에 다닌단다. 아이의 글쓰기 문화원 원장 샘이 운영하시는 대안 교실인데 감자 심기, 토마토 가꾸기, 물총 만들기, 대나무 피리 만들기, 꽃 관찰하기 등을 배운단다. 글쓰기 선생님이 당신의 집을 전원에 지어 놓고 아이들과 더불어 사는 삶을 실천하고 계시지. 초등학교 교사를 오랫동안 하시다가 더 이상 학교에서는 아이들에게 대안적인 삶을 가르칠 수 없다는 생각을 하고는 학교를 떠나신 분이거든. 그러고 보니 《삼미 슈퍼스타즈의 마지막 팬클럽》 멤버들이 내 주위엔 많다. 아이 둘을 학교에 보내지 않고 (엄밀히 말하자면 학교에 가지 않겠다는 아이들의 의사를 존중하여) 대안학교에 다니도록 해 주고 잘 나가던 교사 생활 17년을 끝으로 도시를 떠나 문경으로 가신 선생님, 격주마다 '해보기 학교'에 오셔서 아이들과 함께 놀아 주시는 현직 선생님들, 연극을 만들면서 어린아이들처럼 즐겁게 노는 우리 극단의 선생님들, 내가 알고 있는 가난한 연극쟁이 식구들, 그분들은 이미 알고 계셨겠지. 신은 인간에게 넘치도록 많은 시간을 주셨고, 알고 보면 인생의 모든 날은 휴일이란 걸. 사실은 너에게 책을 선물하고 오늘에서야 나도 《삼미 슈퍼스타즈의 마지막 팬클럽》을 다 읽을 수 있었다. 3장을 남겨 두고 있었는데 막상 손에 잡으니 어찌 그리 진도가 잘 나가는지. 읽으면서 허파에 바람 든 사람처럼 웃다가 키득거리다가 슬퍼지다가 그러다가 결국 마지막 장을 덮으면서 나도 모르게 진짜 인생 삼천포를 생각하게 되었다. 너에게 이 책을 준 것이 잘한 일인지는 모르겠으나 '선생님은 제가 진로를 체육으로 잡은 것에 대해 어떻게 생각하세요'라는 질문에 대한 답으로는 제격이 아닌가 싶구나. 남들이 본다면 편히 갈 수 있는 쉬운 길을 두고 어려운 길을 가려고 하는 너에게 알고 보면 진짜 인생은 삼천포에 있으며 세상은 구성되어 있는 것이 아니라 자신이 구성해 나가는 것이라는 메시지를 보내고 싶은 내가 담임으로서 너의 삶에 진정 도움이 되는지 알 수 없으나 그래도 너의 세계를 구성하기 위해 즐겁게 그 길을 가라고 말하고 싶구나. 순수 200%의 진실로 너에게 말하고 싶다.

P, 힘내라!

내가 열아홉이었던 시절에는 누구도 내게 이런 참인생에 대한 메시지를 들려주지 않았지.

그래서 12년 동안 제도교육 속에서 나는 늘 공부를 했다. 아니 공부만 했단다. 그리고 늘 목에는 무엇인가가 걸려 있는 것처럼 답답했지. 가끔 견딜 수 없이 지구를 떠나고 싶기도 했지만 '지금은 대학에 가는 것만이 인생의 진실이야' 라고 모두가 감언이설로 꼬셨기에 대학에 가면 빛나는 청춘과, 설레이는 연애와 진짜 인생이 있다고 생각했거든. 하지만 대학에 가니 아무 것도 빛나지 않더라.

P, 왜 체육을 전공하고 싶냐고 다시 한번 물을게. 너 학기 초에 희망사항 쓸 때 '돈벼락 맞고 싶은 P!' 라고 썼잖아. 교사가 되면 절대 돈벼락 같은 건 맞을 수도 없고 기업체처럼 때가 되면 혹은 능력이 되면 승진의 길로 달려가기도 힘들고 오직 아이들과 함께할 때만이 그 진가를 발하는 야구공 하나^^*가 있단다.

야구를 좋아하는 P, 올해만은 하고 싶은 대로 맘 가는 대로 살고 싶다는 P, 체육학부 05학번 새내기가 꼭 되고 싶다는 희망을 가진 P, 그래서 난 니가 좋구나. 넌 체육학부에 갈 수 있을 거야. 너같이 괜찮은 인간을 놓친다면 손해라는 걸 내가 그 학교 홈페이지에라도 올려 주고 싶다. 그러나 체육학부에 혹여라도 진짜 인생이 있을 거라고 너무 기대는 하지 말아라. 진짜 인생은 너의 마음에 있단다. 넌 좋은 선생님이 될 거다. 그 희망을 잃지 않는다면. 무엇보다 나같이 좋은 선생님의 수석 제자니까. ^^*

왕년에 삼천포의 여왕으로 불리던 너의 선생님

지금 P는 상위 10%에게만 주어지는 교직을 잘 이수하고 한 달 뒤면 있을 교원 임용 시험을 준비하고 있다. P는 시골 학교 선생님이 되고 싶단다. P처럼 좋은 청년들이 교사가 되어 아이들을 가르칠 수 있는 기회가 너무도 박한 현실이 원망스럽다. P라면 충분히 좋은 교사가 될 수 있을 것이다. 그러니 P에게 꼭 기회를 달라고 마음으로 빌어 본다.

H.

2004년 동지들 중 어찌 H를 놓칠 수 있으랴. H와의 인연은 이미 1학년 때부터 시작되었는데 키가 멀대같이 크고 인상은 깡패 역이 누구보다 어울릴 만큼 험상궂고 성격은 불같아서 연극반에 데려다 놓고도 항상 마음이 조마조마한 녀석이었다. H는 아니나 다를까 공부를 죽어라고 싫어해서 기계과 중에서도 용접전공반이 되었고 (용접반으로 말하자면 학교에서 대적할 팀이 없는, 해병대를 능가하는 체격들을 가지고 있으며 아폴로 눈병이 돌면 전원 한 명도 빠짐없이 전염이 되어서 교실 문을 담임이 폐쇄할 정도로 강단이 있는 아이들이다) 그 센 아이들 중에서도 담임 선생님과 대적하며 악명을 쌓았다. 그래도 연극반에 오면 순한 양처럼 행동해서 여자 선배인 K와 M에게 사랑을 많이 받았다. 그랬던 녀석이 3학년이 되고 내 반이 되었다. '역시 다른 세상에서 꽃을 피운 녀석이 하나 더 있었군. 너를 꼭 졸업시키고야 말 테다'라고 결심한 나는 H와의 기나긴 씨름에 들어갔다. 2학년이 되어서 자신이 무엇을 하고 싶은지를 찾아낸 H는 노래에 목숨을 걸었다. 본격적으로 실용음악 학원에 등록해서 (그 학원이 지금은 가수를 여럿 배출한 유명 학원으로 성장했다) 자신의 꿈을 키워나갔다. 그러나 한번 실기대회를 나간다고 내보내 주면 며칠을 돌아오지 않아 내 속을 태우고 일 년 내내 지각대장으로 살았으니 졸업을 무사히 한 것만도 신기한 일이다. 그래도 나와 맺은 신뢰를 깨지 않기 위해 무단으로 낮에 학교를 나갔다가도 종례가 되면 어김없이 제자리로 돌아와 앉아 있던 녀석이다. 다니고 있던 지방 예술전문대를 휴학한 H는 사람으로 태어났으면 서울 강남에서 한번 살아 봐야 한다는 이상한 모토를 내세우며 무작정 서울로 올라가 학교 급식소에서 일하며 강남 오피스텔에서 친구들과 어울려 살았다. 그러다 우연히 친구가 유명 실용음악대학에 시험을 치러 가는 데 따라갔다가 100대 1의 경쟁을 뚫고 떡하니 합격을 했다. 워낙 성격이 걸출하다 보니 학과에서 회장을 하고 입시 학원에서 아이들을 가르치면서 뮤지컬 배우가 되기 위해 여러 가지 준비를 하고 있단다. 산뜻한 정장을 하고 큰 케이크를 든, 몰라보게 달라진 H를 만난 순간 (졸업식에 레게 머리에 피어싱을 하고 와서 대표로 상장을 받았던 녀석이었는데) 나는 눈을 의심했다. H가 이렇게 멋있어지다니! H는 고민이 많다고 했다. 군대도 가야 하고 제대하면 외국으로 가서 재즈 공부를 본격적으로 해 보고 싶다고도 하고 뮤지컬 〈캣츠〉에 탐나는 배역이 있어서 오디션을 준비하고 있다고 했다. 그날 나는 공고 선생으로 살아서 이런 멋진 녀석들이 보고 싶어 하는 존재가 되었다는 사실이 자랑스러웠다. 서울대를 나와 하버드를 졸업하고 삼성에 취직한 아이들이 이보다 더 대견할 수 있을까.

아이들은 실패할 권리가 있다

11년 동안 만나 온 아이들 이야기를 하자면 세헤라자데의 〈천일야화〉 공고 버전을 써야 할지도 모른다. 전공과 성적 분포가 조금씩 다른 세 군데 공고에서 살아오면서 여러 해 3학년 담임을 하고 아이들을 대학으로, 회사로 보내 왔다. 하지만 2년 전에 졸업시킨 공부를 썩 잘하는 국립 공고 아이들마저도 학교에서 배운 공부를 밑천으로 삼아 전공을 살리는 길로 간 경우는 손에 꼽을 정도이다. 30명의 아이들을 졸업시키면 60~80%의 아이들이 2년제 이상의 대학으로 진학하지만 끝까지 학업을 지속할 수 있는 아이들이 얼마나 될까 싶다. 2004년 졸업생 중 4년제 국립대 공대로 진학한 아이가 서른 명 중 두 명인데 둘 다 수학과 물리, 영어 학습 부족으로 정말 많은 고생을 했다. 많은 실업고 출신 아이들이 인문계 아이들 틈에서 학력 격차를 견디지 못하고 1~2년 안에 학교를 떠나지만 그래도 그 둘은 현재까지도 잘 버티고 있다. 사학과, 행정학과, 체육학과 등 고등학교 공부와 무관한 곳으로 진학한 아이들 중 30% 정도는 1년을 버티지 못하고 학교를 그만두었고 군대를 다녀와서 복학한 아이들은 불안정한 미래에 자신을 던져 놓고 잘 살아 내기 위해 여전히 애쓰고 있다. 무엇보다 졸업 후 바로 현장으로 취업한 아이들이 1~2년을 견디지 못하고 군대를 가거나 회사를 그만두게 되는 현실이 안타깝다. 낮은 임금에 힘든 노동, 고등학교 때 기대하던 것보다 열악한 작업 환경 등에서 일하다 보면 실질적으로 아무것도 주지 못한 학교와 실업고생을 차별하는 사회를 원망하게 된다.

학교는 아이들이 고등학교만 졸업하고도 사회에서 제대로 살아갈 수 있도록 무엇을 선물로 주었는가. 우리나라 실업교육의 현주소는 아이들의 미래를 전혀 보장하지 못한다는 것이다. 아이들은 자신이 무엇을 하고 싶은지, 무엇을 잘할 수 있는지 알지 못한다. 성적이 나빠서, 가정 형편이 안 좋아서 실업고에 왔지만 이 선택이 내게 맞는 것인지 고민하고 방황을 하게 된다. 그런 아이들에게 어른들은 '공부도 못하는 주제에 무슨 인생 고민을 하냐. 그 시간에 공부나 열심히 해라' 라는 핀잔밖에 주지 않는다. 도대체 누구를 위해 무엇을 위해 어떤 공부를 열심히 한단 말인가. 실업고 아이들은 가정이 자신의 삶을 담보해 주지 못하는 경우가 많다. 가난으로 주눅이 들어 있거나, 문제를 일으켜 부모님 속을 썩인 죄가 많아서 비뚤어져 있거나, 늘 공부를 못한다는 무시에 자존감이 바닥을 치거나, 인문계를 다니는 형제들과 비교해서 열등감에 시달리거나 누구든 한 가지 이상의 상처만으로도 마음을 가릴 성을 충분히 쌓을 수 있을 만큼이어서 어른들을 잘 믿지도 않는다. 자기 손으로 일을 해서 용돈과 학비를 버는 아이들도 많다. 못 잔 잠을 보충하느라 학교에 오면 늘 엎드려 있으니 학업이 무슨 소용이 있나 싶을 때도 많다.

현재의 학교가 아이들에게 아무것도 줄 수 없으면서 실패하고 방황할 권리마저 빼앗아 버린다면 아이들은 어디로 가야 한단 말인가. 아이들은 실패할 권리가 있다. 아이들이니까! 충분히 실패하고 방황하면서 자신이 누구인지, 어떻게 살아야 하는지를 스스로 찾아가야 한다. 선생과 학교는 그들이 그 길을 잘 걸어갈 수 있도록 도와주고 넘어지면 약을 발라 주고 무엇보다 그들을 믿고 기다려 주어야 한다.

용접반 그 누구도 지금 공장에서 용접 기능공으로 일하고 있지 않으며 건축과 그 누구도 전공과 관련된 일을 하지 않는다. 2년제 전문대학 기계과나 전자과를 가긴 했지만 역시 진로가 막막하기는 마찬가지여서 학교에서 하지 못한 방황을 사회에 나가서 하느라 다들 곤혹을 치르고 있다. 실업고 졸업으로 대체 이 사회에서 그 전공을 살려 어떤 보람된 일을 할 수 있을까. 1970년대 산업화의 기치를 높이 들고 그 일꾼들을 생산해 낸 공고는 이미 그 가치를 잃었다. 각종 특성화고로, 마이스터고로 변신을 거듭한다 하더라도 한국 사회의 천박한 자본의 구조를 어떻게 실업고 졸업장으로 무사히 넘어갈 수가 있단 말인가. 삶의 질을 보장하지 않는 낮은 임금에 강도 높은 육체적 노동을 견뎌 낼 수 있는 아이들이 현재의 공고에 살고 있어야 한다고 믿는 것은 1970년대적 사고를 가진 어른들뿐이다. 실업계 학교가 진정으로 직업학교로서 길을 찾기 위한 모색은 정치적이고 정략적으로 다루어져서는 안 된다. 각종 회비를 면제시켜 주거나 장학금을 많이 주거나 고등학교만 졸업해도 잘살 수 있는 프로젝트를 실험하라고 몇 년 반짝 사업비를 퍼부어 준다고 달라지는 것은 없다. 학교 이름을 바꾸고 무늬만 다르게 포장한다고 해서 근본이 바뀌는 것도 아니다. 여전히 아이들에게 실패할 권리를 주지 않고 방황하는 별들은 그 싹부터 잘라 버린다. L처럼 10대 시절 연애 한번 잘못한 죄로 10년 세월 칼바람을 맞으며 살아가야 한다면 도대체 학교는 왜 존재한단 말인가.

이 글 덕분에 나는 10년 세월 저편의 아이들을 그리움으로 떠올리게 되었고 한 달 전에 이별했던 우리 반 녀석들의 눈물을 다시금 가슴 아프게 되새길 수 있었다. 공고에는 아이들이 산다. 태산처럼 무겁고 들꽃처럼 가벼우며 소나기처럼 강렬한 아이들. 언젠가는 자라서 어른이 되어 미래를 살아갈 아이들. 그 아이들을 어른들이 잘 지켰으면 좋겠다.

최은정

될성부른 떡잎들만을 위한 세상

명품교육도시 K군에서 보낸
비교육적 나날들

"고향이 K군이면 혹시 K고 나왔어요?"

아, 또 이 질문이다. 대학 때문에 서울에 올라와 산 이후로 사람들로부터 이 질문을 들은 게 벌써 100번은 더 넘은 것 같다. 그때마다 난 대부분 "아니요"라고 간단히 답하곤 했지만, 그건 그 말 뒤에 하고 싶은 말이 산더미처럼 더 있으나 상대가 가볍게 던진 말을 '다큐'로 받아치는 건 예의가 아닌 것 같아 꾹 참은 거였다.

K고는 우리 군 말고 다른 지역에서도 오는, 그야말로 전교 1등만 갈 수 있다는 지역 명문고였다. 비평준화 지역인 내 고향에서 당연히 그 학교에 갈 수 있는 아이는 정말 극소수였다. 우리 집 근처에 있던 그곳에 가 본 건 친구와 함께 살을 빼겠다고 그 학교 운동장에 줄넘기를 하러 갔을 때 정도. 아무튼 그곳은 나를 비롯해 K군에 살았던 아이들 대다수에게 아득히 먼 세계, 나와는 다른 아이들이 살아가는 세계, 그리고 앞으로도 나와 다른 세계를 살아갈 아이들이 살고 있는 세계였다.

중학교 시절, 3년 내내 선생님들은 K고에 대해 이렇게 말하곤 했다. "K군 사는 애들이니까 K고가 그나마 좀 많이 들여보내 주는 거지, 다른 지역 애들은 전교 2등도 안 받아 준다. 전교 1등만 받아 준다." 그렇다면 정말로 성적이 무난하거나 혹은 별로인 우리들과는 무관한 학교란 소리인데, 우리는 우리가 갈 수 있는 학교보다 K고를 향한 선생님들의 찬양을 더 많이 들으며 중학교를 다녔다. K고 나왔냐는 질문을 들을 때마다 말로 표현이 안 되는 불편함을 느꼈던 것은 아마 이런 경험에서 비롯된 것일 테다.

잔인한 겨울

비평준화 지역 중학교는 그해 마지막 기말고사가 끝난 후부터 분위기가 어수선해진다. 3학년들이 이제 각자가 갈 수 있는 학교가 확정되는 시기이기 때문이다. 여기서 중요한 건 '가고 싶은' 학교가 아니라 '갈 수 있는' 학교라는 점. 우리 지역은 중학교 3년 동안의 내신 성적과 기타 사항을 점수화해 아이들을 줄 세운 뒤 앞에서부터 등수를 끊어 학교를 배정했다.

K군 읍내에는 6개 고등학교가 있었다. 그중 4개는 인문계고, 2개는 전문계고였다. 학교 서열은 K고 〉 D고(남고)와 K여고 〉 J고 〉 DI고 〉 A고 순인데 앞서 말했듯 K고는 내가 다닌 여중에서도 딱 한 명만 갔던지라 그냥 보통 학생들에겐 처음부터 논외에 있다. J고는 내가 입학한 이듬해인 2004년 인문계로 완전 전환하기 전까지 인문계 반과 전문계 반이 함께 있던 학교였다.

J고에 가긴 했지만 원래 성적대로라면 나는 K여고에 안정권으로 갈 수 있었다. 고등학교 입학 원서를 내던 시기, 갑자기 나를 따로 부른 담임 선생님이 J고에 가지 않겠냐는 제안을 하기 전까지, 나는 당연히 내가 K여고에 간다는 생각만 하고 있었다. "은정아, 다른 과목을 잘해도 영어, 수학 못하면 고등학교 가면 절대 성적 좋게 못 받아. 여기 봐 봐. 애가 너보다 전체 성적은 낮아도 영어, 수학은 더 잘하잖아. 그럼 고등학교 가면 네가 더 떨어져." 선생님은 내가 성적이 더 떨어질 거라는 얘기를 확신에 차서 말했다. "너희 집 가정 형편도 어렵잖아. J고에 가면 너 입학하자마자 장학금도 주고 3년 동안 학비도 면제해 준대. 여기 가서 내신 잘 받으면 오히려 대학도 더 좋은 데 갈 수 있어. 한번 생각해 봐." 선생님 말씀을 듣는데 눈물이 핑 돌았다. 고등학교가 그렇게 성적 받기 살벌한 곳인지도 그날 처음 알았고, 선생님이 가정 형편을 들먹인 것도 서러웠다. 내가 심청이도 아니고 돈 받고 인당수에 빠지라는 건가, 선생님들이 평소에 K여고 이하 학교들은 마치 없는 듯이 취급했잖아, 그런데 나더러 거기 가라고?

인당수라는 표현이 결코 과장이 아니었던 건 중학교 3년 동안 선생님들이 보여 준 태도 때문이었다. 고등학교에 대한 모든 얘기는 K여고가 중심이었고 우리가 공부를 열심히 해야 하는 이유도 우선은 K여고에 가기 위해서였다. 다른 학교들에 대한 이야기는 안 좋은 사건이 터졌을 때 말고는 듣기 어려웠다. 거기에 가끔씩 더해 K고에 대한 찬양들이 펼쳐졌다. "그 학교는 전교 1등이 자기 전까지 2등, 3등이 잠을 안 잔대." 선생님들은 그걸 아름다운 '선의의 경쟁'으로 묘사했다. 졸업한 선배들의 이야기를 가끔씩 해 주실 때도 그들은 거의 모든 경우 K고나 K여고에 간 선배들을 얘기했다. 이야기 속의 선배들은 모두 하나같이 공부할 땐 자기 허벅지를 바늘로 찌를 정도로 독하지만, 평소엔 착하기 그지없다는 공통점을 지니고 있었다. 선생님들에게 제자는 K고와 K여고에 간 학생들밖에 없는 듯했다.

며칠을 고민했다. 학교를 오고 가는 길에 교복 가게에 걸린 K여고와 J고 교복을 한참 동안 멍하니 보기도 했다. '여고생'의 상징과도 같던 K여고의 교복과 예전에 이 학교가 상고였다는 점을 보여 주는 듯한 은행원 유니폼 같은 J고 교복이 자꾸만 비교되었다. 단지 K여고 교복이 더 예뻐서만은 아니었다. 교복이 곧 성적을 말해 주고 아이들의 '인성'마저 보여 준다고 믿는 동네에서 J고 교복을 입고 다닌다는 게 두려웠다. 이제 어른들은 내 작은 잘못도 J고 교복과 연관 지어 생각할 거였다. 그러나 당시에 그보다 더 내 마음을 지배한 감정은 '억울함'이었다. 나는 K여고에 갈 수 있는 학생이었는데 왜 내가 그런 취급을 받아야 해, 나보다 성적 안 좋은 애도 K여고 갔는데 내가 왜 걔보다 못한 취급을 받아야 해. 어린 나는 교복에 따라 그런 차별적인 시선을 보내는 세상이 잘못됐다는 생각은 하지 못했다.

고민 끝에 J고에 가기로 했다. '용의 꼬리가 되느니 뱀의 머리가 되는 게 낫다'는 뭇 어른들의 조언 아닌 조언과 '절대로 K여고에 가. J고 가면 희망이 없어'라는 뭇 어른들의 걱정 아닌 걱정 사이에서 갈등하다가, 우리 집의 경제적 형편과 15점으로 장렬히 끝맺은 나의 수학 시험 점수를 떠올렸다. '그래, J고에 가자. 가서 내가 열심히 하면 되지. K군 밖에서 누가 K군에서 어느 학교를 나왔는지 따위를 중요시하겠어. 무관심 속에서 공부하지 말고 관심 받으면서 공부하자.' 나의 J고행은 그렇게 결정됐다.

지역사회가 우리를 차별하는 법

J고에 입학하고 나서 막상 내가 가시적인 차별을 경험할 일은 별로 없었다. 다만, 친척 어른들에게 J고에 다닌다는 얘기를 했을 때 어른들의 얼굴에 약간의 실망감이 보인다는 것 정도뿐이었다. 그럴 때면 엄마는 어색하게 웃으며 옆에서 "얘가 K여고에 갈 수 있었는데 장학금 받으려고 J고에 간 거야"라며 내가 괜찮은지 눈치를 살폈다. 매번 그렇게 자세히 설명하지 않으면 어른들은 내가 어떤 아이인지를 자기들 머릿속에 있는 편견을 바탕으로 정의 내렸다. 물론 K여고에 갈 수 있었던 아이라는 걸로 내가 착하고 성실한 아이였음을 인정받을 수 있다는 것도 우습다.

그런데 차별이란 바로 이런 식으로 그리 노골적이고 가시적이지 않은 형태로 나타난다는 생각이 든다. K여고에 가면 착하고 성실한데다 똑똑한 아이이고 J고, DI고, A고에 가면 문제아이거나 아니면 착하긴 하지만 머리가 안 좋은 아이가 되어 버리는 이 구리기 그지없는 낙인찍기가 비평준화 지역이 아이들을 차별하는 방식이었다. 우리는 우리가 어떤 사람인지를 한 번도 만나 본 적도 없는 사람들로부터 늘 먼저 규정당해야 했고, 그들이 정의한 우리가 정말 우리 자신인 것처럼 그것을 내면화했다. 우리의 미래 또한 그들이 규정했다. K여고의 한 교사는 자기 학생들 앞에서 나를 가리켜 "J고에서 1등 해 봤자 한 번 뱀 머리는 영원히 뱀 머리"라는 명언을 남겨 그 교실에 있던 내 친구를 '빡치게' 했다. "에이 A고 나와서 무슨 대학이냐." "J고는 가 봤자 대부분 지방 사립대나 전문대밖에 못 가더라." "DI고 애들 또 사고 쳤어? 걔들이 그러면 그렇지." 우리를 두고 희망을 말하는 어른은 거의 없었다. 그들의 말에 따르면 우리의 미래는 이미 정해져 있으며, 그 미래의 내용도 암담했다.

반면에 K고, D고, K여고를 향해 쏟아지는 말들은 모두 희망의 언어, 그들의 노력을 향한 찬사, 그들의 미래를 축복하는 말들이었다. 그건 중학교 시절부터 줄곧 들어 왔던 것들이기도 했다. 그들이 놀면 공부도 잘하는데 놀기도 잘 노는 애가 되고, 그들이 착하면 공부도 잘하는데 착하기까지 한 애가 됐다. 또한 그들은 똑같이 오토바이를 타고 가다 경찰에 걸려도 아직 미래가 창창한, 어서 가서 공부를 해야 하기에 다른 학교 아이들과 달리 먼저 풀어 줘야 하는 아이들이었다. 어른들은 그런 식으로 그 아이들을 지지해 주면서 그들을 이 작디작은 지역사회를 일으킬 '인재'라고 불렀다. 잘하는 애들을 팍팍 밀어 줘서 명문대에 입학시키면 지역사회의 이미지 또한 업그레이드된다고 여겼다. 실제로 K고, D고, K여고는 해마다 학생들을 이른바 '명문대'에 입학시켰고, 다른 지역 학생들까지 받을 수 있는 K고와 D고에 학생들이 몰려들었다. K군은 이에 호응해 다음과 같은 문구가 적힌 플래카드를 걸었다.

"교육 도시 K군"

그러나 그들이 말하는 교육 속에 우리는 없었다.

'몰빵'의 신화

지역사회가 보여 줬던 잘하는 놈들에게 모든 지지를 몰아주는 방식은 각 학교 내에서도 똑같이 재현되었다. J고는 입학 전부터 중학교 내신이 높은 순서대로 30명을 뽑아서 겨울방학 동안 영어 특강을 진행했다. 매일 오전에 영어 문법과 독해 수업을 듣고 흩어졌다가 저녁엔 학교가 예비 입학생을 위해 마련해 준 야자실에서 자습을 했다. 그때까지 준동사가 뭐고 5형식이 뭔지도 모른 채 교과서를 달달 외워 겨우 영어를 버텼던 나에게 그 시간은 분명 상투스가 울려 퍼지는 신세계였다. 영어 공부하는 게 처음으로 즐거웠다.

그리고 2월에 반 편성 시험을 봤다. 학교는 그 결과를 가지고 상위 30여 명의 학생만 모아 심화반이라는 것을 만들었다. 그러고는 심화반 학생들에게만 따로 체육관 아래에 독서실을 만들어 주고 밤 12시까지 야자를 시켰다. 야자를 시작하기 전 두 시간가량은 학교에서 수업을 잘하기로 유명한 선생님들만 모셔 와서 언어, 수리, 외국어 심화 수업도 진행했다. 이런 조치 덕분인지 심화반 학생들과 다른 반 학생들의 성적은 점점 격차가 커지기 시작했다. 그러나 그때까지도 우리가 받는 이 특별한 대우에 나는 어떤 문제의식도 가지지 않았다. 내가 열심히 노력했기에, 내 성적이 높으니까 '당연히' 이런 대우를 받는 것이라고 여겼다. 학교에 따라 학생들을 차별하는 어른들을 그렇게 욕했으면서 그들과 같은 사고를 똑같이 반복했다.

시간이 흐르면서 선생님들은 노골적으로 심화반과 다른 반 학생들을 비교하기 시작했다. 가장 흔한 건 다른 반에 들어가 심화반과 수업 태도를 비교하는 것이었다. "심화반은 수업할 맛이 나. 걔들은 눈이 초롱초롱해. 그런데 너희들 반에 들어오면 힘이 빠져. 눈 좀 뜨고 있어라." 특히 선생님들은 다른 반에 가서 아이들을 정말 위해서 하는 소리인지, 아니면 약 올리기 위해서 하는 소리인지 나에 대한 언급을 많이 했다. "은정이는 야자실에서도 그렇고 정말 집중해서 열심히 공부하더라. 내가 그래서 수업 시간에 은정이가 졸면 안 깨우잖아. 밤늦게까지 공부해서 그런 거니까. 너희들도 좀 본받아라." 내가 밤마다 집에 가서 동방신기 팬 카페에서 허우적거리느라 새벽 두세 시에 자는 것을 아는 내 친구는 이런 얘기들을 전하며 몹시 어이없어했다.

고등학교에서의 첫해는 빠르게 지나갔다. 중간·기말고사를 치르고 모의고사를 두 차례 보면서 내 성적이 오르는 것에 희망을 가진 선생님들은 나를 향해 이전보다 더 많은 칭찬과 지지, 격려를 보내 왔다. 다른 반에 가서 나와 다른 아이들을 비교하는 일도 늘어 갔다. 점점 우리 학교에는 '인문계에선 심화반이 왕따, 심화반에선 최은정이 왕따' 라는 말이 돌아다녔다. 1학년 1학기 말이었던가. 당시 가장 친했던 친구가 내 바로 뒷자리에 앉았는데 수학 수업이 끝나고 그 친구가 내게 화를 내며 말했다. "나 네 뒤에 안 앉아. 선생님들이 다 너만 보고 수업해." 친구는 1학년이 끝나자마자 자진해서 심화반을 나갔다.

나를 향한 선생님들의 '몰빵' 관심은 날이 갈수록 심해졌다. 모의고사를 본 뒤 담임 선생님께 볼 일이 있어 친구들과 함께 교무실에 갔을 때, 선생님들은 내 친구들은 마치 없는 존재인 듯 "은정이 이번에 성적 잘 나왔다며? 축하해"라는 말들을 쏟아 냈다. 한번은 교감 선생님께서 나를 따로 불러서 서울대 로고가 찍힌 지갑을 건네기도 했다. 그러나 당시 교대에 가서 초등학교 교사가 되고 싶었던 나는 나의 꿈이 무엇인지에는 전혀 관심이 없으며, 다른 친구들의 꿈이 무엇인지에는 더더욱 관심이 없을 교감 선생님의 태도에 화가 나서 지갑을 안 받겠다고 하고 교무실을 나왔다.

학교는 일부러 대학 입시 때 유리하라고 학급 임원도 아니던 나를 덜컥 학생회 임원 자리에까지 앉혀 놓고 임원 수련회에 참석하라고 일방적으로 통보하기도 했다. 임원이 된 것 자체도 다른 학생들에게 안 좋게 보일 텐데, 거기에 나를 별로 안 좋아하는 전문계 반 친구들까지 모두 모일 수련회에 가라고 하니 난 거의 울기 직전 상태가 돼 담당 선생님을 찾아갔다. 학생회에서도 빼 주시고 임원 수련회도 안 가면 안 되냐는 나의 질문에 돌아온 대답은 간결했다. "이 자식이 버르장머리 없이! 공부 잘한다고 재는 거야? 학교에서 너 잘되라고 한 거니까 시키는 대로 해." 결국 난 임원 수련회에 끌려가 친한 친구 한 명 없는 그곳에서 뻘쭘한 하루를 보내야만 했다.

하고 싶어서 들어간 동아리 활동도 담당 선생님 때문에 그만두게 됐다. 사건의 전말은 이렇다. 2학년 언니들이 3학년이 되면서 우리는 새로 동아리 회장을 뽑아야 했다. 활동이 많진 않았지만 1년 동안 지내면서 대략 누가 다음 회장이 되면 좋겠다는 생각은 우리들 사이에 이미 정해져 있던 상태였다. 그러나 동아리 담당 선생님이 어느 날 나를 따로 불렀다. "동아리 회장을 네가 했으면 좋겠다. 학교에서도 그렇게 되면 나중에 너 대학 갈 때 좀 더 유리해질 수 있으니까 그러길 원하고." 이 선생님이 나를 왕따로 만들려고 작정을 하셨다는 생각이 머리를 스치고 지나갔다. 우리 의견을 무시한 것도 화가 났다. 그날로 친구와 함께 동아리를 탈퇴했다. 선생님은 널 위해서 그런 건데 왜 이러냐는 반응이었다. 날 위한 것이라…….

사랑의 정체

"어이 1등" 내가 제일 싫어했던 1반 녀석은 늘 나를 이런 식으로 불렀고 그때마다 대답을 안 하는 내게 "와~ 씹나. 네 잘났다 이거제?" 하며 시비를 걸었다. 물론 워낙 거친 아이였기 때문에 내가 특별히 못나서 그 애가 시비를 건다고는 생각하지 않았다. 그렇지만 나는 자꾸만 움츠러들었다. 전문계 반 쪽엔 이제 "최은정은 엄마가 TV도 못 보게 하고 공부만 시킨대" 하는 헛소문까지 떠돌았다. 수업 시간에는 같은 반 남자 친구 한 명이 손을 번쩍 들고는 선생님께 "왜 은정이만 만날 장학금 줘요?"라고 물은 일도 있었다. 아빠 제사 때문에 야자를 안 하고 집에 가게 된 날엔 지나가던 남자애들이 "왜 쟤는 집에 가? 난 전에 아파서 집에 간다는데도 아픈 척하지 말라카던데"라고 수근댔다. 그럴수록 선생님들에 대한 원망은 점점 더 커져 갔다.

무엇보다도 중학교 때는 겪지 못했던 애정과 관심을 받으면서 나는 의문에 빠졌다. 나는 하나도 변하지 않았는데 무엇이 달라져서 내가 지금 선생님들로부터 이런 대우를 받나 하는 생각이 들었다. 사실 중학교 시절 난 성적도 무난하고 성격도 무난했던 아이들이 으레 그렇듯 선생님들에게 별 관심을 못 받았다. 그런데 대체 왜 이렇게 나에게 다들 애정과 관심을 퍼부어 주는 것인가. 답은 간단했다. 내 등에 붙은 숫자가 변했다. 그것만으로 나는 이런저런 그냥 무난했던 아이에서 특별한 아이로 재탄생한 것이다. 그렇다면 만약 이 숫자가 바뀐다면, 그때도 선생님들은 날 좋아할까? 질문이 여기까지 미치자 마음 한구석이 무너지는 느낌이 들었다. 내가 아니라 누가 1등이라도 선생님들은 그 애를 좋아할 거다, 내가 만약 지금 당장 90등으로 떨어진다면 잠시 동안은 관심을 가지겠지만 더 이상 올라올 기미가 안 보이면 그 관심을 거둘 거다, 그러니까 지금 내가 받는 사랑, 이건 진짜가 아니다.

이런 생각은 2학년 때 같은 학교에 다니던 남동생이 수업 시간에 졸다가 선생님에게 뺨을 맞고 나서 더 커졌다. 선생님은 화가 나서 그 자리에서 남동생의 공책까지 찢었다. 남동생이 평소에 말을 안 듣는 아이라 선생님이 참다못해 그런 걸까. 그렇지도 않았다. 동생은 너무 착해 빠져서 따돌림당하는 애들조차도 내 동생에게만은 맘 놓고 말을 거는 그런 애였다. 그리고 뺨을 때린 선생님은 늘 다른 반에 가서 은정이가 자는 건 밤늦게까지 공부를 해서 그런 거기 때문에 자도 내버려 둔다던 그분이었다. 그 순간 나는 나를 향한 그분의 사랑의 정체를 확실히 알아 버렸다. 그분을 비롯해 나에게 몰아서 주는 선생님들의 사랑이 실은 명문대 보내서 학교 이름 높이고 싶은 것 이상도 이하도 아니란 것, 내가 별것도 아닌 인간이 되는 순간 다 날아가 버릴 사랑이라는 것. 그런 사랑은 백만 트럭을 갖다 줘도 싫었다.

배경이 된 아이들, 사라진 아이들

나를 향한 학교의 전폭적인 지원과 나의 노력, 운이 합작한 덕에 J고는 개교 이후 처음으로 서울대 합격생을 만들어 냈다. 언론사에서는 '개천에서 난 용'으로서 나를 인터뷰했다. 기사는 흔히 상상할 수 있듯이 '불우한 가정환경을 딛고 독학으로 서울대에 합격한 최 양의 인생역전사를 담았다. 어떤 지역 신문은 나를 "소녀 가장"으로 표현해 멀쩡한 우리 엄마를 없는 사람으로 만들기도 했다. 더 극적인 효과를 원한 건가. 어쨌든 그땐 대학에 합격했으니 모든 걸 다 용서할 수 있었다.

그러던 중 KBS 〈추적 60분〉 작가분으로부터 전화가 왔다. 가난한 형편에서도 혼자 공부해서 좋은 대학에 합격한 학생들을 새해 특집으로 다루고 싶단다. 생각 좀 해 보고 연락을 드리겠다고 했다. 대학 면접에 갔다 우연히 알게 된 다른 지역의 친구에게도 섭외가 갔는데 그 친구는 찍기로 결정을 했다고 한다.

그러나 난 좀 망설여졌다. 단순히 수능 직후 했다가 망해 버린 볼륨매직과 뗄 날이 보이지 않는 흉측한 교정기를 전 국민이 보는 방송에서 보여 준다는 게 두려워서만은 아니었다. 그때 당시 내 친구들은 대학 입시 때문에 가장 힘든 나날을 보내고 있었다. 면접 보러 가던 날에도 친구들에게 떨린다는 얘기조차 못 했다. "좋은 대학 가면서 네가 무슨 고민이 있는데?" 이런 날선 얘기들이 서로 간에 오가던 때였다. 무엇보다도 친구들이나 학교의 다른 학생들에게 욕 먹는 것도 더는 싫었고 거기 나와서 잘난 척할 자신도 없었다. 또 내가 거기에 나간다는 건 3년 동안 열심히 한 친구들을 '실패' 한 것으로 만드는 것처럼 느껴졌다. 내가 왜 희망이고, 왜 내가 성공 사례인가.

어떤 식으로 촬영이 될지도 뻔히 상상이 됐다. 내 친구들에게 마이크를 들이밀며 "은정 학생은 평소에 어떤 학생이었나요?", "은정 학생 공부하는 거 보면 어떤가요?"와 같은 질문을 던질 거다. 내가 이야기하는 동안은 내 친구들을 배경처럼 비추면서 말이다. 안 찍겠다고 결심을 하고 전화를 했다. 내가 안 찍는다고 하자 서울에서 우리 집까지 작가분이 찾아왔다. 그래도 안 찍겠다고 하자 그녀는 "어머, 완전 천사시네요"라며 진심인지 비꼬는 건지 알 수 없는 말을 내게 던지고 갔다. 내가 천사가 아니라 그쪽 방송 취지가 이상하다고요, 난 속으로 조용히 외쳤다.

이 방송의 모양새는 사실 내가 중학교 시절부터 쭉 겪어 온 학교의 모습과도 같다. 공부를 잘하는 소수의 아이들 이외에는 모두 배경이 되고 조연이 되며 때로는 없는 사람도 되어 버린다는 점이……. 대학에 온 후에 고등학교를 찾아 갔을 때도 별로 달라진 건 없었다. 친구들과 함께 학교를 찾아갈 때면 늘 선생님들은 내게 먼저 인사하거나 혹은 나에게만 인사를 하거나 내 이름만을 기억

   모두를 위한 학교는 없다

해서 불렀다. 함께 간 친구들은 당연히 기분이 상했다. 2년 전에는 학교에 같이 갔다가 돌아오는 길에 친구가 농담 반 진담 반으로 말했다. "앞으로 너랑 같이 학교 안 올래." 내가 친구라도 그럴 것 같다.

2009년에 내 앞으로 J고에서 만든 신문이 왔다. 그런데 이미 졸업해서 사라진 지 몇 년이 된 내 이름이 신문에 수없이 등장했다. 기사 끝마다 "우리도 노력하면 최은정 선배처럼 될 수 있겠죠?", "최은정 선배를 본받아 우리도 이렇게 노력해 봅시다"란 희한한 문구들이 보였다. 이 학교에 졸업생은 나밖에 없나. 그 많던 졸업생은 어디로 갔나. 하긴, 내가 대학 합격했을 때 서울대 간 학생들 이름을 돌에 새겨 학교에 전시하자는 아이디어도 나왔던 학교다. 충분히 가능한 일이다.

문득 재작년에 했던 저소득층 청소년 학습 멘토링 면접 자리가 떠오른다. 멘토링 이름에 '새싹'이 들어가는 그런 곳이었다. 면접 자리에서 멘토링을 운영하는 재단 이사장님이 그 새싹의 의미를 설명하다가 말했다. "될성부른 새싹들을 키워서 그 애들을 서울대에 보내고 다시 그 애들이 자기와 같은 어려운 형편에 있는 아이들을 가르치는 구조를 만들고 싶어요. 성적이 안 좋거나 의욕이 없는 애들까지 다 안고 가긴 힘들죠." 그 새싹이 모든 아이들을 의미한다고 생각했던 나는 실망했다. 성공의 기준이 그렇게 획일적이라는 점도 실망스러웠다. 그래, 그래도 이곳은 민간에서 하는 데라 한정된 자원을 가지고 프로그램을 운영해야 해서 그럴 수도 있겠노라고 겨우겨우 이해해 본다. 그러나 학교는? 학교는 그런 식으로 이해해 주기가 힘들었다. 학교마저 그러면 '될성부르지 않은' 다수의 새싹들은 대체 누구한테 물도 주고 비료도 주고 햇빛도 쐬어 달라고 할 수 있을까. 그렇지 않은가? 이제, 학교가 대답할 차례이다.

3부

대학의 교육 불가능

문
수
현

학문하지 않는 대학

교양이 죽은 그해 봄

2010년 대학의 봄은 자보와 함께 찾아왔다.

김예슬의 자발적 퇴교 선언이 한창 언론의 관심을 휩쓸던 무렵, 플래시 세례는 받지 못했지만 서울대 인문대 앞에도 자보 하나가 붙었다. "'삶과 인문학' 강의에 요구합니다"라는 제목의 이 자보는 자보체가 아닌 일상어로 작성돼, 김예슬 선언에 솔직히 잘 공감할 수 없었던 대학생들까지도 공감할 수 있는 소박한 입장을 표명하고 있었다.

사건의 전말은 이렇다. 인문대에서는 그해 봄부터 인문학을 활성화한다는 명목으로 '삶과 인문학'이란 강의를 개설해 신입생들이 의무 수강하도록 했다. 그런데 뚜껑을 열어 보니 이것이 '스펙과 경영학'과 다름없는 강의였던 것이다. 첫 강연자였던 현대산업개발의 최동주 사장은 강의에서 "투자 자본을 구하는 접대 자리에서 숫자 얘기를 하는 것보다 인문학이나 예술을 전공한 직원이 노래나 한 곡 불러 주는 편이 효과가 좋다"며 인문학의 '유용성'을 강조했다. 또 자신의 회사가 참여한 용산 개발 사업을 버젓이 홍보하는가 하면, 학생들에게 꼭 경제·경영학을 복수 전공해 경쟁력을 갖춘 인재가 되라고 당부했다. 순식간에 인문학을 기업을 위한 도구로 만들고, 인문대생을 '경영대에 합격하지 못한 예비 사원'으로 만들어 버린 것이다.

인문대생들의 자보는 이 사태에 대해 대학의 신자유주의화 반대와 같은 거대 담론을 전면에 내세우는 대신 학생으로서 가장 기본적으로 보장받아야 할 수업권, 자치권 존중을 요구하고 있었다. 하지만 그 기저에는 인문학을 취업을 위한 스펙으로 흔쾌히 팔아 버린 대학에 대한 경악과 자유와 중립성에 대한 최소한의 존중마저 잃어 가는 대학에 대한 우려가 깔려 있었다. 즉, '대학이 과연 이래도 되는가?' 하는 질문을 던지고 있었던 것이다. 그러나 학생들의 문제 제기는 인문대 학장단 측의 극히 행정적이고 사무적인 답변으로 봉합되었다. 수업의 개설 여부는 교수 회의에서 결정할 사항이라는 들으나 마나 한 답변 속에는 인문학이 나아갈 방향에 대한 고민이 들어 있지 않았다.

교양 수업은 고등학교 때까지 부모와 선생님, 사회적 압력에 의해 자기 억압적인 공부를 해 왔던 학생들에게 자신의 갈등을 학문적으로 풀어 보고 부딪쳐 볼 수 있는 자유를 처음으로 제공한다. 교양 수업을 통해 학생들은 삶의 목적에 대한 철학적인 질문들부터 성, 국적, 종교, 교육, 경제력 등 자신의 정체성을 구성하는 다양하고 특수한 결에 대한 고찰, 전공 분야와는 무관한 영역에 대한 순수한 지적 추구까지 무궁무진한 궁금증을 자기 안에서 발견할 수 있다. 이러한 자아 찾기, 진로 찾기를 통해 삶의 주도권을 회복하고, 미래를 상상할 수 있다. '삶과 인문학' 수업이 불러 온 사태는 대학이 공개적으로 그런 교양 수업의 종말을 선언한 것을 의미했다. 스펙이 되니까 배워야 한다는 타율적인 논리로 학생들과 대학 스스로를 조련하는 것이 이제는 꼭 갖춰야 할 '교양'이 된 것이다.

학생들의 자보는 학문의 가치를 스스로 부정하는 대학의 참혹상을 보며 대학생들이 지른 비명이다. 그해 봄 유난히 쏟아졌던 대학생의 자기 선언들과 마찬가지로, 존재 가치를 잃어버린 대학 안에서 대학생으로 살아가는 일의 고통을 어떤 식으로든 토로하고 싶었던 것이다. 그러나 대학 체제는 그 안에 속한 개인들의 고통에는 무관심한 채 굴러갔다. 언제나 그래 왔다는 듯이.

자본이 우리를 옥죄는 방법

이 사태는 서울대 안에서 교양과 교과를 구성하는 판이 어떻게 전개되고 있는지 보여 주는 단적인 사례에 불과하다. 사실 '삶과 인문학' 수업은 학생들이 함께 비판적인 목소리를 냈기에 눈에 띈 사례였을 뿐, 서울대는 다양한 방식으로 기업을 위한 인재 양성 기관을 자처하며 변해 가고 있었다. 일례로 2009년에 신설된 자유전공학부는 다양한 전공의 학습을 통해 폭넓고 깊이 있는 사고를 지닌 인재를 양성하겠다던 본래 취지와 달리, 경제·경영학과의 정원을 간접적으로 늘리기 위한 수단으로 활용됐다. 2009년 이후 의무화된 제2전공[1]도 학생들이 좀 더 다양한 교양 수업을 수강할 수 있는 권리를 제한하면서 많은 학생이 '스펙에 도움이 되는 전공'을 복수 전공하도록 권고하는 조치가 되었다. 교수들은 무리한 학제 변화가 인기 학과의 독식을 조장하고 학생들이 교양과 내실 있는 공부에 전념할 수 없게 하는 결과를 낳을 것임을 알면서도 그것을 막거나 완충하는 장치를 마련하지 못했다. 이런 변화들이 구성원들 스스로가 그 내부의 논리를 다듬거나 준비할 여유도 없이 빠르게 진행되었기 때문이다.

이상한 것은 교과만이 아니었다. 대학의 홍보 매체에는 기업인이 참여하는 행사나 프로그램이 사진과 함께 전면에 등장했고, 기부자 명단과 액수를 나열한 목록이 학술 활동 현황에 대한 양적 보고와 함께 나란히 강조되었다. 양적이고 표면적인 기준에 의한 대학 평가의 허구성과 그것이 조장하는 학문의 변태적 발전은 비판받음과 동시에 또한 끊임없이 추구되었다. 어쨌건 연구 성과가 부진한 교수들에 대한 내부 평가가 없었던 것은 사실이지 않냐, 또 현재의 위계적이고 비민주적인 대학 내 의사소통 구조 안에서 내부적 개혁을 단행하느니 외과적 수술을 받는 것이 현실적이지 않느냐는 자조적 체념이 오고 갔다. 그 속에서 교수들은 점차 침묵해 갔다.

2008년 이후 인문대에서는 공사가 끊이지 않았다. 꼬리에 꼬리를 무는 신축 공사와 리모델링으로 인해 교수와 학생들은 연구 공간과 공동체적 생활 공간을 잃고 떠돌이 생활을 했다. 그 많은 공사를 왜 해야 하는지, 무엇이 사라지고

---

1) 대학 측은 복수 전공을 원하지 않는 학생들은 '심화 전공'을 할 수 있다는 부속 조항을 마련했지만, 이는 심화 전공을 할 수 있을 만큼의 전공 학점이 개설되지 않는 중·소규모 학과에서는 불가능한 선택이다. 다시 말해, '비주류' 학과의 학생들은 반드시 복수 전공을 할 수밖에 없다.

무엇이 생기는지에 대한 논의도 없이 벽은 허물어지고 다시 세워졌다. 공사로 인해 생긴 수많은 출입 통제 공간을 지나 복잡하게 얽힌 미로 같은 복도에서 헤매다 어쩌다 마주치면, 우리는 이것도 어쩌면 인문학의 반란을 막는 전략 중 하나일 거라며 쓸쓸한 농담을 주고받았다.

예전보다 매끄러워진 건물들 안에는 어김없이 더 매끄러운 간판을 단 외부 업체가 들어서곤 했는데, 그로 인해 학교 안 공간에는 새로운 위계가 생겼다. 비싼 커피집과 싼 커피집, 비싼 식당과 싼 식당. 값비싼 다양성은 증가하는 가운데 값싼 선택지는 줄어들었다. 대학은 이 같은 변화가 학생들의 다양한 요구에 응하기 위한 것인 양 포장하면서, 그러한 변화를 원치 않는 학생들, 또는 변화의 방식을 문제 삼는 목소리들을 묵살했다. 값비싼 식당을 이용하는 사람들이 있다는 것이 값싼 식당밖에 감당할 수 없는 사람들의 존재를 묵살할 수 있는 근거로, 값비싼 등록금을 기꺼이 지불하는 학생들의 존재가 등록금에 허덕이는 학생들의 고통을 가벼운 배려로 해결할 수 있는 문제로 만드는 근거로 사용되었다.

그 새로운 위계 속에서 경제적 고통은 점점 개인의 문제가 되어 갔다. 공존과 공동체적 배려가 논의되던 장에는 돈이 없다면 값싼 밥을 먹으면 되는 것이고, 학과 해외 연수에 참여할 돈이 없다면 참여하지 않으면 되는 것 아니냐는 쿨한 가치관이 스며들었다. 생계와 생존의 문제는 사회적으로 어느 때보다 중요한 화두로 떠올랐지만, 그 고통에 공감하는 감수성은 메말라 갔다. 자본이 만들어 낸 새로운 위계와 구획 속에서 우리는 새로운 차별이 탄생하는 것을 목격했다. 있는 자가 누리고 없는 자가 주리는 것은 결코 그 자체로 정당하거나 모두가 동의하는 원칙이 아님에도 당연한 원칙처럼 자리잡아 갔다. 이처럼 교양을 빼앗기고, 생활 공간을 빼앗기고, 경제적 불안은 가중되는 가운데, 내면화된 자본의 원칙이 공동체의 윤리까지 앗아 가면서 우리는 사지가 묶인 개별자가 되었다.

어제보다 더 학문하는 오늘

대학원에 와 첫 1년은 견딜 수 없이 우울하고 외로웠다. 왜 그랬던 가를 굳이 한마디로 설명하자면 '욕심이 많아서' 그랬던 것 같다. 학부 때 하고 싶은 딴짓은 다 해 보고, '학문'은 잠깐 맛만 보았지만, 잠깐 경험한 학문의 오묘한 맛이 좋아 대학원에 왔다. 그러나 대학원은 학문을 하기에 이상적인 공간은 아니었다. 꽉 짜인 학제 안에서 정해진 과목을 의무적으로 배우고, 정해진 형식의 논문을 읽고 비평하고, 학기가 끝날 때면 정해진 형식의 논문을 어떤 식으로든 짜 내는 것이 대학원 과정의 전부였다. 물론 어떤 수업에서는 보다 심도 있는 학문적 관점, 또는 새로운 사실을 찾아내는 번뜩이는 방법들과 그 발견의 내용들에 대해 얘기하기도 했다. 그런 수업을 앞둔 날이면 밤새 이런저런 고민을 해 보고, 내 발견을 기록해 수업에서 함께 나누며 기쁨을 느끼기도 했다. 그러나 학기가 끝나면 사람들은 바쁘게 흩어졌고, 나도 다른 수업과 일에 쫓겨 자신의 발견으로부터 멀어졌다.

교수들 가운데 자신의 연구와 학생 지도에 매진할 수 있는 특권을 가진 사람은 극소수였고, 젊은 교수들은 학술진흥재단의 연구 지원 사업 등에 동원되느라, 중년 교수들은 각종 보직을 수행하느라 바빴다. 한 젊은 교수님은 "연구도, 학생 지도도 제대로 할 수 없어 괴롭다, 이러기 위해 공부를 한 것이 아닌데, 하루에도 몇 번씩 사직서를 쓰고 싶은 심정"이라고 솔직하게 토로하기도 했다. 지원을 받기 위해 연구 계획서를 쓰고, 지원을 받았기 때문에 연구를 하고, 지원을 받은 만큼 보고서를 쓰고, 그 거추장스런 행정과 형식을 갖추느라 지쳐 정작 읽고 싶은 책을 읽을 시간이 없다고 말했다. 교수님이 그렇게 솔직하게 토로라도 해 주는 건 참 고마운 일이었다. 많은 교수들은 그런 내적인 갈등을 학생들과 나누거나 그들의 고민을 들어 줄 만큼 정신적, 시간적 여유도 없었으니까.

대학원 과정에 대한 회의와 불만, 그것을 토로할 수 있는 공간의 부재 속에서 학문을 하는 것이 가능이나 할까 의심하고 불안해하는 나날이 이어졌다. 나 자신이 학문에 맞지 않는 것인지, 전공을 잘못 선택했기 때문인지, 노력이 부족하기 때문인지 의심하는 가운데 모든 것은 점점 더 알 수 없어졌다. 그러는 동안 학문을 하는 일이 어떤 것인지조차 까마득하게 잊어버리고 말았다. 그러나 가장 힘들고 절망적인 때에도 책을 읽는 시간만큼은 어김없이 행복했다. 책을 읽는 것이 너무 좋다는 사실이 대학원이라는 제도화된 틀을 견뎌야 하는 충분한 이유는 되지 못했지만, 내가 학문을 계속해야 하는 이유는 되었다. 그러니까 어떤 상황에서든 읽고, 고찰하고, 글로 써서 나누는 일의 본질적인 즐거움이 내 삶의 동인이 되게 하는 것, 그렇지 못하게 만드는 제도와 환경의 거추장스런 훼방을 떨쳐 내는 것, 그것이 내가 원하는 학문하는 삶이라는 사실을 깨달았다. 대학에서 요구하는 것들에 바쁘게 응하기보다는 나의 삶에서 충실한 깨달음을 천천히 쌓아 가야겠다고 다짐했다.

학문을 한다는 것은 오랜 시간에 걸쳐 이루어지는 작업이고 외적인 기준으로 평가할 수 있는 성취가 아니어서, 책을 읽어도 논문을 써도 학문에 도달하지 못했다는 내적 갈등을 끊임없이 느껴야 하는 작업이다. 그런 갈등 속에서 표면적인 결과에 만족하지 않고 결과를 회의하고, 그것을 한 꺼풀 들춰 새로운 논의를 충실히 쌓아 가는 과정, 또는 경향성이 학문하는 일의 본질이다. 따라서 어떤 제도도 그 자체가 학문을 수행하거나 보장하는 것은 불가능하다. 다만 제도 안에 있는 개개인이, 그들이 만든 학문 공동체가 그와 같은 내적 충실함을 전통처럼 쌓아 갈 수 있을 뿐이다.

그러나 오늘날의 대학 제도 안에선 표면적인 성과가 너무 중요해서, 채 배움이 무르익기도 전에 결과를 내놓아야 하고, 또 내놓은 것을 곱씹을 여유도 없이 다음 실적을 위해 경쟁해야 한다. 신자유주의적 대학 평가가 우리를 끝없이 채찍질하는 가운데 교수도 학생도 자신들이 어제보다 더 ‘학문하고 있는가’를 성찰할 수 없게 되어 가고 있다. 더 큰 특권과 이익을 추구하는 대학은 학문이

라는 알맹이와는 점점 더 맞지 않는 공간이 되어 가고 있다. 대학원생과 교수
는 그와 같은 대학의 '수익 사업'에 직간접적으로 동원되면서 학문하는 정체
성을 점점 지키기가 힘들어지고 있다.

그러는 가운데 대학원에도 점점 한국에서 공부하는 것은 유학을 가기 위한
스펙 쌓기일 뿐이라거나, 대학원 우수논문상 시상식에서 학과장이 "우수논문
상을 받으면 취업에 도움이 된다"는 말을 건네는 식의 자조적인 담론이 잠식
해 들어오고 있다. 그러나 학문하는 사람들이 그와 같은 담론에 포섭되는 순간
학문은 정말 끝나는 것이라고 생각한다. 신자유주의적 대학 구조에 협력하는
한 학문은 있을 수 없음을 분명하게 인식해야 한다. 그리고 어떻게든 학문을
꾸려 나가야 한다. 신자유주의는 자신 이외의 모든 것을 배척하는 폭력성 외에
어떤 합리성도 갖추지 못하고 있다. 우리가 그에 맞서 싸우는 것을, 그리고 학
문하는 것을 포기해야 할 이유는 어디에도 없다.

변하지 않는 것

오늘날 대학의 위기 또는 '학문할 수 없음'은 새로운 과제이면서
또 오래된 과제이기도 하다. 현재의 상황을 대학의 '신자유주의화'로 풀어내
는 것은 따라서 틀린 말은 아니되 충분하지도 않다. 대학의 신자유주의화가 문
제라고 할 때, 신자유주의 이전의 대학에는 문제가 없었다는 것이 아니기 때문
이다. 대학이 자본의 논리에 직접 영합하게 되기 이전에도 교양 수업 및 전공
수업의 내실이나 배우는 내용의 낡음에 대한 문제 제기는 있어 왔다. 그러나
그러한 문제 제기는 대학 내의 뿌리 깊은 구조적 한계로 인해 늘 대대적인 개
혁으로 이어지지 못했다. 다만 뜻있는 교수 및 강사들의 지속적인 노력 속에서
기성 질서에 의문을 던지는 수업들이 개설돼 종종 학생들의 지적 갈증을 채워
줬다. 또 2004, 2005년에 대학에 입학한 학생들 정도를 마지노선으로, 그 이
전까지의 대학생들은 수업에서 얻지 못한 지식을 다양한 동아리와 학회, 소모

임을 통해 배우고 실천할 수 있는 기회를 얻을 수 있었다. 그러나 대학의 신자유주의화가 진행됨에 따라 수업의 가치는 '학점'으로 수렴되고, 동아리 등 자치 단위의 가치도 '스펙'으로 수렴되게 되었다. 교양과 학문의 가치를 시험하던 장들은 여전히 존속하고 있지만, 대학 안에서 교양과 학문에 대한 문제 제기 자체가 사라지게 되면서 그 역동성을 점점 잃어 가고 있다. 즉, 풀어야 할 과제는 변하지 않고 남아 있는데 질문하는 주체들은 점점 사라지고 있다는 얘기다. 침묵과 순종. 이것이 신자유주의 시대 대학의 진짜 풍경이다.

변하지 않은 것이 또 하나 있다. 이 위기를 헤쳐 나가는 방법이다. 2009년 서울대 법인화 반대를 위한 공개 토론회에서 법인화를 왜 하면 안 되는지에 대한 장시간의 발제, 토론이 끝나고 자유 발언 순서가 되자 전국대학노조 국공립대 본부장 전태산 씨는 참가자들에게 외쳤다.

"서울대 법인화, 뭐가 문제인지가 그렇게 어렵습니까? 간단한 거 아닙니까. 대학별로 자율권 주고, 전폭적인 경쟁 체제로 나가겠다 이거 아닙니까. 저는 서울대 법인화를 어떻게 막아 낼지를 듣기 위해 이 자리에 참석했습니다. 하지만 서울대 사람들은 반대가 절실하지 않은 모양입니다. 가슴이 꽉 막힌 심정입니다."

여러 해에 걸쳐 점진적으로 침투해 온 신자유주의적 개혁이 대학에 미친 영향은 자명하다. 차등적 지원금을 놓고 벌어지는 경쟁에 대학 주체들이 동원되면서 학문이 불가능하게 되었다. '법인화' 역시 대학의 '자율권 강화'를 명분 삼아, 사실상 국가 보조금을 줄이고 경쟁을 더욱 강화하겠다는 것이다. 그런 빤히 보이는 덫을 눈앞에 두고도 우리가 그것을 막아 내지 못하고 있다는 것은 정말 통탄할 일이다.

신자유주의 시대의 대학에서 학문하고자 하는 주체에게 요구되는 것은 냉철한 분석력과 민감한 감수성, 그리고 뜨거운 행동력이다. 물론 이 세 가지 위기를 모두 경험하고 있는 지금은 어떤 의미에서는 총체적 난국이지만, 학문하는 일의 적극적인 의미를 깨우칠 수 있는 기회이기도 하다. 알고, 느끼고, 행동하는 지성이 기존의 아카데미 안에서 길러질 수 없었음을 뼈저리게 반성하고, 학문의 사회성을 회복하는 일이 오늘날 우리에게 주어진 절실한 과제이다.

노
영
수

대학,
악마와 거래하다

두산그룹의 중앙대 인수 그 이후

2008년 5월 두산그룹은 학교법인 중앙대학교를 인수했다. 두산그룹은 대학 인수의 첫 번째 조건으로 총장 임명제를 내걸었고 박범훈 총장은 이를 받아들였다. 기존의 총장 선출 구조는 제한적으로나마 구성원들의 의사가 반영될 수 있었고 따라서 최소한의 민주적 통제 기능을 수행할 수 있었다. 그렇기에 선출직 총장은 재단으로부터도 어느 정도 자율성과 독립성을 보장받을 수 있었지만, 임명직 총장은 임명권자인 재단 이사장의 눈치를 볼 수밖에 없었다. 이러한 배경 속에서 박범훈이라는 '걸출한' 총장이 등장했다. 그는 학생들과 상의도 없이 새터(새내기새로배움터) 행사를 불허하고 예년처럼 새터를 진행한 단과대 학생회장에게 징계를 내리더니 총장과 학교 본부를 비판한 교지를 전량 회수하고 교지 예산을 전액 삭감했다. 더 나아가 박 총장은 자신과 재단을 비판한 진중권 교수를 해임시키고 학교의 기업식 구조조정에 반대 목소리를 낸 학생들에게 퇴학 등의 중징계와 거액의 손해배상을 청구했다. 이 모든 것이 두산그룹이 학교를 인수한 후 박 총장이 쌓아 올린 업적들이다. 박용성 이사장의 공세도 매서웠다. 그는 2009년 8월 〈중앙일보〉에 쓴 글에서 교수와 학생들을 향해 "주인 의식을 갖는다고 해서 실제 주인이 되는 것은 아니"라며 대학에 "과도한 '주인 의식'이 퍼져 있는 게 아닌"지를 걱정했다. 자본주의는 어디에서나 통한다는 그의 지론답게 그는 교수 사회에 성과급형 연봉제를 시행했고 전공에 관계없이 모든 학생들에게 회계학 수업을 의무화했다. 그리고 이후 기초 학문의 통폐합을 밀어붙여 살벌한 분위기는 극에 달했고 계열별 부총장제의 시행으로 재벌 총수 1인을 정점으로 한 위계적 지배 구조를 대학 사회에서 완성시켰다.

2009년 8월 – 계획된 우연, 진중권 교수 해임 사태

진중권 겸임교수는 내가 중앙대에 입학한 2003년부터 독문과에서 강의를 시작했다. 그의 강의는 기존 한국 대학에서 찾기 힘들었던 최신 미디어 미학을 소개했다는 점에서 독보적인 위상을 가지고 있었다. 매 학기 강의실에 앉을 자리가 없을 만큼 강의는 인기가 많았고, 그의 강의는 독문과를 넘어 중앙대로서도 소중한 자산이었다.

그런데 2009년 여름방학이 끝나 갈 무렵 진 교수가 더 이상 우리 학교에서 강의를 하지 못하게 될 수도 있단 얘기들이 흘러 나왔다. 그가 박범훈 총장과 두산재단을 향해 던진 거침없는 비판들 때문이었다. 그리고 얼마 지나지 않아 우려는 현실이 되었다. 교무처는 진 교수의 해임을 겸임교수의 임용 요건 강화에 따른 불가피한 조치라고 설명했지만 우리를 납득시킬 순 없었다. 대학 본부가 원칙을 그렇게 강조하던 같은 시기, 이재오 전 한나라당 최고위원은 초빙교수직에 이어 명예박사 학위까지 학교로부터 수여받았다. 우리는 진 교수의 해임을 사적 보복이자 교수 사회 길들이기라고 볼 수밖에 없었다.

당연히 학생들은 반발했다. 독문과 학생회는 방학 중 학생총회를 소집해 정치적 이유로 진 교수의 재임용을 거부하고 학생들의 수업권을 침해한 대학 본부의 결정을 비판하는 기자회견을 열었다. 기자회견을 마친 학생들은 항의 서한을 전달하기 위해 총장실로 향했다. 총학생회장을 필두로 일부 학생들이 따라 들어가 총장실 구석구석에 레드카드를 붙였다. 레드카드는 퇴장을 의미했다. 나갈 사람은 진 교수가 아니라, 여 제자에게 "이렇게 생긴 토종이 애도 잘 낳고 살림도 잘한다"며 "감칠맛 난다"고 발언한 당사자임을 의미하는 것이었다.

얼마 후 레드카드는 고스란히 학생들에게 되돌아왔다. 총장실을 무단 침입했다는 이유로 징계위원회로부터 소환 통보를 받은 것이다. 나를 포함해 총 7명의 학생들에게 핸드폰 문자로 소환 통보 메시지가 왔다. 재밌는 점은 그날 기자회견에 참여하지 않았던 휴학생들에게도 문자가 갔다는 것이다. 사정을 알아보니 학생처 직원들이 현장에서 직접 채증하거나 언론 기사에서 확보한 사진을 가지고 독문과 조교들을 불러다 앉힌 뒤 일일이 대조 작업을 하는 과정에서 비슷하게 생긴 학생들을 혼동한 것이었다. 경찰도 아니고 교육기관이 직원들을 동원해서 평화롭게 진행된 학생들의 기자회견을 징계 목적으로 채증한 것도 모자라, 학생들의 선배 격인 조교들을 불러 놓고 취조나 다름없는 짓을 할 생각을 하다니……. 학교 인수 이전에는 상상도 할 수 없던 일이었다.

어느덧 2학기가 시작됐고 진중권 교수 재임용을 위한 싸움은 학생 징계를 철회시키기 위한 싸움으로 국면이 전환됐다. 개강 후 우리는 학우들에게 이번 사태의 부당성을 알리기 위해 서명 받을 준비도 하고 이틀 밤을 새 현수막 100여 장을 써 교내에 걸기도 했다. 부당하게 수업권을 침해당한 상황에서 부당한 징계까지 당할 수 없다는 일념으로 모두가 총력전을 벌였다. 그리고 2차 기자회견을 진행했다. 학생들은 학교 측의 무작위 채증과 징계 시도에 대한 항의로 마스크를 썼다. 항의도 항의지만 두려운 마음도 있었던 것이다. 이런 상황에서도 학생처 직원들은 또다시 학생들에게 카메라를 들이밀었다.

학생들은 계획한 퍼포먼스를 뒤로하고 교무처장, 학생처장과 면담을 한 뒤 징계위원회에 출석해 항변했다. 면담에서 나는 직원들을 동원해 학생들을 불법적으로 채증하고 징계권을 발동한 대학 당국을 비판했다. 대학 본부로서도 무리한 학생 징계 시도로 인해 안팎의 여론이 안 좋은 상황에서 애초에 표적이 아니었던 학생들을 굳이 징계할 필요가 없었다. 결국 학생들이 박범훈 총장에게 유감을 표하는 걸로 일을 마무리하자는 중재로 총장과의 면담이 성사됐다. 그러나 우리의 유감 표명은 서로에게 궁색한 절충안일 뿐이었다.

결국 학생 징계 시도는 철회됐지만 우리는 진중권 교수를 마지막 공개 강의를 끝으로 떠나보내야 했다. 그날 강의실은 몰려든 학생들로 꽉 찼다. 한상준 교무처장은 말했다. "진 교수 정도의 강의를 할 사람은 줄 서 있다." 망언을 할수록 학내에서 등급이 올라가기라도 하는 걸까. 자신의 전공 학문도 아닌 분야의 정상급 권위자를 근거 없이 모독하고, 학생들의 수업권을 침해하고도 꼬박꼬박 월급을 받을 수 있는 게 교무처장 자리라면, 그런 자리야말로 할 사람 줄 서 있다.

진중권 교수의 재임용을 두고 벌어진 일련의 사태로 교수 사회는 이전보다 더 경직돼 갔다. 대학 본부와 재단의 방침에 맞서 반대의 목소리를 내면 어떤 대가를 치를 수 있는지, 그들은 진 교수 사건을 통해 확실히 보여 줬다.

2009년 11월 – 시국 선언과 독일연구소의 시련

진중권 교수를 떠나 보낸 슬픔이 채 아물기도 전에 독문과에는 또 한 건의 비보가 날아들었다. 인문한국HK 사업에 지원한 독일연구소가 전문가 집단의 심사에서 압도적인 1위를 차지하고도 4위까지 지원 자격이 주어진 대상자 선정 과정에서 탈락한 것이다. 이는 유례가 없는 사건이었다. 지난 노무현 전 대통령 서거 정국 때 독문과 교수 전원이 시국 선언에 동참하고, 진중권 교수의 부당한 해임에 강력히 반발한 것에 대해 정치적 보복을 한 것이라고밖에 볼 수 없었다. 가장 엄정하고 객관적이어야 할 학문 영역에마저 정치권력이 작동한 것이다.

독문과 학생회는 즉각 성명을 내고 "교과부가 자의적 판단으로 학계 전문가 집단이 장기간 합숙하며 산출해 낸 최종 심사 결과를 뒤집은 것은 학문의 영역에 정권이 가치 조정적 개입을 한 것"이라고 규정했다. 이후 학생들은 교내에서 유인물을 배포하는 것을 시작으로 교과부 앞에서 집회를 열고 항의 서한을 제출했으며, 헌법 소원 및 인권위원회 진정 등 모든 방법을 동원해 정부의 '지식인 집단 길들이기'를 규탄했다. 그러나 같은 시기 정작 연구 중심 대학을 강조해 온 총장과 대학 본부는 입을 굳게 다물었다. 겨울비 맞아 가며 기자 한 명 찾아오지 않은 초라한 기자회견을 이어 간 학생들의 간절한 외침을 총장과 대학 본부는 끝내 외면한 것이다.

그로부터 반년이 지난 뒤, 한상준 교무처장으로부터 당시 박범훈 총장도 인문한국 사업 관계자들과 같이 식사를 하며 독일연구소를 위해 노력했다는 말을 전해 들었다. 독일연구소가 교과부를 상대로 행정소송을 준비할 때 박범훈 총장이 나서서 이를 만류했다는 소식을 이미 접한 터라 그 '노력'이라는 것이 참 괘씸했다. 그의 모습은 2008년 2월 로스쿨 정원 배정 문제에 대해 "정치적 편향으로 이뤄진 자의적이고 작위적인 결정"이라며, 이에 항의하기 위해 머리를 싸매고 교과부 앞에서 시위할 때와는 전혀 다른 모습이었다.

독일연구소가 1년여에 걸쳐 한국연구재단을 상대로 벌인 법정 싸움은 결국 패소하고 말았다. 형식 요건 심사 단계에서 소송을 제기한 독일연구소의 당사자 능력이 인정되지 않았기 때문이다. 소송은 총장이 제기해야만 성립할 수 있었다. 그러나 그 사정을 잘 알았던 총장은 보란 듯이 이를 외면했다. 그런 총장의 모습을 보며 그가 말한 '연구 중심 대학'이란 과연 어떤 대학을 말하는 것인지 의문이 들었다.

2010년 4월 – 60m 타워크레인에 오르다

2009년 2학기를 휩쓸고 지나간 두 번의 사태는 재단과 대학 본부가 인문학을 육성할 의지가 없음을 보여 줬다. 그리고 얼마 후 숨 돌릴 여유도 없이 본부는 기업식 구조조정 계획안을 발표했다. 본부가 내세운 초기 계획안은 기존의 18개 단과대, 77개 과를 10개 단과대, 40개 과·부로 줄이겠다는 것(후에 46개로 조정). 박범훈 총장이 말한 구조조정의 이유는 대학의 학과가 너무 백화점식으로 세분화돼 있어 미래지향적인 학문간 통섭이 쉽지 않다는 것이었다. 물론 시대의 변화에 따라 학과를 없애거나 축소할 수도, 확대할 수도 있다. 그러나 본부 측이 학문의 가치를 평가하는 기준이 무엇인가 하는 게 문제였다. 경영대의 정원 확대와 기초학문의 축소. 그들이 말하는 학문의 가치란 무엇일까.

2010년 새 학기를 앞두고 구조조정의 구체적인 윤곽이 드러났다. 통폐합의 대상으로 지목된 학과들은 반발했다. 그중에서도 독문과, 불문과, 일문과 이렇게 3개 학과에서 먼저 행동에 나섰다. 3개 학과는 개강 후 본관 앞에서 천막 농성을 시작했다. 유난히 쌀쌀했던 그해 봄, 세찬 바람에 천막이 휘어지고 날아가고 수북이 쌓인 눈에 무너지고를 반복했다. 하룻밤 자고 일어나면 온몸이 얼음장처럼 굳어 버리는 추위 속에서도 우리는 간절한 호소를 통해 대학의 정책을 바꿔 낼 수 있으리라 믿었다. 그러나 박용성 이사장은 "나는 눈이 작아 농성장이 안 보인다"며 우리의 투쟁 자체를 부인하고 조롱했다.

우리는 '일방적 구조조정 저지를 위한 공동대책위원회'의 출범식을 앞두고 본관 앞 연못 주위의 나무를 온통 검은 천과 빨간 천으로 뒤덮었다. 또 '눈이 작은' 사람들도 잘 볼 수 있게 연못을 가로질러 '기초학문 수호'라는 현수막을 크게 내걸었다. 박용성 이사장을 위한 '배려'였다. 학교 측에선 천과 현수막을 철거하지 않을 시 외부 용역을 통해 철거를 대신 집행하고 비용 200만 원을 청구하겠다고 통보해 왔다. 학교가 금전적 손해를 제시하며 학생들을 협박한 것은 전에 없는 일이었다. 그리고 그건 두산의 오랜 버릇이기도 했다. 박용성 이사장은 창원 두산중공업 회장 재직 시절, 노조의 합법적 쟁의 행위에 대해서까지 거액의 손해배상을 청구하는 것을 일삼아 정당한 노조 활동을 탄압했다. 그 때문에 한 노동자가 분신을 시도했고 결국 목숨을 잃었다. 그는 그 기술들을 교육 현장에서도 재현했다.

농성 기간 중 대학 본부와 몇 차례 접촉이 있긴 했지만 서로 머리를 맞대고 소통하기 위한 자리는 아니었다. 단지 확정된 구조조정안을 통보하기 위한 형식적인 만남에 그쳤다. 학교는 설득을 시도하기보다 학생들과 교수들을 따로 불러다 앉힌 뒤 회유하는 일에만 골몰했다. 그도 그럴 것이 학교도 더 이상 분쟁을 조정해 볼 여지가 없었다. 이미 재단의 구조조정 강행 의지가 확고했기 때문이다.

결국 우리는 보름 넘게 지속된 우리의 요구에 귀를 닫고 묵묵부답하던 대학 본부와 재단을 풍자하기 위해 대학 본관 앞에 '불통의 벽'을 쌓기로 했다. 수시로 상황을 체크하러 오는 직원들의 감시를 피해 천막 안에서 비밀리에 블록을 쌓았다. 어렵사리 견고한 벽체가 완성됐다. 분주했던 주말이 지나가고 공동

대책위원회의 출범식 행사가 대학 본관 앞에서 진행됐다. 독문과, 불문과, 일문과를 중심으로 많은 학생들과 선생님들이 자리를 함께했다. 총학생회와 민주화를위한전국교수협의회에서 성명서를 낭독하고 불통의 벽을 허무는 퍼포먼스로 행사를 마무리하려 했다. 그런데 그때 행사장 한편에서 소란이 일었다. 학생들이 돌아가며 불통의 벽을 깨부수고 있는데 학생처 직원들이 몰래 학생들에게 카메라를 들이대다 들킨 것이다. 당시 현장에서 학생처의 한 계장은 징계 목적이 아니라 했지만 그 말을 믿을 사람은 없었다. 당시 그 계장을 계속 추궁하다 실랑이를 벌인 총학생회 교육국장 김주식은 그 사건으로 인해 며칠 뒤 퇴학을 당했다. 김주식 퇴학 사건은 대학 사회를 순식간에 공포로 몰아갔고, 비슷한 시기 대학 본부 앞에 세웠던 농성 천막도 강제 철거됐다. 징계를 당할지도 모르는 두려움에 학생들도 더 이상 완강하게 저항하지 못했다.

대학 본부의 공세는 여기서 멈추지 않았다. 총학생회장과 나에게 징계 절차에 들어가겠다고 통보해 온 것이다. 출석일은 4월 8일. 구조조정 최종안을 통과시키기 위한 이사회가 열리는 날이기도 했다. 그들은 4월 8일부로 비판의 싹을 뽑아 버리고 학생들의 반발이 가라앉길 기대했을 것이다. 교수 사회의 분위기도 학생들과 다르지 않았다. 처음 농성에 돌입할 때 가졌던 자신감은 크게 위축되고 재단의 전방위적 공세 속에 교수들은 하나, 둘씩 등을 돌렸다. 교수들 간에도 본부에 대한 대응을 두고 언쟁이 잦아졌고 결국 기업식 구조조정에 맞서 보고자 했던 뜻은 그렇게 허물어져 갔다.

그렇다고 이대로 뒷짐 지고 있을 수만도 없었다. 공동대책위원회의 출범식을 정점으로 대학 본부와 재단의 징계 압박은 점점 강해졌고 학생들의 분위기는 점점 움츠러들었다. 모종의 결단을 내리지 못한다면 구조조정 최종안이 통과되는 가장 상징적인 날을 가장 조용하게 보내게 될 판이었다. 뭔가 분위기를 반전시킬 대책이 필요했다.

며칠을 고민하다가 총학생회와 문과대 학생회 그리고 독문과, 불문과, 일문과 학생회장들을 만나 고공 시위를 제안했다. 대부분이 처음에는 반대했다. 너무 위험하기도 하고, 이사회 당일 최대한 학생들을 모아 일단 항의하고, 유감스럽지만 징계위원회에도 일단 출석해 항변하는 것이 낫지 않겠느냐는 이유에서였다. 그러나 내 생각은 달랐다. 김주식의 퇴학 사건에서 보여 줬듯 이미 합리적인 판단이란 걸 잊은 징계위에 굳이 출석할 이유가 없었다. 또 학생들을 모아 항의를 하는 것 역시 여의치 않은 상황이었다. 학생들을 모으려면 교수들의 협조가 관건인데 이미 재단의 회유와 압력 속에 구조조정에 맞서 보고자 한 교수 집단도 와해된 상황이었다. 김주식의 퇴학으로 인해 총학 역시 '그로기' 상태였다.

4월 3일, 이사회를 앞두고 후배들과 상여를 만들었다. 구성원의 의견을 무시한 채 진행한 이사회의 일방적인 의결이 대학의 가치와 민주주의를 죽게 한다는 의미였다. 이사회 전날 밤까지도 학생회장들에게 고공 시위의 필요성에 대해 계속 설득하려 했지만 끝내 실패했다. 침묵할 것인가, 저항할 것인가. 어느 하나 쉽게 결정할 수 없는 상황에서 문과대 옥상 현수막의 페인트는 서서히 굳어 갔다. "대학은 기업이 아니다! 중앙대 기업식 구조조정 반대!" 결국 자정이 지날 무렵 처음 고공 시위를 생각했던 나와 김창인, 표석은 동시에 고공 시위를 진행하기로 마음먹었다.

새벽 다섯 시. 100m 길이의 천으로 만든 대형 현수막을 들쳐 메고 내가 먼저 공사장의 벽을 넘었다. 10여 분을 쉬지 않고 올라가 뚜껑을 열고 상판에 올라섰다. 발 아래로 슬퍼 보이는 교정이 한눈에 들어왔다. 새벽녘부터 도서관에 나와 무한 경쟁에 지쳐 뿌연 담배 연기를 토하듯 내뱉는 청춘들. 영정을 앞세우고 상여를 들고 그 뒤를 쫓으며 학우들에게 참여와 관심을 호소하는 후배들. 어색한 정장 차림을 하고 모여 나에게 손가락질을 하며 씩씩거리는 사내들. 해가 중천에 다다를 무렵 본관을 빠져 나와 미끄러지듯 노들길로 탈주하는 검은 세단 속의 영감님들. 현수막을 만들고 버려진 페인트 깡통 같은 그들의 텅 빈 교육철학. 모든 게 슬프게 보였다.

　　　　　　　　　　　　　　　　　　　대학의 교육 불가능

다행히 한강대교 아치에 올라간 두 명도 한 시간 가량을 버티다 안전하게 연행
됐다는 소식이 들려왔다. 가장 걱정했던 안전사고가 어디에서도 일어나지 않아 천
만다행이었다. 예상했던 대로 많은 취재진들이 몰려와 우리의 목소리에 관심을 갖
기 시작했다. 물론 이사회는 만장일치로 구조조정안을 통과시켰다. 하지만 우리는
우리의 행동을 통해 충분히 대학의 기업화에 대해 상징적 파열음을 만들어 냈다.

타워크레인에서 내려오자마자 연행되면서 나는 두산건설로부터 고소를 당했
다. 그리고 4일 뒤인 4월 12일, 학교로부터 2,500여만 원의 손해배상 청구를 받
았고 그로부터 한 달 뒤 퇴학당했다. 군부독재 시절에도 시위에 나선 학생들이
연행되거나 구금되면 총장이 직접 학생들을 꺼내 오기 위해 팔을 걷어붙이고 나
섰다고 한다. 그러나 박범훈 총장은 학생들이 연행도 되기 전에 고소장을 미리
준비했고, 건조물침입죄보다 법정형이 높은 업무방해죄로 조사해 줄 것을 당일
직접 경찰서를 돌며 요청했다. 독재 정권의 압력에 여러 대학에서 학생들을 징계
하던 엄혹한 시절에도 학생들을 보호하기 위해 총장이 발 벗고 나섰던 것이 지난
90여 년간 쌓아 온 중앙대의 전통이었다. 그런데 그 아름다운 역사와 전통이 일
순간에 뒤엎어졌다.

2010년 5월 – 징계 철회를 위한 싸움

퇴학, 징계와 손해배상에 맞선 학생들의 반발도 만만치 않았다. 거액
의 손해배상 앞에 학생들은 줄 것은 이것밖에 없다는 의미로 학교 본관 앞에서
집단 삭발식을 갖고 돈 대신 잘린 머리카락을 모아 총장실에 전달했다. 그리고
당일 삭발한 머리를 하고 징계위에 출석해 돈으로 학생들의 입을 틀어막고자 하
는 대학 당국의 자성을 촉구했다. 당시 부총장이었던 안국신(현 총장)은 학생들
의 시위로 인해 재단의 투자 의지가 꺾일까 우려된다며 학생들에게 무조건적인
반성과 사과를 요구했고 재단의 이사들, 즉 두산의 직원들도 기업의 이미지가
실추됐다며 우리를 질책했다. 그러나 정작 실추된 것은 학교와 두산의 이미지가

아니라 교육기관으로서 대학이 가지고 있던 도덕적 위상이었다.

퇴학 처분 결정 통지서에 찍혀 있는 직인은 총장의 것이지만 그것은 결국 이사장의 의지라고 봐도 무방했다. 더 이상 대학 본부와의 다툼이 무의미하다는 판단에 우리는 이 모든 분란을 주도한 두산그룹 본사 앞으로 갔다. 두산과 박용성 이사장을 우리 싸움의 대상으로 전면화하기 위한 자리에서 나는 한 손에 "학교는 이사장의 놀이터가 아니다"라는 피켓을 들고 등에 도끼가 꽂힌 채 쓰러져 있는 상황을 연출하는 퍼포먼스를 했다. 그리고 며칠 뒤, 두산그룹의 명의로 중부 경찰서에 고발장이 접수됐다.

여름방학을 앞두고 퇴학 처분을 무효화시키기 위한 소송을 준비했다. 후배들의 안타까운 소식을 듣고 법조계에 있는 선배들이 나서 변호인단을 꾸렸다. 그러나 학교는 이를 가만 놔두지 않았다. 안국신 부총장이 변호인단 대표들을 접견한 자리에서 퇴학생들의 소송을 도우면 고시반에 대한 지원을 줄일 것이라고 협박을 한 것이다. 학교 측의 회유는 선의로 후배들을 돕겠다고 나선 동문 변호인단마저 돌려 세웠고, 우리는 결국 민주사회를위한변호사모임의 도움을 받아 소송을 진행해야 했다.

그렇게 우여곡절 끝에 소를 제기한 지 얼마 지나지 않아 학교 측에서 학생들을 상대로 가처분 소송을 냈다는 소식을 접했다. 이른바 '학교출입금지가처분'이었다. 굳이 알아보지 않아도 학교가 학생들의 교정 출입을 막아 달라고 가처분을 신청한 건 전례가 없는 일이었을 것이다. 학교에 반대의 목소리를 냈다는 이유만으로 교육기관이 학생들을 대상으로 출입금지가처분을 청구했다는 것은 대학이 최소한의 교육적 양심마저 버렸음을 보여 줬다. 그들은 학생 징계 역사에 새로운 역사를 창조해 내고 있었다.

여름방학이 되고 시끄러웠던 학교도 잠잠해져 갈 무렵, 학교는 학생들의 국토대장정 행사를 준비하느라 바빴다. 국토대장정은 두산이 학교를 인수한 후 학생들의 자치적 행사인 새터를 폐지시킨 뒤 시작한 행사였다. 두산의 행사답게 16박 17일의 일정 중에 박용성 이사장이 전에 회장으로 재직했던 창원 두산 중공업 견학도 포함돼 있었다. 나는 국토대장정 행렬을 삼보일배로 뒤쫓기로 결심하고 두산의 국토대장정에 맞선 삼보일배 대장정을 준비했다. 그러나 전북 익산에서부터 두산중공업 공장이 있는 창원까지, 보름 가까이 되는 일정을 함께할 사람을 찾기는 쉽지 않았다. 이때 흔쾌히 삼보일배에 동참해 준 친구가 철학과의 박효진과 독문과의 조민호였다.

마침내 국토대장정의 첫날. 학생들이 체육관에 모여 기념 촬영도 하고 들뜬 분위기 속에 출정식을 하던 시간, 우리는 5m 크기의 펼침막을 세 명이서 붙잡고 출정을 알리는 조촐한 기자회견을 마친 뒤 익산으로 가는 열차에 몸을 실었다. 우리는 익산에서 창원까지 약 260km의 거리 중 약 100km의 구간을 삼보일배로 갈 계획이었다. 막상 시작된 일정은 생각했던 것보다 더 많은 어려움이 따랐다. 에스코트해 줄 차량이 없는 우리는 도로변에서 계속 사고의 위험에 노출됐고 열악한 재정 탓에 삼각김밥과 컵라면으로 허기를 달래며 강행군을 이어 가야 했다. 뙤약볕에 프라이팬처럼 달궈진 아스팔트에서 절을 할 때면 낮게 엎드린 온몸으로 복사열이 스며 올라왔고 변덕스런 장대비는 몸을 자꾸 무겁게 했다. 온몸은 파스로 뒤범벅이 됐고 밤마다 허리에 붕대를 감아 통증을 견뎌야 했다. 그렇게 악전고투를 하며 창원에 도착한 우리는 비슷한 처지에 있던 두산중공업 해고 노동자들과 공장 일대에서 삼보일배를 한 뒤 공장 정문 부근에서 기자회견을 갖는 것으로 전체 일정을 마무리했다. 그러나 서울로 돌아오고 며칠이 지나지 않아 두산중공업은 우리의 삼보일배마저 고발했다. 피고발인 명단엔 함께한 박효진도 포함돼 있었다. 친구가 받은 부당한 징계를 철회시키고자 보름 동안 삼보일배의 고행을 감수한 대가는 대기업으로부터 난생처음 받아 본 고발장이었다. 박효진은 담담한 표정이었지만 나는 함께 연대해 준 이들에게까지 고발장을 날리는 그 잔인함에 온몸이 부르르 떨렸다.

삼보일배를 통해 몇몇 두산 계열사 노조와 인연을 맺은 우리는 이후 노동자들과 학생들이 함께하는 자리를 만들었다. 2010년 7월 21일 두산 본사 인근에서 열린 두산자본규탄대회에서 두산 노동자들과 중앙대 학생들은 "노동 탄압 중단, 노동기본권 보장, 해고자 복직, 중앙대 기업식 구조조정 반대, 학생 징계 철회"를 한목소리로 외쳤다. 두산은 노동자와 학생이 함께 집회를 여는 것에 대해 민감한 반응을 보였다. 두산과 학교 측은 학생들의 활동을 감시하기 위해 학생처 직원 3명과 두산중공업 소속 직원 2명을 집회 현장에 보내 동태를 파악케 하였다. 그날 두산중공업의 한 사원은 '노영수 관련 동향 보고'라는 A4 5매 분량의 문건을 소지하고 있다가 발각되기도 했다. 문건에는 내 최근 행적에 대한 내용들이 기록되어 있었다. 명백히 기업에 의한 학생 사찰이었다. 당시 박범훈 총장도 며칠 후 보도 자료를 통해 학생들에 대한 감시를 지시했다고 시인했다. 덧붙여 이번 일은 재단과는 아무런 관계가 없음을 강조했다. 스스로 제자 감시를 인정한 총장의 모습에 한 번 놀랐고, 어떠한 경우에도 재단만큼은 비호하겠다는 그 충성심에 두 번 놀랐다.

여름방학이 끝나 갈 무렵, 8월 중순부터 흑석동 교정에서는 세계비교문학대회가 열렸다. 인문학 장사를 접겠다고 폐업 정리를 마친 점포에서 인문학 축제를 개최한다니. 아이러니도 이런 아이러니가 없었다. 워낙 규모가 있는 행사다 보니 혹시나 있을지 모르는 마찰에 대한 우려의 목소리도 있었지만 마스크를 쓰고 평화롭게 피켓팅을 하겠다고 나섰다. 우리가 나타났다는 소식을 듣고 안국신 부총장과 일부 보직 교수들이 몰려왔다. 무리 중에는 졸업생이라는 선배도 있었다. 그는 "왜 학교의 행사를 방해하나?"고 나에게 손가락질을 했고 출입금지가처분을 의식한 듯 "퇴학생은 밖으로 나가라"며 고함을 쳤다. 나중에 알고 보니 그는 국문과 교수였다. 인문학을 가르친다는 교수가 보여 주는 모습에 씁쓸한 마음을 감출 수가 없었다.

2학기 개강을 하고 얼마나 지났을까. 우편물 한 통이 집으로 날아왔다. 노량진경찰서에 사이버 명예훼손으로 고소장을 하나 접수했는데 그 결과가 나온

                                        대학의 교육 불가능

것이었다. 예전에 중앙대 학생 커뮤니티 게시판에 파로레라는 필명을 쓰는 누군가가 징계받은 학생들을 비난하는 글을 썼는데(비판의 요지인즉슨, 요즘 학생들이 스펙 쌓느라 얼마나 고생이 많은데 자기들은 데모질이나 하고 있냐는 것이었다) 거기에 우리의 성적 같은 개인 정보를 공개해 고소를 한 것이었다. 결과는 무혐의 처분이었다. 그런데 그 결과보다 피고소인란에 있는 이 아무개라는 낯선 이름에 더 시선이 갔다. 궁금해서 알아본 결과 그는 우리 학교 국문과 교수였다. 어처구니가 없었다. 세계비교문학대회 때 피켓팅을 하던 우리에게 고함을 쳤던 다른 국문과 교수가 문득 떠올랐다. 그들을 과연 가르치는 사람이라고 할 수 있을지 의문이 들었다.

2011년 1월 – 승소, 그러나 돌아갈 수 없는 학교

전쟁 같은 2010년이 지나가고 2011년 1월 14일. 반년 넘게 벌여 온 퇴학 처분 등 무효 확인 청구 소송은 우리들의 승리로 마무리됐다. 우리는 "학교 측의 과도한 징계권 행사는 무효다"라는 법원의 결정을 듣고 '이제 해결됐다'는 기쁜 마음으로 법원을 나섰다. 나는 오랜만에 수업을 듣는다는 생각에 1학기 등록금을 내고 수강 신청도 하며 설레는 마음으로 복학을 준비했다. 그러나 기쁨도 잠시. 학교 측은 2월 25일 자로 징계위원회를 재소집했다. 그리고 한 달 뒤인 3월 24일, 학교는 징계를 받았던 3명의 학생들에게 다시 정학 처분을 내렸다. 나는 1년 2개월의 유기 정학, 김창인은 1년 6개월의 유기 정학, 김주식은 무기 정학을 받았다. 대학 측은 법원으로부터 무효 판결을 받은 이전의 징계에 대해 어떤 입장 표명이나 반성도 없이 중징계를 되풀이했다.

승소를 하고도 단 한마디의 해명을 듣지 못한 채 다시 학교 밖으로 내쳐진 우리의 억울함은 누구에게 호소해야 할까. 시간은 벌써 한 해를 돌아 새로운 봄이 찾아왔지만 우리의 시간은 여전히 징계를 받았던 작년 그 시간에 그대로 멈춰서 있었다. 5월을 맞이한 싱그러운 교정에 우리가 설 자리란 없었다. 그러는 동안 학교는 기초학문 통폐합에 대한 우려의 잡음이 말끔히 사라진 듯, 2018년까지 세계 100대 명문대학 안에 들겠다는 각오를 홈페이지 곳곳에 써 붙여 뒀다. 본부의 한 홍보 직원은 학교 홈페이지 자유게시판에 '경중외시'에서 '서성한중'의 시대가 열렸다며 애들도 안 하는 서열 놀이를 통해 학교의 발전(?)을 자축했다. 대학 본부가 앞장서서 입에 담기도 민망한 대학 서열의 은어를 공공연히 선전하는 모습이라니. 그 모습에서 너무나도 가벼운 대학의 무게가 느껴졌다.

2011년 9월 – 다시 돌아온 학교

지난 9월, 나는 학교로 돌아왔다. 지난해 5월 퇴학당한 뒤부터 셈해서 1년 2개월의 유기 정학 기한이 지났기 때문이다. 타워크레인이 서 있던 자리엔 어느덧 육중한 건물이 들어섰고 그 안에 즐비하게 들어찬 상업 시설들은 학생들에게 소중한 아르바이트 자리를 제공했다. 학교의 배려는 여기서 끝나지 않았다. "졸업과 동시에 낙오자가 되는 학생들을 위한" 조치가 이어졌다. 2학기 개강을 앞두고 취업률이 낮다는 이유로 가정교육학과를 없앤다는 대학 본부의 발표가 있었던 것이다. 그로 인해 남는 정원은 경영대의 확대를 위해 쓰여질 거라는 계획도 뒤따랐다. 기업식 구조조정, 폐과 릴레이는 그 아름다운 쓰임을 위해 계속될 전망이다. 이 대학은 변한 게 아무것도 없다. 오직 효율이라는 논리로 대학과 학문이 재단되고 시장에서 유용한 학문만이 독존하는 모습에서 승자독식이라는 시대의 경악을 포착한다. "중앙대 애들은 돌머리라서 학자로 키워 낼 필요가 없다"는 이사장님의 교육철학 앞에 더 이상 학생들이 존엄한 존재로 살아갈 수 없기 때문이다.

"정직과 용기를 보여 주는 사람만큼 미래를 맡겨도 좋은 사람은 없습니다." 두산의 광고 카피다. 그들이 말하는 정직과 용기란 무엇일까. 내가 보여 줬던 용기는 그들에게 무엇이었을까. "사람이 미래다"라던 두산의 광고가 오늘따라 더욱 씁쓸하게 다가온다.

오
혜
진

'잉여'들의 반란과 명륜동의 봄

성균관대 국어국문학과
대학원생들이 보낸
'475시간'에 대한 기록

지난겨울을 생각하니 벌써 온몸에 으슬으슬 한기가 느껴진다. 한결같은 찬바람을 맞아도 그게 결코 익숙해지지 않았던 겨울이었고, 나는 그때 기상예보를 유난히도 열심히 챙겨 봤다. 약한 바람, 센 바람, 더 센 바람, 비바람……. 나는 바람의 소리와 결, 그 속도와 세기를 열심히 관찰하게 됐고, 그에 따라 사람의 마음도 강해지거나 약해질 수 있다고 생각했다. 바람과 마음의 관계에 대한 이 이야기를 언젠가 꼭 글로 쓰고 싶었다.

2011년 2~3월은 성균관대 국어국문학과 대학원생들에게 아주 특별한 시간이었다. 뭐부터 써야 할까. 아我와 피아彼我, 주관과 객관이 뒤섞인 시간. 먼저 우리의 '투쟁 아닌 투쟁'의 경위를 말해야겠다. '등록금 투쟁', 약칭 '등투', 속칭 '개나리 투쟁'. 아, 다 아는 얘기인가.

전야前夜, '마음이 소금밭'

전쟁 같은 학기를 마친 후 겨우 만난 꿀 같은 방학이건만, '마음은 소금밭'이다. 휴가를 가거나 귀향한 사람은 없다. 세미나와 논문, 그리고 중단 없는 일, 일, 일……. 4,749,000원이라는 금액이 적힌 등록금 고지서를 받아 든 두 손은 떨렸고, 마음은 급했다. 작년에 비해 4.2% 인상된 금액이었고, 학부 인상률 3%를 훨씬 상회하는 수치였다. (그러고 보니 작년 이맘때도 학교 당국은 학부 등록금은 동결한 반면 대학원 등록금은 5.1%나 인상해 놓고, 등록금 동결을 통해 학생들의 고통을 분담했다며 대외 홍보에 열을 올렸다.)

그 숫자는 매우 비현실적으로 보였지만, 우리가 당면한 상황은 꽤 구체적이었다. 누군가는 대출 절차를 알아보느라 분주했고, 누군가는 아르바이트를 한다는 이유로 세미나에 자주 결석했으며, 누군가는 소리도 없이 휴학했다. 그들이 지금까지 대학원에서 보낸 시간과 노력이 아까웠지만, 아무도 그들을 붙잡거나 나무라지 못했다. 교내 장학금은 등록금에 비해 턱없이 적고, 그나마 있던 인문학 장학금 제도도 폐지됐다. 학부 등록금 인상률은 정부 권고안에 따라 3% 미만으로 제한되어 있다지만, 대학원 등록금에 관해서는 아무런 규제도 없다. 그런 가운데 5년간 등록금이 무려 100만 원이나 올랐다. 그런데도 달라진 건 없다. 학교 건물은 늘어만 가는데, 연구 공간은 여전히 부족하고, 개설된 수업 수는 적으며, 학생 복지는커녕 도서관에는 책도 없다.

대학원생들이 등록금 투쟁을? 그런 말은 들어 본 적 없다. 그나마 조금 불평이라도 할라치면, 곧바로 '대학까지는 국민 정서상 의무교육에 가깝다지만, 대학원? 니들이 선택한 거잖아!' 라는 핀잔만 돌아올 뿐, 아무도 대학원생에게 관심을 갖지 않는다. 한국 사회에서 가장 안 움직이는 나약하고 안이한 부류들. 아무도 안 읽는 글을 읽거나 쓰는 데 홀로 만족하고, 교수의 심부름을 하느라 온 청춘을 다 보내도 끝내 저항하지 않을 자들. 시간강사들의 열악한 현실이 가까운 미래인 줄 알면서도 그저 참는 자들. 대학원에서 공부한다는 것이 꼭 죄짓는 것만 같다.

언제까지 참아야 하나. 등록금을 대기 위해 일하다가 쓰러지거나, 대출 빚을 갚다 못해 자살하는 학생들이 많다는 보도 기사는 거짓이 아니다. 우리는 죽어가고 있다. 그래서 어느 날 누군가가 "뭐라도 좀 해 봅시다!"라고 말했을 때, 우리는 놀라거나 망설이지 않았다. 죽거나 혹은 나쁘거나. 지금 움직이지 않으면 아무것도 바뀌지 않는다.

가칭 '박카스 프로젝트'가 시작된 건 2월 10일 즈음이었다. 모두들 힘들겠지만, 박카스라도 마시고 힘내 보자며 서로를 격려했다. 우리는 대학원생들이 더 이상 학교 당국의 부당한 요구에 순순히 굴복하지 않는다는 것을 보여 주기로 했다. 그간 읽었던 책에 적힌 혁명과 진보에 대한 앎을 총동원해 우리는 열띤 토론을 벌였다. 1980~1990년대에 격렬했던 투쟁 사례들이 떠올랐지만, 우리는 그 기억에 쉽게 몰입하지 못했다. 우리는 '싸움' 또는 '투쟁'이라는 역사적 용어를 사용하는 것을 의도적으로 꺼렸고, 대신 우리의 움직임을 '운동'이라 부르며 '혁명'과 유비했다. '투쟁'이 정의에 대한 열정과 특유의 배타적 폭력을 동시에 상기시키는 말이었다면, '혁명'은 아직 한 번도 본 적 없는 미지의 것이었고, 그 내용은 우리가 채워 나갈 것이었다. 인문학을 공부하는 대학원생 정서에 걸맞은 변화의 움직임을 만들고 싶었다.

우리는 비민주적이고 불합리하게 책정된 문과대 대학원 등록금액인 4,749,000원에 반대하는 의미로 2월 16일부터 3월 7일까지 '475시간' 동안 릴레이 1인 시위를 하기로 했다. 장소는 학교 본부가 있는 곳이자, 이 학교에서 가장 비싸고 상징적인 건물인 600주년 기념관 앞으로 정했다. 20일간의 짧지 않은 여정이 될 터였지만, 한 명이 하면 475시간, 10명이 하면 47.5시간, 20명이 하면 24시간이다. 그래서 우리는 '475시간 릴레이 1인 시위 교대 시간표'라는 세상에 없는 표를 만들었다. 각자의 시위 시간대가 적힌 네모 칸에 빼곡히 배치된 26명 동학들의 익숙한 이름들이 왠지 다르게 보였다. 그건 시각적으로 무척 아름다웠는데, 마치 세상에서 가장 뜨겁고, 가장 불온한 '성좌'처럼 보였다. 이제 준비는 끝났다. 목표는 2011년도 등록금 동결, 대학원 연구 환경 개선, 총학생회의 반성과 쇄신! "춥고, 따분하고, 불쌍해 보일 수도 있지만 '즐겁게' 해 보자!"

싸움 혹은 축제의 시간

'성균관대 국어국문학과 대학원생 일동'의 이름으로 총장 및 각 부서 처장에게 우리의 운동 취지와 요구 내용을 담은 길고도 열렬한 편지를 발송했다. 어떤 말이든 좋다. 일단 답하시라. 그러나 우리에게 돌아온 것은 "'일동'이란 정확히 누구를 말하는 것이냐"라는 참으로 촌스러운 물음이었다. '주동자', '배후' 운운하는 걸 보니 근 십 년간, 이 학교의 일천한 운동 역사를 알겠다. 학교 당국이 이런 구닥다리 매뉴얼을 갱신할 수 있는 기회를 그동안 우리는 거의 주지 않았던 것이다. 반성하고 또 반성한다.

2월 16일. 드디어 '등록금 인상 반대 475시간 릴레이 1인 시위'의 시작을 알리는 성명서가 교내 게시판에 나붙었다. 첫 타자가 별 어색함도 없이 거대한 건물 앞 벌판에 홀로 서 있고, 학우들이 "파이팅!"을 외치며 주먹을 불끈 쥐고 지나간다. 좋은 시작이다. 그런 격려가 '우리의 힘'이라는 걸 알기까지는 그리 오랜 시간이 걸리지 않았다.

등록금은 학생 대표들이 위원으로 참여한 '등록금심의위원회'(이하 등심위)와 협의해 결정한 것이니 아무런 문제가 없으며, 등심위 자료 공개는 대학원 총학생회의 소임이므로 학교는 그에 대한 아무런 책임이 없다는 것, 등심위 자료의 산출 근거를 학생들이 알아야 할 이유는 없다는 것, 신임 총장이 부임한 이 시기에 국문과 대학원생들의 움직임은 '분위기'를 해친다는 것, 등록금 동결이나 재협상은 절대 불가능하며, 대신 국문과가 원하는 것이 있으면 들어주겠다는 것이 학교 측의 주장이었다. 학교 측은 학생 대표가 제 목소리를 낼 수 없도록 구조화된 등심위 제도를 십분 활용했으며, 학생들의 소통 요청에 대해 고압적이고 불성실한 태도로 일관하거나, 국문과에 특혜를 주겠다는 식으로 우리를 교묘하게 회유하려 했다.

그날 이후, 아침부터 저녁까지 시위하고 밤에 집으로 돌아와 온라인 선전을 하는 날들이 계속됐다. 나는 매일 시위 내용과 그에 대한 소회를 학과 게시판 및 각종 포털 사이트와 블로그, 트위터 등에 기록했다. '공감'과 '추천', '좋아요'와 '리트윗'에 기댄 밤들이 외롭지 않았다.

둘째 날. 영하 2도의 날씨에 시위 현장에 오롯이 서 있자니 어제에 이어 학교 측이 또 부른다. 어제와 똑같은 얘기를 하며 앉아서 커피 좀 마시란다. 하지만 이미 배부른 걸요. 밖에 서 있을 때, 학생들이 주고 간 캔커피를 너무 많이 마셔서요. 3일째 되는 날에는 대대적인 학회가 있었다. 여러 학교에서 오신 선생님들이 행사장으로 들어가며 우리를 본다. 웃으며 눈인사를 나눈다. 평소라면 우리도 학회장에 들어가 선생님들의 논문 발표를 열심히 들었겠지. 그런데 지금 우리는 어디에 있나. 아아, 만물이 흔들리는 금요일이다.

시위가 계속되자, 현장에 놓아 둔 서명철에 우리의 운동을 지지하는 이름들이 빈틈없이 적힌다. 낯모르는 학우들이 따뜻한 음료와 핫팩을 슬그머니 쥐어 주고, 홀로 선 내게 이런저런 말을 건넨다. 그 감동을 전할 길이 없어, '1인 시위' 말고 '프리 허그'를 할까 잠시 생각해 본다. 동아시아학과, 철학과, 사학과, 교육대학원 원우들이 앞다투어 연대를 선언하며 지지 성명서를 발표했다. "공부하고 싶다. 먹고는 살아야겠다. 이 어디쯤에 대학원생들의 현실이 있습니다." '날것'의 분노가 담긴 이 격문과 투서들이 교내 게시판을 사정없이 메웠다.

6일째 되는 날에는 복잡다단한 절차를 거쳐 등심위 회의록을 '겨우' 열람했다. 학교는 학부 3.1%, 대학원 4.1% / 학부 3.0%, 대학원 4.2%의 두 안을 학부 총학생회장과 대학원 총학생회장에게 제시하며 선택을 요구했다. 이 안에 따르면 학부생과 대학원생은 마치 일종의 '부채 공동체' 같다. 학교 측은 대학원 총학생회장에게 '선배로서 후배에게 양보할 것'을 제안하고, '의좋은 형제'는 그에 따르기로 한다. 뜨거운 모교애와 형제애가 흘러넘치는, 참으로 감동적인 텍스트다. 대학원 총학생회장은 학부 등록금을 3% 이상 올릴 경우, 우리 학교가 정부의 보조금을 받지 못하게 되며, 등심위를 통해 이 사안을 결정하지 못하면 등록금에 대한 의결권을 가진 총장이 더 높은 인상률로 등록금을 책정해 버리기 때문에 불가피한 결정이었다고 해명했다.

22일, 졸업식을 앞두고 학교 측은 또 한 번 우리를 부른다. "졸업식 날만이라도 시위를 중단해 달라. 너희가 외롭게 시위하는 모습이 학교의 대외 이미지를 해친다." '브랜드 이미지', '미래지향적 융복합 학문 지향' 같은 학교의 과잉 수사는 언제 들어도 허무 개그 같아서 우리에게 아주 작은 충격도 주지 못

  대학의 교육 불가능

하지만, 대신 역설적으로 큰 영감을 준다. 그렇다. 외로움은 우리의 무기다. 우리의 외로움이 부를 상식적인 동정과 행동이 학교는 많이 두렵다.

27일에는 비가 많이 왔다. 텅 빈 교정에서 주룩주룩 쏟아지는 빗소리만을 벗 삼아 서 있자니 누가 시키지 않아도 저절로 비장해진다. 과연 이 짓이 정말 '변혁의 무브먼트'인지 아니면 그냥 '개고생'인지를 진지하게 생각해 본다. 오들오들 떨며 아무리 생각해 봐도 답이 잘 안 나와서, 일단은 그냥 뜨거운 김이 훅훅 나는 엄마손 칼국수 같은 걸 생각하며 시간을 보내기로 한다. 내 앞 주자는 무슨 생각을 했을까. 릴레이가 끝나면 꼭 물어봐야지.

3월 2일. 믿을 수 없지만 개강이다. '학생은 사실 개강을 위해 있는 건데, 난 왜 자꾸 학교가 답답하게 느껴질까. 나쁜 학생! 나쁜 학생!' 하며 현장에 서 있자니, 신입생들이 와르르 와서 서명철에 꼬물거리는 글씨로 잘 못 알아보겠는 메시지를 써 놓고 간다. 무른 손가락을 가졌어도 실은 제법 단단한 이들이겠지. 한편, 우리의 면담 요청을 한사코 외면하던 신임 총장의 발언이 학교 신문에 대문짝만하게 실려 우리의 전투력을 진작시킨다. '등록금 없으면 학자금 대출 받으라'("비전을 통해 글로벌 리딩 대학으로 도약해야", 〈성대신문〉, 2011년 3월 2일 자)는 말씀. 대출 권하는 대학 총장이라니! '글로벌 리더'라서 그런지 과연 범인ᄊ들의 상식을 초월한다.

드디어 3월 7일. '등록금 인상 반대 475시간 릴레이 1인 시위 종료 선언식'이 있는 날이다. 어젯밤에 게시해 둔 3차 성명서의 제목은 "끝나도 끝난 게 아니다!" 아침부터 집에서 각종 자료를 준비하고 여기저기 연락하느라 출발이 늦었다. 급히 택시를 잡아타니, 즐겨 듣던 라디오 프로그램에서 내가 좋아하는 노래들이 끝도 없이 나온다. 아, 내리고 싶지 않다!

우리의 운동을 지지해 준 모든 연대 단위들과 함께할 종료 선언식을 알리는 초대장에 나는 이렇게 썼다. "475시간. 길다면 길고 짧다면 짧을 만큼 상식적인 시간 감각을 교란시키는 참으로 신비롭고 이상한 시간이었습니다. 하지만 그건 또한 추위와 긴장, 침묵과 소란, 분노와 외로움 등 그 시간을 구성하는 그 모든 성분들이 우리 몸에 각인된, 가장 물리적이고 구체적인 시간이기도 합니다. (……) 비바람 몰아치고, 가끔은 엷은 햇볕에 서 있는 등이 따뜻하곤 했던 475시간 동안 우리가 나눈 이야기와 눈맞춤, 그리고 희망을 기념하려 합니다.”

색색깔의 피켓을 들고 도열한 우리 모습은 흔히들 우려했던 것과 달리 전혀 무질서하지 않았고 질서와 조화 그 자체로 보였다. 여기저기서 사람들이 뜨거운 박수를 보내 줬는데, 그래도 그게 끝이라면 아마 울었을 게다. 하지만 우리의 움직임은 교내외에 널리 퍼졌고, ‘등록금 인상을 반대하는 학부생 모임’이 결성되어 우리의 시위를 잇겠다고 하니, 마냥 아쉽지만은 않았다. 내가 600주년 기념관 앞에 언제나 ‘홀로’ 서는데도, 쉽게 내 자리를 알아보고 늘 같은 자리에 설 수 있었던 건, 그들이 항상 내 옆에 투명하게 함께 서 있었기 때문이었다는 걸 이제야 알겠다.

끝나도 끝나지 않은

“끝나도 끝난 게 아니다!”라고 외쳤지만 그게 말처럼 쉬운 것만은 아니다. 열정은 더디게 자라고 냉정은 빠르게 온다. 이른 봄의 꽃샘추위도 늦겨울의 칼바람만큼 매서워서, 많은 이들이 지치고 상처받았다. 낯선 이들과의 연대에서 오는 긴장감, 점점 제도의 심층으로 육박해 가는 운동 방식, 학업과 생업, 그리고 운동의 병행으로 인한 부담은 누구에게나 버겁다. 누군가에게는 휴식이 필요하고, 누군가에게는 위로가 필요하다.

하지만 분명한 건, 국문과는 이제 더 이상 혼자 싸우지 않아도 된다는 사실이다. 우리는 우리의 운동을 지지해 준 여러 단위들과 함께 ‘성균관대대학원 등록금인상반대연대회의’를 출범시켰다. 이 기구는 등록금 최종 납부 기간인 3월 8일부터 11일까지 본부 앞에서 집회를 개최하는 등 2차 행동을 전개했고,

3월 22일에는 대학원 등록금 문제를 사회적으로 환기하기 위해 국가인권위원회에 진정안을 접수했다. 이제 남은 일은 비민주적인 기존 질서와 깊이 밀착되어 개인주의가 극도로 만연한 대학원 사회를 바꾸는 일이다. 식물화된 총학생회에 우리의 권익을 전가하는 것이 아닌, 대학원생 누구나 자발적으로 참여할 수 있는 진정한 학생 자치 기구를 만드는 일이 절실하다. 그리하여 학교와 사회가 조장하는 구조악에 맞서 학생들의 권익을 지키기 위한 움직임을 지속할 수 있어야 한다.

이제 더 이상 각종 미디어가 보도하는 고학생 드라마는 안 봤으면 좋겠다. 대학의 윤리와 정치에 대해 치열하게 사유하고 행동하지 않는 한, 대학원생은 여전히 '잉여'의 존재이며 그것이야말로 책에 대한 배반이다. 이것은 역설이 아니라 진실이다.

공부할수록
가난해지는,
가난할수록
공부할 수 없는

어느 알바생의 일상

아르바이트를 끝내고 집에 돌아오면 어느새 밤 11시. 주섬주섬 늦은 저녁을 먹거나 씻고 나면 시간은 이미 자정이다. 피곤에 찌든 몸은 천근만근. 쓰러져서 잠들고 싶지만 하루는 아직 끝나지 않았다. 내일이 과제 마감일. 지친 몸을 이끌고 간신히 책상에 앉으면 막막함에 울고 싶은 심정이다. 수업 시간에 배운 내용들을 점검하고 떠오르는 아이디어들과 접목시키고 싶지만 그런 완성도 있는 과제를 몇 시간 만에 끝내는 것은 사실상 무리이기 때문이다. 새로운 시도나 아이디어는 접어 두고 시간 안에 끝낼 수 있는 무난한 주제로 과제를 시작한다. 그러다가 문득, 이런 상황이 과제를 할 때마다 반복된다는 데 생각이 미치면 그때부터는 비참함과 함께 무력감이 찾아온다. 내가 무력감을 느끼거나 말거나, 이 방대한 분량의 과제는 해가 뜰 무렵이 되어서야 끝이 난다.

과제가 끝난 뒤에는 주변을 정리할 겨를도 없이 기절하듯 잠든다. 다음 날 좀 기진맥진하더라도 일어나면 다행이지만, 아침까지 탈진 상태로 일어나지 못하는 경우도 있다. 불길한 예감에 눈을 떴을 때, 시간이 이미 수업의 중간을 달리고 있다면 그날은 일어나는 순간부터 참을 수 없는 짜증과 분노에 사로잡히게 된다. 어젯밤의 노력은 수포로 돌아갔다. 처음에는 힘들거나 말거나 시간 맞춰 일어나지 못한 내 자신에게 참을 수 없는 분노가 치밀고, 다음으로는 이런 무리한 일정을 소화해야만 하는 내 처지에 짜증이 난다. 나 자신에 대한 환멸과 세상에 대한 원망이 동시에 찾아드는 아침이라니 어제만큼 '벅찬' 하루의 시작이다. 같은 이유로 눈이 번쩍 뜨인 어느 아침, 나는 폭발적인 감정들을 이기지 못하고 이부자리에 주저앉아 내 가슴을 치면서 대성통곡을 했다. 그렇지만 원망할 데라고는 나밖에 없었다. 사실, 여유롭게 울고 있을 시간도 없다.

울면서도 양치질을 하고 옷을 대충 꿰어 입고 모자를 눌러 쓴 다음 초조한 마음을 다독이며 학교로 달려가야 한다. 어쩌면 아직 과제를 제출할 수 있을지도 모른다.

아르바이트를 하며 학교를 다니는 동안 나는 하루에 세끼를 제대로 먹은 기억이 없다. 늘 피곤해서 아침밥보다 잠이 고팠다. 조금만 더 자려고 안간힘을 쓰다가 공복으로 길을 나선 등굣길은 학교까지 한 시간 반이 걸리고, 도착하고 나면 언제나 기운이 달려 어지럽고 속이 메스껍다. 그렇게 아침 식사를 놓치고 나면 외려 밥 생각이 없거나 살짝 먹은 간식에 헛배만 부르다. 그래서 갑자기 식은땀이 날 정도로 배가 고프거나 어지럽지 않은 이상 학교에서 식사를 하지 않고, 대신 하굣길에 점심과 저녁을 겸한 간단한 간식이나 김밥을 먹는다. 이런 어중간한 식사는 돈도 시간도 절약할 수 있기 때문에 전략적인 습관이 된다. 어느 날, 오랜만에 친구들을 만나 밥을 먹고 있는데 밥이 너무 달아 곰곰이 생각해 보니 일주일 만에 제대로 된 '음식'을 먹고 있었다. 그런 식생활을 유지한 지 1년이 넘도록 나는 내 식사 패턴을 돌아볼 여유가 없었던 것이다.

학교 수업이 끝나면 바로 아르바이트로 향한다. 학교가 서울 북동쪽 끝에 있는 탓에 어느 지역을 가도 한 시간 이상이 걸린다. 제대로 준비하지 못하고 달려 나온 아침 시간과 이어지는 수업으로 에너지를 완전히 탕진한 나는 지친 몸을 버스에 싣는다. 흔들리는 버스로 1시간을 이동하고 나면 아르바이트를 시작도 하기 전부터 지친다. 그래서인지 나는 늘 아팠다. 멀미 기운에 차에서 내리면 구토감이 들고 대충 먹은 간식에도 속이 울렁거리고 미열과 편두통을 달고 살았다. 한여름에도 늘 추웠고 종종 식은땀이 났다. 하지만 그런 증상은 내게 너무 일상적이고 소소한 것들이라 그런 이유들로는 아르바이트를 쉬지 않았다. 한번은 사진관 카운터에 앉은 내 얼굴이 하얗게 질리고 식은땀이 줄줄 흐르는 것을 발견한 사장님이 조퇴를 강권했다. 하루를 쉬어 줄어들 급여와 이제까지 내가 나를 몰아세우며 버텨 온 시간들의 의미, 그리고 당장 쉬고 싶은

     대학의 교육 불가능

욕구들이 머릿속에서 정신없이 떠다녔다. 끝까지 버텨 보려던 나는 결국 그날 조퇴를 했고, 가게를 나선 뒤 10분도 걷지 못하고 길바닥에 쓰러져 버렸다.

모처럼 아르바이트가 일찍 끝나거나 쉬는 날이라고 해도 딱히 마음 편히 쉴 수 있는 건 아니다. 공부 말고도 스펙을 쌓고 인맥을 관리해야 하는 대한민국의 대학생이라서 할 일이 너무 많다. 할 일을 색깔별로 알록달록하게 정리해 놓은 내 다이어리를 열면 동아리 모임, 자원봉사자 회의, 오랜만에 만나는 친구들과의 약속이 하루에 몇 개씩 있다. 그리하여 알바가 있거나 말거나, 집에 돌아오면 시간은 밤 11시. 늦은 저녁을 먹고 하루를 정돈하고 다이어리를 편다. 다만, 과제가 없기만을 간절히 바랄 뿐이다.

너무 비싼 대학생 인생

공부를 제대로 할 수 없고, 몸이 축나고, 게다가 시간이 늘 없으면서도 아르바이트를 그만둘 수 없었던 이유는 내가 생계형 아르바이트생이기 때문이었다. 생계형 아르바이트생이라는 것은 아르바이트로 버는 돈이 취미나 유흥보다는 생활비로 쓰인다는 뜻이다. 내 경우 생활비란 집세와 등록금을 제외한 모든 생활비용 일체를 말한다. 멀기는 하지만 그나마 집과 학교가 같은 서울에 있기 때문에 자취 비용을 충당할 필요가 없다. 한 학기에 360만 원이 넘는 등록금은 애초에 내가 감당할 수 있는 금액이 아니라는 계산에 학자금 대출을 받았고 가끔은 할머니께서 대 주기도 하셨다. 제대로 먹고 자지 못할 만큼 열심히 사는데도 내 앞으로 벌써 빚이 천만 원. 그래도 나는 자취 비용을 감당하지 않는다는 점에서 최악의 경우는 아니다. 나보다도 끔찍하게 바쁘게 살아야 대학 생활을 누릴 수 있는 친구들을 찾기란 별로 어렵지 않다.

집세와 등록금을 내지 않는데 무슨 비용이 그렇게 많이 들어가느냐고 생각할지 모르지만 하나씩 계산해 보면 대학생으로 사는 데 드는 비용은 그렇게 만만치 않다. 한 달을 기준으로 계산해 보자. 학교와 아르바이트 장소를 오가는 차비는 적어도 7만 원, 인맥 관리를 포기하지 않는 선에서 절약했을 때 핸드폰 요금은 5만 원, 거기에 3,300원짜리 학생 식당의 밥만 먹는다는 가정 아래 식비가 15만 원, 매달 꼬박꼬박 나가는 학자금 대출 이자까지 필수 생활비만 이미 30만 원이다. 여기에 사람들을 만나서 커피를 마시고 밥을 먹으면 한 번에 2만 원 정도, 영화라도 보는 날에는 3만 원 이상이 지출되고, 계절마다 최소한의 옷과 화장품을 사는 비용까지 계산하면 생활비는 50만 원을 훌쩍 넘는다. 그렇다고 내가 사치를 했던 적은 없다. 나는 아직까지도 백화점에 들어서는 것조차 불편하고 스포츠 브랜드의 운동화를 신어 본 적도 없다. 가끔 자조적으로 내가 걸치고 나온 물건들의 총합이 얼마나 되는지 계산해 보곤 하는데 겨울이 아닌 다음에야 머리부터 발끝까지의 합이 십만 원을 넘기질 못한다. 게다가 이 50만 원은 학기 초에 사야 하는 책값이나 개인적으로 다녀야 하는 여러 학원 수강료를 포함하지 않은, 인맥 관리나 스펙 쌓기에서도 최소의 최소 비용만을 계산한 것이다. 아무리 아낀다고 해도 실제로 드는 비용은 50만 원 이상이다.

내가 아르바이트를 시작했던 2006년의 최저임금은 3,100원이었다. 2011년을 기준으로 해도 4,320원이니, 한 달 116시간, 주 5일 근무 시 하루 6시간을 일해야 50만 원을 벌 수 있다. (보통 학생들을 고용하는 아르바이트의 시급은 최저임금부터 시작하고 이 최저임금에도 3개월 동안 수습 기간을 적용하여 15%를 적게 주는 악덕 사업주도 있다.) 앞서 말한 대학생의 하루를 보라. 학교를 다니면서 하루 6시간 이상 일하는 것은 체력적으로나 정신적으로나 쉽지 않은 일이다. 이런 상황은 큰돈이 필요한 생계형 아르바이트생들을 시급이 높고 장시간 근무가 가능한 패밀리 레스토랑의 아르바이트를 선택하게 만든다. 방과 후부터 마감 시간까지 일하면 한 달에 80만 원 이상의 수입이 가능하기 때문이다. 그러나 세상에 공짜는 없는 법. 패밀리 레스토랑은 아르바이트생들을 직원이라 부르고 그만큼의 시간과 에너지를 요구한다. 그 아르바이트에서 살아남기 위해 요구를 따라가다가 패밀리 레스토랑 자체가 생활의 중심을 차

대학의 교육 불가능

지하게 되고, 결국은 학교에 출석을 하지 않거나 휴학하는 학생들도 많다. 나는 아르바이트를 하더라도 아르바이트생이 아닌 학생이고 싶었다. 아르바이트는 생활을 위한 필요악이었다. 나는 학업을 중단하게 될까 봐 두려웠다. 그래서 늘 학교생활과 병행이 가능한 아르바이트를 해 왔다. 하지만 그래서는 충분한 돈을 벌 수 없었다. 학교를 포기하지 않은 이유로 나는 늘 일을 하면서도 가난했다.

하지만 학교생활을 위협하는 일은 어디에나 있었다. 저녁마다 병원의 차트 기록을 데이터베이스화 하는 일을 한 적이 있는데 다른 아르바이트와 달리 앉아서 근무를 하고 식사 시간이 보장될 뿐 아니라 병원에서 식사를 제공한다는 점, 그리고 시급이 높고 4대 보험이 적용된다는 점에서 거의 '환상적인' 아르바이트였다. 15명 중 14명이 학생이었던 우리 팀에서는 간간히 보충 강의나 학교행사 때문에 병원 직원인 담당자에게 양해를 구하는 일이 있었다. 우리는 외주 고용 상태기 때문에 원칙적으로는 빠지는 시간만큼 주말에 나와 일할 수 있었고, 팀원들도 성실한 편이었다. 그런데 담당자는 학교 이야기가 나올 때마다 큰소리로 화를 내며 팀 전체를 윽박질렀다. 그때마다 빠지지 않는 말이 "너희가 병원에서 일을 하고 있는 이상 너희는 학생이 아니라 직원이다. 그러니 학교 일보다 병원 일을 중요하게 생각해야 한다"는 것이었다. 정직원이 아니라 아르바이트로 학생들을 고용하고 하루 6시간씩 일하게 하고 한 달에 60만 원이 안 되는 월급을 주면서 스스로를 학생이 아닌 직원이라고 생각하기를 바라는 그 논리에 웃음이 났다. 그러면서도 이 아르바이트는 굉장히 좋은 편이라고 안도하며 일해야 하는 것이 현실이었다.

그렇게 일하면서도 생활비는 늘 부족했다. 내가 세운 최저 생활비는 친구의 생일이나 부모님의 생신, 혹은 꼭 사야 할 책, 급하게 택시를 타는 일 같이 현실적인 문제들을 배제한 계획이기 때문이었다. 그래서 학기 중에는 꾸준하게 자잘한 아르바이트들을 병행했다. 과제로도 부족한 시간을 쪼개고 또 쪼개면서 교수가 소개해 준 대학원생의 연구 보조로 며칠 밤을 새기도 하고, 설문 조사나 행사 보조로 하루 종일 일하고 적게는 2만 원, 많게는 10만 원까지 꾸준히 돈을 벌었다. 특히 일주일에 두 번씩 6시간, 한 학기에 120시간만 일하면 되는 대학원 근로 장학생은 오랫동안 병행했던 일이다. 조교를 돕거나 심부름을 가는 정도의 가벼운 일이라 부담이 없어서 2년이나 할 수 있었다. 그렇지만 실제로 큰 도움이 되지는 않았다. 장학금 명목으로 나오는 금액은 한 학기에 50만 원이고, 이마저도 두 번에 나누어서 지급되었기 때문이다. 아르바이트를 하면서 틈새 시간까지 근로 장학생으로 일하고 번 이 25만 원은 대부분 빚잔치에 쓰였다. 보통 밀려 있던 핸드폰 요금이나 학자금 대출 이자를 냈고, 그동안 아르바이트 때문에 만나지 못해 원망을 샀던 친구들에게 밥을 사기도 했다. 시간표 사이사이로 남아 있는 내 자투리 시간을 모두 바친 결과로는 허무했다.

　아르바이트를 바꾸는 중간에 공백이 생기거나 설상가상 장학금이 행정 문제로 늦어지기라도 하면 내 경제활동은 그 자리에서 멈출 수밖에 없다. 한번은 중간고사 기간이었는데 학교에 갈 차비가 없었다. 특별히 모아 놓은 비상금도 없었고 집에 있는 저금통까지 탈탈 털어 쓰고 난 뒤라 정말 한 푼도 없었다. 막막함이 너무 커 서러움을 느낄 새도 없었다. 한참을 고민하던 나는 결국 지하철을 무임승차하고 학교 셔틀버스를 이용하기로 결심했다. 모자를 깊게 눌러 쓰고 지하철을 탈 때마다 심장이 튀어나올 듯이 뛰는 게 느껴졌다. 그렇게 삼 일쯤 되던 날 하굣길, 남몰래 개찰구를 통과하는데 누군가 내 등에 대고 무임승차 하지 말라고 큰소리를 질렀다. 나는 정말 얼굴이 터질 만큼 빨개진 채, 달음박질해 도망쳤다. 그리고 지하철 구석으로 가 평소에는 하지도 않는 욕을 연신 해 대며 계속 울었다. 화내지 않고 슬퍼하면 내가 무너질 것 같았다. 다음 날, 급한 대로 다시 등교를 해 시험을 봤다. 그런데 돌아오는 길, 전날 발각됐던 지하철역에 당도하자 다시 들어갈 자신이 없었다. 그래서 또 한참을 고민하다가 학교에서 집 방향으로 터덜터덜 걸었다. 뼛속까지 사무치는 서러움에 실

　대학의 교육 불가능

없이 웃으면서 세 시간을 걷다가 도저히 움직일 수 없을 때가 돼서야 친구에게 나를 데리러 와 달라고 전화를 했다. 그리곤 나를 데리러 온 친구의 얼굴을 보자마자 울음을 터뜨렸고, 울음이 그치고 나서는 괜히 상관없는 농담만 해 댔다. 무임승차를 하다가 적발돼도, 3시간을 걸어 발이 부르터도, 아주 가까운 친구에게도 차비가 없어서 그랬다는 말은 목에 걸려서 나오질 않았다.

나에게 가난은 공감받지 못하는 상처이고 사회적인 주홍글씨이기 때문이다. 나는 한국 사회에서 일정 수준 이상의 소비생활을 하는 것은 기본적인 사회 성원권의 일부라고 느낀다. 중·고등학교에서 비슷한 수준의 운동화를 신지 않는다는 것이 친구를 사귀는 데 걸림돌이 되거나, 일부 사람들 사이에서 어떤 브랜드의 화장품을 쓰는지가 한 사람의 수준을 결정하는 기준이 되는 것은 그런 맥락이다. 그래서 사람대접을 받을 수 있는 마지노선의 소비가 불가능한 나는 다른 사람들과 어울리기 위해서 늘 가면을 쓰고 거짓말을 해야 했다. 사지도 못할 브랜드에 대해 공부해 보기도 하고 마음만 먹으면 나도 언제든지 그런 것을 구매할 수 있는 양 친구들과 수다를 떠는 일은 사실 내 가난에 대한 기만이다. 그래서 늘 불안했다. 거짓말을 하고 있는 중이기 때문에 내가 조금만 움직이면 내 가면이 가짜라는 것을 들킬 것 같고, 내가 움직일 때마다 나에게서 가난의 냄새가 풍길 것 같았다. 그리고 가난이 발각되는 순간 가난이라는 낙인이 찍히고 조금씩 격리될 것이라는 걸 본능으로, 경험으로 알았다. 그래서 나는 친구에게조차 차비가 없다는 말을 할 수 없었다.

내 가난을 보이는 것을 두려워하는 만큼 나는 억울하다. 나는 다른 사람보다 더 열심히 살았고 두세 배 많은 일을 해내며 살아왔는데, 결과적으로 내가 누릴 수 있는 것은 남들보다 못하거나 간신히 비슷한 수준일 뿐이다. 게다가 그것을 부끄러워하고 들킬 것을 두려워해야 살아남을 수 있다. 가끔 이런 내 자신이 초라하게 느껴지면 딱히 아르바이트를 할 필요가 없었던 남자 친구에게 울컥 화를 내곤 했다. 너는 네 취미와 데이트 비용을 위해서 여유롭게 과외 아

르바이트를 하면 되지만, 나는 살기 위해서 너의 두세 배나 되는 일들을 해야
한다고, 그러니까 지금은 네가 잘나고 대단해 보여도 사실은 내가 너보다도 훨
씬 열심히 살고 있고 대단한 일을 하고 있는 거라고 자격지심 섞인 화를 냈다.
내가 겪고 있는 이 모든 일들이 내가 잘못됐거나 나약하기 때문은 아니었다.
오히려 힘든 상황을 내 힘으로 잘 이겨 나가고 있다는 사실은 나에게 남은 마
지막 자존심 같은 거였다. 내 상황이 나아지게 만들지는 못했지만 내가 계속
살아갈 수 있게 지탱해 주는 힘들이었다. 나는 그렇게 내가 누리지 못하는 것
들에 간신히 맞서서 살았다.

　학교를 다니기 위해서 더 힘든 길을 선택했지만 막상 학교생활도 마음껏 누
릴 수는 없었다. 학과가 처음 정해졌던 2학년 초기에는 학교 선배의 권유로 학
년장을 맡았는데, 막상 학기가 시작되면서 일을 제대로 할 수가 없음이 드러났
다. 수업 외의 시간을 아르바이트로 보내야 했기 때문이다. 일 년이 지나고 그 자
리를 인수인계 받게 된 후배가 술자리에서 그 일로 나를 원망했다. 나는 아무 말
도 할 수 없었다. 이해를 구하자면 내 치부를 보여야만 했기에 그냥 내가 무책임
한 사람인 것처럼 아무 말도 하지 않는 편을 택했다. 애초에 학교에서 친구를 사
귀는 일 자체가 나에게는 쉽지 않았다. 학교에서는 최소한의 시간만 보내고 바로
아르바이트를 하러 갈 수 있도록 최대한 효율적으로 시간표를 짜야 했기 때문에
다른 친구와 함께 시간표를 맞추어 수업을 들을 여유가 없었다. 당연히 친한 친
구가 생길 재간이 없었다. 처음에는 학년장을 할 정도로 학교 일에 의욕이 있었
는데 시간이 지날수록 학교행사에 참여조차 할 수가 없었다.

살기 위해 : 시간을 팔거나 사연을 팔거나

　졸업 논문을 쓰던 해, 논문에 집중하겠다는 이유로 모든 아르바이
트를 중지하고 공부에만 전념하는 큰 결심을 했다. 대학 생활을 하면서 어떤
아르바이트도 하지 않은 것은 처음이었다. 논문을 쓰기 위해서 다른 학생들은

　　　　　　　　　　　　　　　　　　　　대학의 교육 불가능

수업을 13학점이나 15학점 정도로 적게 듣기도 하는데, 나는 논문을 쓰면서 20학점을 듣고 영어 기숙사에 입사해서 공부를 하는 소위 '미친 짓'을 했다. 학교에서 공부하고 기숙사에서 또 수업을 듣고 밤에는 논문을 썼다. 기숙사 룸메이트들이 걱정을 할 정도로 정신없는 한 학기였다. 그래도 아르바이트를 하는 것보다는 힘들지 않았고, 그 학기는 성적도 좋아 처음으로 장학금을 탔다. 심지어 기숙사 내에서도 장학금을 타서 장학금 이중 수혜의 쾌거를 이루었다. 내 가능성을 인정받은 것 같은 뿌듯함과 자신감에 기뻤다. 그리고 한편으로는 이전까지 아르바이트 때문에 성적에서 고전을 면치 못했던 것이 억울해졌다. 그때부터 나는 아르바이트를 그만두고 각종 장학금을 신청해 생활비를 마련하기 시작했다.

그간의 성적이 뛰어나지 않았기 때문에 신청할 만한 장학금은 '차상위계층'을 대상으로 한 것밖에 없었다. 이 경우에는 장학금을 타기 위해서 각종 서류와 지원서를 통해 나의 가난을 증명해야 한다. 예를 들어, 최근에 신청한 장학금 신청서에는 '신청 동기를 상세하게 기술하라'는 문구가 있었다. 이 장학금의 선발 기준은 '가계 형편 곤란자 중 학업성적 우수자'였다. 그러니까 장학금을 받기 위한 경쟁력 있고 호소력 있는 신청서를 쓰려면 내 인생 중 가난을 돋보이게 써야 한다는 뜻이었다. 이전까지 나는 가난을 드러내 놓고 말해 본 적이 없었다. 내가 가난하다고 고백해 장학금을 타는 일이 나를 파는 것과 다를 것이 없게 느껴졌다. 도무지 신청서를 쓸 엄두가 나지 않았다. 내가 이 신청서를 작성해서라도 장학금을 받아야 하는 것인지, 신청한다면 어느 정도 수위로 내 가난을 돋보이게 써야 하는지 혼란스러워 신청 마감 시간까지 계속 고민을 했다. 나를 챙겨 주는 교수님의 전화를 받고 나서야, 나는 초등학교 때 읽은 위인전에 나오는 위인들의 가난하고 힘들었던 어린 시절을 쓰듯 내 가정 형편 곤란의 역사를 최대한 씩씩하게 적었다. 그리고 그 내용에 근거한 교수님의 추천서를 받아 신청서를 제출했다. 제출 직전에 읽어 본 신청서 속의 내 이야기는 지하철 앵벌이의 호소문이나 〈병원25시〉 같은 프로그램에 나오는 불치병 환자의 사연과도 같이 낯설고도 익숙했다. 그 신청서 속 어디에도 열심히 살아온 나를 찾을 수가 없었다. 이제까지 스스로 생계를 꾸리겠다고 아등바등하던 진짜 나는 증발한 것 같았다.

차상위계층으로서 혜택을 받는다는 것은 '보통 사람'으로서 나를 포기해야 하는 일이다. 내가 기숙사에서 장학금을 받았을 때, 학교에서 차상위계층 대상자를 따로 모집해서 파격적인 조건으로 어학연수를 보내 주는 프로그램이 생겼다. 나도 그 프로그램에 지원했다. 급하게 제출한 서류에 문제가 생겼는지 호출을 받았다. 사무실에 도착했을 때, 담당자는 사무실에 있던 모든 사람이 들을 수 있을 정도의 큰소리로 도대체 왜 부모님이 가족관계증명서에 함께 나와 있지 않은지, 내가 왜 차상위계층 해당자인지를 물었다. 순간적으로 얼굴이 달아오르는 게 느껴졌다. 주변을 둘러보았는데 사무실에는 근로 장학생으로 일하는 학생들도 있었다. 갑자기 벌거벗겨진 기분이었다. 그렇지만 어학연수를 가려면 서류를 처리해야 했고 나는 무언가 대답을 해야 했다. 나는 강해지는 방법을 선택했다. 나는 버럭 화를 내면서 "아빠가 어디 계신지도 모르고 연락도 안 된다"라고 거짓말을 했고, 담당자는 그제야 미안한 표정을 지으면서 내 신청서를 처리해 주었다. 나는 저녁마다 만나는 아빠, 그리고 아빠와 나의 사연과 우리의 복잡 미묘한 관계를 모두 부정하면서 그 상황에서 벗어날 수 있었고 어학연수도 다녀올 수 있었다. 사무실을 나오는데 그제야 모멸감과 수치심이 섞인 복합적인 감정에 눈물이 핑 돌았다. 그 사무실에서 나는 온전히 '수혜'를 받으러 온 신청자였을 뿐 나 또한 보호받고 싶은 사생활을 가진 한 사람의 '개인'이라는 사실이 전혀 고려되지 않았다. (덧붙이자면, 어학연수 합격자가 발표되던 날 담당 부서는 차상위계층과 일반 신청자를 분류하여 발표하였고 그 덕분에 나는 함께 신청했던 친구에게 내가 차상위계층이라는 것을 아웃팅당했다.)

아르바이트가 시간을 팔아 돈을 버는 일이라면, 장학금은 사연을 팔아 돈을

대학의 교육 불가능

버는 일이다. 그래서 아르바이트로 몸이 지치고 고단한 것처럼 장학금을 타려고 노력하는 일은 마음을 지치게 만든다. 차상위계층으로서 장학금을 받기 위해서 겪어야 하는 일은 크게 두 가지다. 하나는 내 사연을 팔릴 만한 것으로 만드는 것이다. 나는 내가 겪어 온 삶의 고유한 사연들을 버리고 전형적인 것으로 각색해야 한다. 신청서는 내 복잡 미묘한 인생의 사연을 적기에는 칸이 너무 작을 뿐 아니라 실제로 그들은 내 사연이 아니라 내가 정말 차상위계층인지, 얼마나 힘든 상황인지를 궁금해하고 있기 때문에 진짜 내 이야기를 적을 필요는 없다. 이 과정에서 나는 가난에서 벗어나기 위해서 해 온 나의 노력을 송두리째 부정하고 나 자신의 무력함을 인정해야 하는 아이러니와 마주해야 했다. 또 다른 하나는 내가 사연을 팔기 때문에 온전한 개인으로 취급되지 않는 것을 각오하는 것이다. 가장 감추고 싶은 이야기를 팔아야 하고, 그것이 하나의 이야기로 취급되기 때문에 내가 겪을 수 있는 난처함이나 부끄러움 등은 전혀 고려되지 않는다. 이 두 가지를 각오하지 않으면 차상위계층으로서 장학금을 타기는 어렵다. 이런 과정들을 반복해 가면서 나는 더 뻔뻔하고 강한 척 나를 위장하게 됐다. 그리고 이렇게 만들어진 각자의 사연은 다시 서로 경쟁하게 된다. 학업성적과 교수의 추천을 기준으로 선발되는 장학금 신청을 위해 교수 면담을 한 적이 있었다. 언제나 그렇듯 장학생의 수는 정해져 있고 지원자는 많다. 또, 지원하는 학생들의 성적은 비슷하고 교수님은 좋은 마음으로 추천서를 써 주시기 때문에 면담의 내용인 가정 형편이 변별력을 가지게 된다. 그래서 면담에 들어가 나란히 앉은 언니와 나는 자연스럽게 누가 더 장학금이 필요한지, 누구의 가정 형편이 더 곤란한지 경쟁하는 모양이 되었다. 상담이 끝나고 나오면서 복잡한 감정이 들었다. 언니를 알고 지낸 1년 동안 서로 공유한 것보다 면담하는 한 시간 동안 알게 된 개인사가 훨씬 더 많았다. 평소에는 흠이 될까 봐 절대로 드러내지 않는 이야기들이 면담하는 동안에는 일종의 경쟁력이 되기 때문에 이야기할 수 있었다. 그리고 그 장학금 쟁탈전에서 나는 분명히 우위에 서 있었다. 하지만 면담이 끝나고 나오는 순간부터 내가 말한 그 사연은 다시 내 약점이 됐다. 가장 숨기고 싶은 약점을 전시하고 서로 경쟁하여야 얻을 수 있는 장학금이라니 참 이상한 경험이었다. 지금까지 내가 신청서를 제출해 수혜한 거의 모든 장학금은 이런 과정을 통해 선발이 이뤄졌을 것이다. 차상위계층을 대상으로 한 장학금은 가난을 경쟁한 후에 얻게 되는 전리품인 것이다.

처음 차상위계층으로 서류 등록을 했을 때 눈물이 핑 돌았다. 나 스스로가 내 가난을 인정하고 공중한 것 같은 기분이었다. 그런데 막상 이 공식적인 가난은 비공식적인 가난보다는 여러모로 훨씬 낫고, 심지어는 도움이 되어 주었다. 우선 학자금 대출을 받을 때 이자를 유예할 수 있었다. 그리고 신청할 수 있는 장학금의 폭이 넓어졌다. 차상위계층으로 등록되기 이전에 장학금을 탈 수 있는 방법은 오직 성적을 잘 받는 것뿐이었는데, 아르바이트와 학업을 병행하는 내가 다른 학생들과 경쟁하여 장학금을 탈환하는 것은 사실상 불가능했다. 그러나 차상위계층으로 등록하고 나서는 마음이 너절해질지언정 신청할 수 있는 장학금이 생겼다. 그러니까 국가는 내 가난을 차상위계층이라는 이름으로 공중해 주었고, 나는 가난한 자들의 그라운드에서 싸울 수 있는 입장권을 얻었다. 차상위계층보다 한 단계 아래인 기초생활수급권자로 등록하면 학자금 대출 이자도 무료고 차상위계층보다 더 많은 혜택들이 있다고 한다. 그냥 가난한 것보다는 차상위계층이 낫고, 차상위계층보다는 기초생활수급권자가 낫다. 어차피 가난함의 농도는 한끝 차이다. 이왕 가난할 수밖에 없다면 차라리 아주 확실하게 가난한 게 나을지도 모르겠다.

하지만 그렇다고 해결된 문제는 아무것도 없다. '비공식적'으로 가난할 때보다 차상위계층으로 등록한 후에 생활이 좀 나아졌을지는 모르지만 실제로 해결된 문제는 아무것도 없다. 나는 여전히 천만 원에 가까운 빚을 안고 있고 이 모든 것은 단지 대학생으로 살기 위해 생긴 거였다. 시간을 팔아 돈을 벌거나 사연을 팔

대학의 교육 불가능

아 장학금을 받거나 생존법이 달라진 것뿐이지 열심히 살아도 늘어나는 것은 빚뿐이라는 현실은 달라지지 않았다. 그리고 이렇게 살고 있는 대학생이 너무나 많다.

자수성가라는 신화

나는 자수성가에 대한 어른들의 꿈이 우리 세대에게는 완벽한 거짓말이라고 믿는다. 개천에서 용이 났다던 자수성가 신화에 따르면 나는 형설지공으로 일해서 생활비는 물론 학비까지 내 힘으로 마련한 장한 딸이고, 매일 밤 코피를 흘렸을지언정 과 수석을 도맡아 한 뒤 안정적으로 대학을 졸업하고, 이제는 번듯한 회사에 입사하여 그동안의 고생과 작별한 뒤 그 아르바이트를 통해 얻은 현실 감각으로 회사에서도 승승장구하고 있어야 한다. 학교를 다니면서 나는 끼니를 걸러 가면서까지 일을 하고 밤을 새워 공부를 했다. 다 적지는 못했지만 틈틈이 어학연수를 가고 인턴사원으로 근무하기도 하면서 정말 내가 할 수 있는 최선을 다했다. 자수성가 논리에 따르면 이제 나를 기다리는 것은 밝고 찬란한 미래여야 한다. 하지만 애석하게도, 현실은 그렇지 못하다.

먼저, 내가 취직을 한다는 가정 아래 하나씩 짚어 보자. 내가 그렇게 애를 쓰고 대학 생활을 해냈음에도 내 학점은 특별히 뛰어난 수준이 아니다. 사실 당연한 일이다. 1교시 수업은 체력이 달려서 제때 들어간 기억이 별로 없고 그나마도 들어가서는 졸음과 싸워야 했다. 과제할 시간은 절대적으로 부족해서 열심히 하기보다는 적당히 생각하고 적당히 글 쓰는 나쁜 요령만 몸에 뱄다. 게다가 무임승차를 해 가며 중간고사 시험을 봤는데 좋은 마음으로 충분히 공부한 친구들만큼 성적이 나오기를 기대한다면 그건 정말 지나친 꿈이다. 또한 나는 자격증이 하나도 없다. 다양한 아르바이트를 하면서 업무에 필요한 프로그램들을 거의 다룰 줄 알고, 외국인을 상대로 장기간 영어로 근무를 한 적도 있고, 심지어는 증명사진을 찍고 보정하고 인화할 줄도 아는데 관련된 자격증이 하나도 없다. 우선 자격증 관련 수업에 등록할 학원 수강료와 시험을 치를 응

시료가 없었고, 늘 아르바이트를 하는 통에 진득하게 자격증을 위해서 투자할 시간이 없었다.

열심히 살았는지는 모르겠지만 도전 정신이나 젊은이의 패기가 모자라다고 말한다면, 나는 내 인생이 패배주의로 시달려 왔음을 이야기하겠다. 그도 그럴 것이 남들보다 덜 자고 덜 먹고 덜 쓰고 더 일하고 더 애써도 내게 돌아오는 것은 보상은커녕 남들만도 못한 일상이었다. 그래서 나는 내가 무언가에서 성공할 것이라고 기대하는 일이 낯설다. 대학에 입학한 뒤에도 한동안은 졸업 후에 안정적인 직장을 가지고 나 스스로를 부양할 능력을 가질 수 있을 거라는 상상조차 하지 못했다. 내가 현실에 몸을 던져 얻을 수 있었던 것은 간신히 삶을 유지할 50만 원이 안 되는 푼돈이었고, 내가 상상할 수 있는 미래는 아르바이트보다 더 힘겨운 직장 생활과 맞바꾼 임금 88만 원이었다.

이런 패배주의를 씻어 줬던 경험은 뉴질랜드로 떠난 워킹 홀리데이였다. 비록 막노동에 가까운 일까지 하며 고생했지만 나는 그곳에서 내가 일한 만큼은 얻을 수 있었다. 희망을 보았다. 최소한 그곳에서는 아르바이트 비용으로 생계를 꾸리고 여행을 갈 수 있었고, 무엇보다 없어도 있는 척할 필요가 없었고 가진 것이 아니라 열심히 하는 것으로 인정받았다. 타지에서의 자유로움도 좋았지만, 한국에서 열심히 살면서도 절대 배울 수 없었던, 내가 무언가를 개척하고 성취할 수 있는 힘이 있다는 것을 지구 반대편 낯선 나라에서 배워 왔다.

이제는 말할 수 있다. 한국에서 대학을 다니면서 아르바이트를 하는 것은 결코 강해지는 것이 아니다. 그건 막막하기 그지없는 주어진 현실 속에서 매일을 견디고 버텨 나가는 일이었다. 무엇보다도 그렇게 견디어서 대학 생활을 해낸다고 해도 자수성가는 보장되지 않는다. 그러나 그것은 내 삶을 둘러싼 배경과 구조 때문이지, 절대 내가 나약하거나 능력이 없기 때문이 아니다. 공부를 할수록 가난해지는 처지의 대학생으로 공부를 포기하지 않은 것, 가난할수록 공부할 수 없는데도 언젠가는 대학원을 가겠다는 희망의 끈을 놓지 않은 것, 나는 이것만으로 현실을 이겨 낼 수 있는 힘을 가졌다고 생각한다. 아르바이트를 하면서 대학 생활을 끝까지 해냈다는 것, 이것만으로도 나는 충분히 고된 일을 해냈다고, '살아남았다고' 생각한다.

최
은
정

괜찮다,
안 괜찮아도 괜찮다

어느 운 좋은 예비 졸업생의
취업 성공기

1학년 시절, 나는 보는 이의 시각에 따라서 자유인 혹은 망나니였다. 수업이 듣기 싫으면 수업에 안 가고 숙제가 하기 싫으면 안 하고 시험이 보기 싫으면 안 봤다. '대학에 와서도 고등학생처럼 할 일에 쫓기면서 살긴 싫어.' 물론 대학 새내기라면 누구나 어느 정도 이런 마음은 다 있기 마련이라지만 난 좀 심했다. TV 시트콤 〈논스톱〉을 많이 본 탓도 있고, 고등학교 시절 동안 억눌린 게 너무 많기도 했다. 그리고 여기엔 친하게 지낸 선배들의 도움도 컸다.

"은정아. 교사가 꿈이랬지? 그럼 모범생 생활 접고 이렇게 막 밤새도록 놀아도 보고 성적도 지지리 못 받아 보고 그래야 해. 그래야 아이들을 진심으로 이해할 수 있지 않겠어?" 술에 반쯤 취해서 떠드는 선배의 얘기는 묘하게 설득력이 있었다. 아, 좋은 교사가 되기 위해서 필요한 과정이라는군. 다음에 왜 수업에 안 들어왔냐고 친구들이 물으면 선배가 말한 대로 답해야지. 나는 선배의 말을 가슴에 새겨 넣으며 다짐했다.

아름다운 순간 혹은 후회스런 순간

내 1학년 시절을 너무 폐인처럼 묘사해 버렸지만 그 시절은 해야 할 일을 안 하는 대신 하고 싶은 일을 마음껏 하기도 한 때였다. 고등학교 때는 소심한 마음에 시도도 못했던 재즈댄스 동아리에 가입해서 혼신의 몸부림도 쳐 보고, 대학에 가면 꼭 해야지 하고 벼르고 있었던 공부방 자원 교사 활동도 입학하자마자 시작했다. 나에게 "선생님, 어른이에요?"라고 묻는 눈이 맑은 초등학생 아이들과 농장에 가서 고추도 키우고 방울토마토도 키우고 나중엔 우리가 키운 배추로 지역의 다른 공부방이랑 연합해서 김장도 담그며 재미나게 1년을 보냈다.

불우한 학점에도 불구하고 나에게 그 시절은 아름다운 기억으로 남아 있다. 어른들의 칭찬이 아니라 나의 바람이 동력이 되어 움직인다는 게 얼마나 가슴 설레는 일인지 배울 수 있었던 시간이었고, 잠시 이렇게 좀 놀다 가도 안 죽는다는 걸 배우기도 한 시간이었다. 그러나 1학년이 지나고 한 학년, 한 학년 나이를 먹으면서 고등학교 시절과 같은 압박감이 조금씩 다시 내 일상을 침범해 오기 시작했다. 사실 1학년 때도 어느 정도 짐작은 하고 있었다. 학년이 올라가면 지금처럼 지내진 못하리라는 것을. 나와 친구들은 마치 시한부 인생이라도 사는 듯 "지금 아니면 평생 못 논다"라는 말을 입에 달고 살았고, 학기 초에 우리와 놀아 주던 선배들은 어느 순간부터 과 행사에 나타나지 않기 시작했다. 모두가 미래를 위해 바쁘게 살고 있다는 것을 말하지 않아도 알 수 있었다.

그러는 동안 나는 사범대 부속학교에 참관 실습도 다녀오고 청소년 학습 멘토링도 하면서 내가 학교라는 공간, 그리고 교사라는 일과 잘 안 맞는다는 사실을 뒤늦게야 깨닫고 혼란에 빠졌다. 1학년 겨울방학부터 학내 자치언론 활동을 하면서 글을 쓰고 책을 만드는 일에 재미를 붙이기 시작한 점도 혼란에 한몫을 보탰다. 잠시 언론사 취업에 관심을 가졌던 적도 있다. 그러나 난 내 자신이 하루 8시간 이상의 숙면을 취하지 못하면 불행해지는 사람이란 걸 잘 알고 있었고, 잠도 포기하고 평범한 주말을 보내는 것도 포기하고 살 만큼 내가 그 일을 하고 싶은 건지 판단이 안 섰다. 무엇보다도 주요 신문사 몇 곳에서 인턴을 하고 글 잘 쓰기로 소문이 나 있던 선배가 계속해서 언론사 공채에서 줄줄이 고배를 마시는 걸 보니 겁이 났다. 아, 저런 분이 떨어지는데 내가 되겠는가. 아, 대체 난 뭘 해 먹고 살아야 하나.

교사가 될 거라던 굳건한 믿음은 깨졌고, 뒤늦게 찾아온 다른 꿈은 내가 가지기엔 너무 멀어 보였다. 이런 혼란들 속에서 난 자꾸만 불안해졌다. 목표가 분명치 않으니 무엇을 해야 할지도 몰랐다. 일단은 1학년 때 망한 학점부터 살려 볼까. 머릿속에 제일 먼저 떠오른 건 학점이었다. 어딜 가든 다 기본적으로 보는 것이 학점이니까. 그러나 재수강할 과목을 알아보려고 성적을 확인하다 보니 한숨이 나왔다. 1학년 때 하고 싶은 거 좀만 참았어도 안 해도 됐을 고생을 지금 하고 있다는 생각이 머릿속을 가득 채웠다. 내가 그때 엄청나게 대단한 일들을 한 것도 아니고 왜 그랬던 걸까, 이런 후회들. 문득문득 나는 자꾸만 과거의 행복했던 나마저 부정하려 들었다. 마치 그 시절이 아무런 성장도, 아무런 배움도 일어나지 않았던 무의미한 시간처럼 여겨졌다. 학점이라는 객관적 지표를 충족시키지 못했다는 이유 하나로 말이다.

오랜만에 다시 만난 괴물

하루하루를 나와 싸우면서 보냈던 것 같다. 지난 시간을 부정하다가 다시 긍정하다가, 내 자신에게 '이 자기 관리도 못하는 멍청이'라고 쏘아붙이다가 그래도 그 빈틈들 때문에 네 삶이 더 풍족해지지 않았냐고 스스로를 다독이다가. 어쨌든 1학년 때와 달리 난 아무리 듣기 싫은 수업이라도 가서 딴짓을 하면 했지 되도록 결석은 하지 않으려 노력했고, 과제도 기한이 좀 늦더라도 꼭 제출하고자 했다. 일명 '학년빨'이 붙으면서 예전보다 힘을 덜 들여도 시험 점수도, 보고서 점수도 더 잘 나오는 기이한 현상도 벌어졌고, 그에 따라 자연히 학점이 예전보다 잘 나오기 시작했다.

학점이 어느 정도 오르고 졸업할 때가 가까워지니 공인 영어 시험을 봐야겠다는 생각이 들었다. 그러나 4학년이나 돼서 처음 본 토익 시험의 결과는 부끄러웠고, 이 토익 시험에 내 서류 통과가 달려 있다는 생각이 드니 기분이 한없이 우울해졌다. 결국 여름방학에 강남의 유명 어학원 수강권을 끊었다. 그해 여름, 거의 200명이 한꺼번에 수업을 듣는 대형 강의실에서 강사가 별표를 치라면 책에 별표를 치고 이런 순서로 복습을 하라고 하면 정말 그 순서로 복습을 하면서 시간을 보냈다. 고등학교 때도 이렇게 공부하지 않았는데, 200명이 강사 말을 따라 별표를 치려고 일제히 고개를 숙이는 모습이 가끔은 웃기기도,

씁쓸하기도 했다.

KBS에서 시행하는 한국어능력시험을 보기도 했다. 방황하는 와중에도 자치언론 활동은 내 마지막 보루인 것처럼 놓지 않고 활동했는데 거기서 활동할수록 잡지나 책을 만드는 일을 하고 싶다는 생각이 커졌다. 그래서 이 시험을 봐 두면 도움이 되지 않을까 해서 공부를 시작했다. 그런데 '그래도 한국어인데' 하고 풀어 본 기출문제집은 절반이 틀렸다. 충격을 받은 난 곧장 유명한 국어 기본서를 사서 공부를 시작했다.

그리고 본 시험. 등급은 생각보다 잘 나왔다. 그래도 노력한 게 결실을 본 것같아 혼자 좋아하고 있는데 왠지 묘한 기시감이 느껴졌다. 고등학교 시절 모의고사 성적표를 받고 좋아하던 내 모습. 고등학교 시절, 사실 100점이나 94점이나 같은 취급을 받는 등급에는 큰 감흥이 안 들었다. 전체에서 내가 어떤 위치에 있는가를 보여 주는 백분위, 늘 그게 더 중요했다. 그런데 한국어능력시험 성적표를 들고 있는 나 역시 그랬다. '백분위가 95구나. 그럼 100명이 있다치면 나보다 못 본 사람이 95명이라는 거네.' 예전에 한 선배가 취업 준비를하며 자기 안의 괴물을 보았다고 했는데 그게 어떤 건지 알 것 같았다. 나도 내안에서 괴물을 봤다. 나보다 뒤떨어진 95%의 존재로부터 얻어진 자신감을 먹으며 무럭무럭 커 가는 괴물을.

스펙이 문제다, 라고 말하고 싶지 않은 이유

한 친구와 '스펙'에 대한 이야기를 하다 보니 친구가 그런다. 스펙열풍이 대학생만의 문제인 것 같진 않다고, 취업이라는 시급한 문제가 코앞에있다 보니 더 두드러져 보일 뿐이지, 우린 사실 초 · 중 · 고 시절부터 그렇게살아왔다고. 그리고 대학 졸업하고도 아마 다르지 않을 거라고. 내가 취업 준비를 위해 이런저런 시험을 보면서 만난 괴물도 갑자기 난데없이 등장한 손님이 아니라 어린 시절부터 내 안에서 함께 자라 온 녀석이었다. 대학에서 상대

대학의 교육 불가능

평가를 한다고 해도 그건 고등학교 시절 모의고사 성적표에 매겨지던 백분위만큼 노골적인 줄 세우기는 아니었기 때문에 다만 내가 인식을 잘하지 못하고 있었던 것뿐이었다. 내가 사는 세상은 여전히 고등학교 시절의 모의고사 성적표가 갖추고 있던 모양새에서 한 발자국도 앞으로 나아가지 않은 채 멈춰 있었다. 내가 얼마나 낭만적으로 현실을 인식하고 있었는지 취업을 준비하면서 깨달았다.

"요즘 대학생들이 스펙 쌓기에만 너무 열중하는 것을 보면 안타까워요. 자기가 좋아하는 일을 했으면 좋겠어요." 여느 때처럼 인터넷에서 이런저런 기사들을 보는데 한 기사가 눈에 들어왔다. 사회적 기업을 만든 한 20대의 인터뷰 기사. 인터뷰의 주인공이 요즘 대학생들에게 보내는 조언에 나는 잠시 친구의 말을 떠올리며 '우리만 그런 것도 아니잖아요' 싶다가, 그녀가 말하는 스펙 쌓기에만 너무 열중하는 대학생이 나인가 싶어 움찔하다가, 이내 아니야 난 내가 좋아하는 일을 하기 위해서 이 시험들을 보는 것뿐이라며 자기방어를 하다가, 그런데 이 시험 공부하는 거 너무 재미없어서 사실 안 볼 수만 있다면 안 보고 싶다고 엉엉 대며 그녀 앞에 이실직고했다. 당신에게 '사회적 기업 활동도 스펙으로 보여요' 라고 잠시 외쳤지만 사실은 부러워서 그랬다고, 나도 영어 점수가 없고 증명서가 없어도 내 경험들을 인정해 줄 그런 직장에서 일하고 싶다고, 내 딴에는 '해야 할 일'과 '하고 싶은 일' 사이에서 균형을 맞춰 보며 살려고 노력했는데 그게 갈수록 힘들다고, 당신은 그렇지 않았냐는 얘기들도 덧붙이면서.

바쁘다 너무 바쁘다

걸으면서는 문자도 못 써서 친구들에게 '하등 동물' 이라고 놀림당하던, 도저히 멀티플레이가 안 되던 나도 상황이 급하니 멀티플레이가 됐다. 지난 학기 수강 신청 가능 최대 학점인 21학점을 복수 전공할 과목들로 꽉 채워서 듣는 동시에, 초과 학기자라 기초생활수급권자임에도 장학금을 한 푼도 받을 수 없는 탓에 근로 장학생 일과 아르바이트를 했다. 과제가 거의 매일같이 있었고 일도 거의 매일같이 있었다. 하나가 끝나면 하나가 또 시작되고, 그 일이 끝나면 또 다른 할 일이 시작되는 피곤한 나날이 계속됐다. 이렇다 보니 토익 점수를 더 올려야 한다는 생각은 늘 하면서도 토익 책을 붙들고 앉아 있을 여유가 도저히 없었다. 그런데 주변에선 '어떤 선배가 토익 시험 두 번 만에 900점을 거뜬히 넘기더라', '누구는 토익이 만점이라더라' 하는 이야기가 자꾸만 들려왔다. 나는 자꾸만 나 혼자 멈춰 서 있는 것 같아 불안했다.

교육학 공부가 재밌어서 시작한 복수 전공은 복수 전공이다 보니 안 듣고 싶은 과목까지 들어야만 하는 경우가 생겼다. '세상에 하고 싶은 일만 하고 어떻게 사니.' 내가 별로 좋아하지 않던 말들을 자꾸만 자신에게 위로랍시고 들이밀었다. 때때로 안 듣고 싶은 과목 수업 시간에 다른 책을 읽거나 수업과 전혀 상관없는 글을 쓰기도 했는데, 이럴 거면 대체 왜 이 수업을 듣나 하는 회의가 들기도 했다. 그러나 그럴 때마다 이런 생각들이 올라왔다. 그냥 듣고 싶은 과목만 듣고 복수 전공을 하지 않으면 내가 교육에 얼마나 관심이 많고, 얼마나 고민을 많이 했는지와 상관없이 난 교육에 전문성이 없는 사람으로 여겨질 거라는 생각. 언론사나 출판사나 들어가는 길이 좁으니 안 되면 교육학 복수 전공한 거 가지고 기업 인사부나 교과부라도 지원해야 하지 않겠는가 하는 생각. 그것도 될 보장이라고는 없지만 본래 '보험'이란 게 다 그런 거 아니겠는가. 아, 어느 순간 내가 좋아해서 시작했던 공부는 보험으로 변질돼 있었다.

주변의 친구들도 보험이란 말을 자주 썼다. 크게 하고 싶은 마음은 없는데 왠지 해야만 할 것 같을 때 자기 자신, 혹은 타인을 설득시키는 차원에서 보험이란 말이 자주 사용됐다. "내가 하고 싶은 일에 꼭 필요한 건 아닌데 혹시 모르니까." "그래도 나중에 어떻게 될지 모르는데 지금 힘들어도 일단은 참고해. 해 둬서 나쁠 건 없잖아." 우리의 대화를 곱씹다 보면 대한민국 보험 업계

   대학의 교육 불가능

의 미래는 세계 어느 곳보다 밝을 거라는 생각이 들곤 했다.

그러나 보험이 될 수 있는 활동이란, 다시 말해 취업이라는 위급 상황에서 써먹을 수 있는 활동이란 정해져 있었다. 공모전을 준비하는 과정이 아무리 치열했다 하더라도 수상을 하지 못하면 소용이 없었다. 봉사 활동과 같이 예전엔 스펙으로 분류되지 않던 활동마저 수료증을 발급받아 이력서에 기재할 수 있는 형태가 되어야 했다. 물론 수상을 하지 못하더라도, 수료증이 없더라도, 기업에서 주최한 국토대장정이 아니라 나 홀로 다녀온 전국 일주라 해도 인정받을 수 있는 방법은 있다. 《스토리가 스펙을 이긴다》는 유명한 책도 있지 않은가. 나만의 스토리로 만들어 내면 된다! 하지만 그 스토리와 스펙이라는 것의 차이를 잘 모르겠던 나는 여전히 내게 객관적으로 내 경험을 인정받을 증거가 없다는 사실에 불안을 느꼈다. 스토리든 스펙이든 어쨌든 둘 다 내 경험의 의미를 내가 느끼고 고민한 그대로가 아니라 누군가에게 선택받을 수 있도록 예쁘게 각색해야 한다는 점에선 차이가 없는 것 아닐까. 사실 애초에 인사 담당자들이 듣고 싶은 스토리란 것도 이미 정해져 있지 않을까. 경험의 종류는 각기 다르더라도 우리가 스토리를 통해 보여 줘야 할 메시지는 결국 '나 긍정적이고 사교성도 좋고 도전 정신도 흘러넘치는 사람인데 그 도전 정신이 회사의 명령과 지침 앞에선 발휘되지 않으며, 창의적이긴 한데 그것도 현 체제를 위협할 만한 위험한 수준은 결코 아니야' 아닌가. 그런 걸 원하는 거라면 내가 대학에 와 한 모든 경험들을 끌어모아도 내가 회사에 보여 줄 수 있을 만한 스토리란 없었다.

유일하게 숨 쉴 수 있었던 공간

정신없이 사는 와중에도 자치언론 활동만큼은 손에서 놓질 못했다. 마감 기간에는 내가 이걸 왜 했나 싶고, 머리가 부서질 것 같았지만 우리가 만들어 둔 책을 보면 흐뭇했고 언제 그런 고민을 했냐는 듯 또 다음 호를 준비했다. 내게 자치언론이란 공간은 대학에 다니는 동안 유일하게 내 호흡대로 살아도 괜찮았던 공간, 내 상처나 고민이 타인에게 어떻게 비춰질지 고민하지 않고 말할 수 있었던 공간이었다. 이곳에서 나의 사소한 불편함에서 시작한 고민이 여러 사람의 고민과 삶이 덧붙여지면서 예상하지 못했던 모양으로 발전해 기획이 되고 특집이 되는 재미난 경험도 많이 했다. 아무와도 공유되지 못한 채 끝날 수 있었던 나의 고민들이 우리 책을 집어 들 3,000여 명의 학우들과 함께 나눌 수 있는 이야기가 된 것이다.

"제가 좀 더 일찍 들어왔으면 졸업 앞두고 그렇게 흔들리지 않았겠단 생각이 들더라고요. 날 좀 붙잡아 줄 수 있는 공간이 필요했어요." 이번에 대학원에 진학하게 된 신입 편집위원 언니가 이 말을 하자 앉아 있던 구성원 모두가 고개를 끄덕였다. 다들 말은 안 했어도 조금씩 이 공간에서 위로받고 있었나 보다. 생각해 보면 나도 해야 할 일들에 대한 강박감에 제대로 놀지도 못하고 그렇다고 해야 할 일들을 제대로 하는 것도 아니던 힘든 때에 '대학생, 놀자' 라는 기획을 하면서 힘을 얻은 적이 있었다. 같이 기획에 참여했던 언니들의 모습을 보며 '와, 저렇게 알차게 놀 수도 있구나' 하고 깨달음을 얻기도 하고, 마음껏 놀기 힘든 우리네 현실을 나누며 '나만 그런 게 아니구나' 하는 위로를 받기도 했다. 함께 고민을 나눈다는 건 서로가 혼자 울다 쓰러지지 않도록 지탱해 주는 위대한 일이었다.

그런데 점점 졸업과 취업 준비로 바빠지면서 난 자연히 해야만 하는 의무라는 게 없었던 이 공간을 가장 먼저 뒷 순위에 놓고 살기 시작했다. 회의도 잘 안 나가고 다른 이들의 글을 거의 읽지도 못했다. 무엇보다도 취업을 하려고 준비하다 보니 자치언론에서 하는 고민들과 내가 하는 일이 자꾸만 공존할 수 없는 일처럼 느껴졌다. 매달 토익 시험을 열심히 치고, 복수 전공 수료에 열을 올리며, 매일 취업 준비 게시판에서 내가 할 만한 인턴십이나 공모전이 없을지를 뒤지고 있으면서, 자치언론에 가선 경쟁 위주의 교육을 비판하고, 빈곤 문제에 대한 근본적인 문제 제기 없이 '피어라 청춘' 을 외치며 가는 해외 봉사

  대학의 교육 불가능

활동을 비판한다는 게 어쩐지 가식처럼 느껴졌다.

가식이 아니라 하더라도 두 가지를 동시에 한 마음속에 품고 한다는 건 어려웠다. 자치언론에서 글을 쓰는 행위란 기본적으로 나와 세상이 부딪치는 지점에서 시작되는 것이었는데, 취업 준비란 건 나에게 누군가 그건 옳지 못한 자세라고 하면 당장 뜯어고칠 준비가 돼 있어야 하고, 이 일을 위해선 이런 사람이 되어야 한다고 하면 연기를 해서라도 그런 사람처럼 보여야 하는 과정이었다. 다르게 말하자면, '착한' 사람이 되어야 하는 과정이었다. 실제로 그랬다. 앞머리가 귀여웠던 내 친구는 취업 상담 중에 너무 어려 보이면 기업에서 안 좋아한다는 이야기를 듣고 앞머리를 기르기 시작했다. 대기업 임원 면접까지 올라갔던 한 친구는 그랬다. 그 회사가 원하는 인재상이 '글로벌 인재'라면 사람들은 갑자기 미국 영화에 나오는 주인공들처럼 적극적이고 쿨하며 개방적인 마인드를 가진 사람처럼 연기를 시작한다고, 기업마다 각기 다른 인재상에 맞춰 연기하기가 힘들다고 말이다. 나 역시 사회에서 좋아하지 않을 만한 내 단점이나 부족한 면들을 남에게 노출하면 안 된다는 강박감에 시달렸다. 당시 난 학교에서 진행하는 청소년 멘토링 프로그램 기획팀에 참여하려고 면접을 봤는데 마치 회사 면접 자리에 온 것처럼 바짝 긴장해 일장 연설을 했다. 그런 나를 보며 담당자분께서 웃으며 말씀하셨다. "편하게 말하셔도 돼요." 딱히 그 면접 때문에 긴장했다기보다도 그 당시 내 정신 상태가 누굴 만나든, 어딜 가든 그랬다.

그리고 다시 여기로

"은정아, 요즘 네가 무슨 생각을 하고 사는지 모르겠어. 너에게 무슨 일이 있긴 한 것 같은데 그게 뭔지 본인조차도 잘 모르는 것 같아." 지난 학기 말, 오랜만에 만난 편집장 언니가 조심스레 건넨 말에 나는 갑자기 내가 왜 우는지도 모른 채 사람들이 북적이는 사범대 식당에서 서럽게 울었다. 언니가 한 말대로 안 그래도 그 즈음 지나치게 무덤덤한 내 마음 상태에 불안함을 느끼고 있었다. 예전에는 찾아보지도 않던 기업 연봉 순위를 찾아보고, 취업 준비 카페에 매일 들어가 다른 사람들 스펙을 구경하며 전의를 불태우고, 그러면서도 내 행동에 대해 전혀 문제의식을 가지지 않던 자신이 걱정되면서도, 한편으론 '남들 다 이렇게 사는데 나 혼자 뭐가 잘났다고 그러나. 일단은 취직을 하고 그 다음에 고민하자' 며 자신을 다독였다. 그런데 그게 그냥 꾹꾹 참아 온 것뿐이었던가 보다. 잠자다가 수업 못 갈 때도 많았던 허술하기 그지없는 인간이 갑자기 회사에 당장 입성할 준비가 되어 있는 빈틈없는 '사회인' 연기를 하려니 엄청 피곤하기도 했겠지. 울면서 내뱉는 나의 말들에 그냥 "괜찮다"고 말해 주는 언니를 보다 보니 그동안 억지로 쓰고 있던 가면이 홀라당 벗겨지는 기분이었다. 그냥 아직 이 못나고 어린 모습을 남들에게 좀 더 보여 주면서 살아도 되겠다고, 이런 사람도 받아 주는 공간이 있겠지, 안 되면 내가 대출받아서 만들지, 그 짧은 순간에 지금 생각하면 웃기기도 한 온갖 생각들이 머릿속을 지나갔다.

그리고 지난봄, 운 좋게도 학점도 영어 점수도 증명서도 요구하지 않는 곳에서 일을 시작하게 됐다. 하는 일은 교육 잡지를 만드는 것. 긴긴 불안의 시간을 견디고 가까스로 안착한 곳이 내가 하고 싶었던 일을 할 수 있는 곳이라니 정말 기뻤다. "하고 싶은 일 하면서 돈도 벌 수 있는 게 어디 흔한 일이냐." "내가 나중에 부자돼서 너희 단체 후원할게." 친구들이 건네는 축하 인사는 저마다 조금씩 달랐지만 그들이 말하는 핵심은 늘 이것이었다. '하고 싶은 일 하면서 돈도 벌 수 있어서 좋겠다.'

"요즘 대학생들이 스펙 쌓기에만 너무 열중하는 것을 보면 안타까워요. 자기가 좋아하는 일을 했으면 좋겠어요." 다시 사회적 기업에서 활동하던 그녀의 말. 그러나 졸업 말기의 지난한 시간을 보내면서 그녀의 말대로 자기가 좋아하는 일을 하며 산다는 게 그렇게 쉽게 말할 수 있는 무게의 일이 아니란 생각이 자꾸만 커졌다. 그래서 난 지금 내가 원했던 일을 하고 있다고 해서 다른

 대학의 교육 불가능

이들에게 그렇게 쉽게 당신은 왜 그렇게 살고 있냐고 말하지 못할 것 같다. 무엇보다도 난 그런 식으로 자꾸만 자신과 '이름 모를 다수의 대학생들' 사이에 선을 긋는 모습들이 어쩐지 불편했다. 이 세상엔 완전히 스펙 쌓기에만 열중하는 대학생도, 완전히 자기가 좋아하는 일만 하며 씩씩하게 사는 대학생도 존재하지 않기에, 우리는 다만 그 양쪽에서 균형을 잡으며 살아 보려 날마다 싸우며 살아가고 있을 뿐이기에 더욱 그랬다.

그렇기에, 어쩌면 오늘도 인터넷에서 '스펙 쌓기만 해도 바쁠 시간에 이런 훈훈한 일을 하는 대학생 A모 군' 따위의 기사를 접하며 괜히 자기가 뭔가 잘못이라도 한 것 같은 기분에 사로잡혀 있을 친구들에게 괜찮다고, 아니 안 괜찮아도 괜찮다고 말해 주고 싶다. 네가 살고자 얼마나 열심히 노력하고 있는지 안다고, 너의 지금 모습을 '스펙 쌓기에 연연하는 대학생' 따위의 말로 쉽게 뭉뚱그리는 게 얼마나 우스운 건지 안다고, 그래도 혹시나 너무 힘들면 나도 어느 곳에선가 널 한번 울려 주겠다고, 연락하라고 말이다.

엄기호

카이스트의 유령들

'동시대인'의 죽음, 동시대인의 '죽음'

한 연구 모임에서 짧은 글 하나를 부탁받고 매우 당황했던 적이 있다. 오늘날의 대학 혹은 대학생의 위기와 불가능성에 대해 한마디를 보태 달라는 부탁이었다. 그런데 생각해 보니 나는 대학에서 강의를 하면서도 함께 공부하고 있는 학생들을 '대'학생이라고 생각하지 않고 있었다. 대안학교에서 친구들을 만날 때나 대학 강의실에서 만날 때나 나의 태도나 함께 공부하는 내용이나 별로 다를 바가 없었다. 그래서 대학생들과 함께 책을 한 권 썼음에도 놀랄 정도로 내가 대학에 대해서 별 관심이 없다는 것을 외려 깨달았다.

곳곳에서 대학의 위기를 말하고 있다. 대충 지금까지의 '위기론'은 세 가지 정도로 정리가 되는 듯하다. 하나는 학문하는 곳으로서 대학의 위기 혹은 죽음이다. 특히 인문학이나 기초과학을 하는 사람들에게 이 위기의식은 자괴감으로까지 연결되어 있는 듯하다. 대학이 공부하고 연구하는 곳이라고 한다면 그런 공간으로서 대학은 신자유주의에 의해 완전히 압살당했다는 것이다. 바버라 에런라이크의 《긍정의 배신》에 나오는 일화에 따르면 사회학은 미국 대학에서 가장 돈이 안 되는 학문이며, 심리학도 이제는 '긍정 심리학'이나 되어야 인기를 끌 수 있다. 연구 따위는 없고 오로지 자본과의 야합만이 있을 뿐이라는 것이 학문/연구하는 공간으로서 대학 위기 담론의 한 축을 담당하고 있다.

다른 한편에서는 대학 구성원들의 위기를 말한다. 특히 살인적인 등록금과 생활비 등에서 오는 대학생들의 위기의식은 허투루 넘어갈 수 없을 정도이다. 외국에서는 이미 '학생 빈곤'이라는 말까지 등장하였다. 아직 한국에서는 학생과 빈곤을 연결하는 것이 낯설어 보이지만 대학생이 된다는 것이 곧 독립과 자율적 삶을 말하는 서구의 경우에는 이 학생 빈곤 문제가 사회문제가 돼 호주나 캐나다의 대학에서는 학교 차원에서 연구가 진행되기도 하였다. 학생 빈곤은 '가난하면 가난할수록 공부를 못하고, 공부하면 공부할수록 가난해진다' 는 말로 정리할 수 있다. 경험적으로 보더라도 나와 함께 공부하는 학생 중에는 휴학과 복학을 반복하는 이들도 많고, 서울의 몇몇 대학을 제외하고는 시급 4,000원을 받으면서 밤새 호프집에서 서빙을 하거나 편의점에서 일하는 것으로 학비와 생활비를 충당하는 친구들이 적지 않다.

마지막으로 대학의 위기 담론은 대학의 사회적 역할에 대한 비판이다. 기업이 필요로 하는 인재를 배출하지 못한다는 경제적인 이유에서 비판하는 것이 우파적 시각이라면, 좌파적 시각에서는 시대를 인식하고 바꾸려는 힘이 지금의 대학에서는 전혀 느껴지지 않는다고 비판한다. '대학생들은 그저 소비주의에 젖어 있고, 스펙이나 좇으면서 편한 일자리나 찾으려 하며, 정치적 무관심과 냉소로 일관하고 있다. 대학은 단지 연구하고 개인의 자아실현이나 입신양명을 꾀하는 곳이 아니라 사회적 책무가 있다' 는 것이 이들의 시각이다. 이 둘은 이데올로기적으로는 대립하고 있는지 몰라도 역사의식은 놀라울 정도로 동일하다. 바로 역사는 진보한다는 '발전 사관' 이다. 요컨대 이들은 지금의 대학과 대학생들이 사회의 성장과 발전을 위해 아무짝에도 도움이 되지 못하고 있거나 책임을 방기하고 있다고 비판한다.

동시대성과 동료, 공부하는 목적의 위기

이 글에서 나는 위의 세 가지 대학 위기 담론과는 좀 더 다른 점에서 대학의 위기와 다른 가능성을 타진해 보고자 한다. 그것은 공부를 하는 목적이 무엇인가 하는 점과 관련되어 있다. 나는 공부를 하는 목적은 동시대성을 깨닫고 당대에 대해 나와 인식을 같이하는 사람과 동료를 맺기 위함이라고 생각한다. 물론 이것을 인문학이라고 할 수도 있을 것이다. 그러나 인문학이라는 이름에는 공부는 개인이 수행하는 성찰적이고 고독한 행위라는 부르주아지화된 냄새가 너무 강하다. 공부는 그보다 훨씬 더 집합적으로 자유와 해방을 추구하는 행위이다. 파울로 프레이리는《페다고지》에서 "자기 내부에서 자유롭고자 하는 열망을 발견했을 때, 피억압자는 이 열망을 동료들과도 공유해야만 현실로 만들 수 있다는 것을 발견"하게 된다고 말한다. 그렇기에 동시대성과 동료라는 관점에서 공부의 목적을 설명하면 공부는 필연적으로 '정치' 공동체를 지향하는 공동의 행위가 되지 않을 수 없다. 프레이리의 말처럼 "공동의 성찰과 행동을 통해 현실에 관한 앎에 도달할 때" 우리는 "영구적인 재창조자"가 되는 것이며 "사이비 참여가 아니라 헌신적인 개입"이 된다. 이것이 내가 '인문학의 위기' 라는 말 따위로 대학의 문제를 제기하지 않는 이유이다.

그렇다면 동시대인이란 누구인가? 이탈리아의 정치 철학자 조르조 아감벤은《장치란 무엇인가?》에 수록되어 있는 〈동시대인이란 무엇인가?〉에서 동시대인의 의미를 인류학자 기어츠가 명명한 동료에 아주 가깝게 몰아간다. 그는 동시대성이란 "거리를 두면서도 들러붙음으로써 자신의 시대와 맺는 독특한 관계"라고 말한다. 그래서 오히려 "시대와 너무 완전히 일치하는 자들, 모든 점에서 시대와 완벽히 어울리는 자들이 동시대인이 아닌" 것이 된다. 그들은 시대를 보지 못하고, 시대의 어둠을 보지 못한다. 아감벤은 동시대인이란 "시대의 어둠"을 보는 자들이라고 말한다. 시대의 어둠을 보았기에 운명을 같이할 수 있는 사람이 바로 동료인 셈이다. 이 어둠을 보는 행위는 당대와 거리를 띄우는 집단적인 행위이다. 이렇게 거리를 띄우기 위해서 반드시 필요한 것이 바로 '용기' 이다. 공부의 목적은 바로 새로운 세계를 창조하기 위해 '용기' 를 내는, 공동으로 '용기' 를 낼 수 있다는 것을 서로 부추기는 과정이다.

공부의 목적을 동료와 함께 동시대성을 발견하고 그 동시대성에 거리를 띄우는 과정이라고 보는 것은 대학의 여러 가지 문제를 일관되게 비판적으로 바라볼 수 있는 장점이 있다. 첫 번째로는 현재 대학 교육의 방법론과 이 방법론이 강제하는 관계의 문제이다. 당대에 밀착하여 살아남는 기술만을 가르치는 대학은 프레이리가 말한 '은행 저금식 교육' 으로 귀결되지 않을 수 없다. 더 많은 지식과 기술을 일방적으로 전달하는 것만이 중요하다. 여기에는 프레이리가 강조하는 "세계와 더불어, 세계 속에서 살아가는 자신의 참모습을 발견"하는 문제 제기식 교육이 들어설 여지가 없다. 당대와 거리를 띄우는 것이 아니라 밀착하는 것이 교육의 목적이 되기 때문이다. 또한 교사와 학생이 더불어 존재하며 학생들도 자신들이 교사를 교육하고 있다는 것, 즉 이 둘이 '대화'를 나누는 동료라는 것, '대화'를 통해서 동료로 서로를 구성해 간다는 것이 들어설 자리가 없다.

두 번째로는 공부하는 자들의 현실적 처지와 '용기'의 문제이다. 현재 대학은 가난하면 공부하기 힘들고, 공부하면 가난해지는 역설에 처해 있다. 지금의 대학생들은 아주 부자가 아닌 한 대학에서 공부를 하면서 동시대성을 사유하고 동료를 만날 시간적/정신적 여유가 없다. 등록금은 하늘을 찌르고, 생활비는 어지간한 중산층이 아니면 감당하기 힘든 상황이다. 이런 과정에서 학생들이 대학에서 절실하게 깨닫는 것이 시대와 밀착하지 않으면 살아남을 수 없다는 자각이다.

사실 이것이 지금 대학생들에 대한 비판의 핵심을 이루고 있다. 아마 사람들은 이렇게 이야기할 것이다. 대학생이 된다는 것은 그런 현실을 뛰어넘어 과감해지는 것이다. 현실적이 되는 것이 아니라 이상을 추구하며 과감히 한번쯤은 현실을 무시할 수 있는 용기를 가지는 것이다. 이런 점에서 현재 대학생들에 대한 비난은 딱 한마디로 정리된다. 비겁하다는 것이다. 청춘의 핵심은 용기인데 도무지 현재의 청춘들, 특히 자유까지 특혜로 받은 대학생들이 용기 혹은 호기를 부리기는커녕 지나치게 현실적이라는 것, 그 말은 곧 그들이 비겁하다는 비판이다. 나는 대학생들에 대한 이야기의 핵심에 바로 이 '용기와 비겁함'이 있다고 생각한다. 그러나 과연 이 혼돈스러운 불한당의 시대에 누가 용기를 낼 수 있는가?

용기는 영웅적인 개인이 내는 것인가, 아니면 집단이 뒷받침될 때 낼 수 있

                                    대학의 교육 불가능

는 것인가? 적어도 우리 시대가 꿈꿔야 하는 것이 개인 영웅의 출현이 아니라고 한다면 우리가 말하는 용기는 아마도 집단이 받쳐 주는 용기, 동지/동료가 있음으로 해서 생기는 용기가 될 것이다. 용기는 상호 상승하는 것이지 개인의 초인 같은 힘으로 일어나는 것이 아니다. 초인 같은 용기는 역사에서 극히 예외적으로 일어나는 사건이다. 전태일 열사처럼. 혹은 당대의 비겁함을 감추기 위해 대중매체를 통해 끊임없이 조작해 내거나. '아덴만의 여명' 처럼 말이다. 이런 점에서 본다면 우리는 용기란 공동체에서, 공동체를 통하여, 아니면 최소한 '아지트' 라도 있을 때 일어나는 것임을 알 수 있다. 공부하는 과정이 공동의 용기를 생산하는 과정이 아니라 개인적 고립과 비겁만을 재생산하고 있다는 점에서 이것은 정치적 위기이다.

그러나 이 위기는 대학만의 위기가 아니다. 그런 점에서 내가 이 글에서 강조하고 싶은 것은 당대의 위기를 공유하고 있는 위기로서 대학의 위기를 바라봐야 한다는 점이다. 우리 시대 전체가 비겁해진 것은 아닌가? 그럼에도 불구하고 지금까지 우리는 대학의 위기를 당대의 위기를 공유하는 위기가 아니라 당대의 위기의 일부를 구성하는 위기에 불과한 것으로 보았다. 이 글은 대학의 위기를 제도적 위상의 위기나, 학문/연구하는 기능으로서 위기가 아니라 당대의 모든 사회적 공간들이 겪고 있는 사회적/정치적 공간으로서 위기라는 관점에서 다시 생각해 보자는 제안이다. 정치 공동체란 동시대인들이 동시대성을 깨닫고 동료됨을 자각하는 과정이다. 그렇기에 정치 공동체 구성의 위기라는 관점에서 대학을 사유한다는 것은 대학에서 공부하는 것이 동시대성을 사유하고 옆 자리에 앉아 있는 친구를 동료로 초대하고 더불어 용기를 내는 것이 더 이상 가능한지를 질문해 보는 것이 된다.

지난 학기 내내 내가 학생들과 함께 생각해 본 것이 바로 이 동시대성이란 무엇이고, 우리 시대에 그것은 어떻게 가능한가 하는 질문이었다. 어떤 사건을 보며 우리가 동시대성을 발견할 수 있는지, 발견하지 못한다면 왜 발견하지 못하는지에 대해 학기 초부터 생각을 나눠 왔다. 그러던 중에 카이스트에서 연쇄적으로 학생들이 자살하는 사건이 벌어졌다. 이 사건에서 우리는 어떤 동시대성을 발견할 수 있는가? 나는 학생들이 카이스트 사태에 대해서 어떤 동시대성을 발견하며 목숨을 끊은 친구들을 동시대인으로 생각하는지에 대해 토론할 생각이었다.

무력화되고 있는 애도

죽음은 동시대성을 인식할 수 있는 가장 강력한 계기이다. 죽음은 시대의 어둠을 한순간에 드러내는 조명탄과 같은 것이다. 그러나 죽음은 자동적으로 사건이 되지는 않는다. 저 멀리 프랑스 철학자들의 어려운 말까지 인용할 필요 없이 죽음이 사건이 된다는 것은 지금까지의 언어로는 설명되지 않기 때문에 우리가 다른 식으로, 새롭게 무엇인가를 생각해야 한다는 것을 의미한다. 전태일의 죽음이 다른 죽음과 달랐던 점이 바로 그 죽음으로 인하여 우리가 한국 사회건, 자기 자신이건 처음부터 끝까지 다시 생각할 수밖에 없었다는 것이다. 변호사는 내가 왜 변호를 해야 하는지를 다시 생각했어야 했고, 대학생은 대학생이 뭐하는 존재인지를 다시 생각했어야 했다.

얼마 전 벌어진 중동 아랍 민중들의 항쟁에서 볼 수 있듯이 혁명은 애도로부터 시작하였다. 광주도 그랬고, 1987년 6월항쟁도 그랬다. 애도는 흩어져 있던 사람들을 삽시간에 하나로 모아 공동체를 만드는 강력한 정치적 힘을 발휘한다. 어제까지 완전히 남에 불과했던 사람의 죽음이 가장 애통한 사건이 되어 동시대인들을 엄습하고 사람들은 그 애통함을 나눈다. 애도를 통해 일면식도 없던 사람들은 문득 우리 모두가 동시대를 살아가고 있다는 것을 깨닫는다. 무미건조하게 그저 우연히 같은 공간에서 같은 시간을 살던 사람들이 시대에 대한 인식을 공유함으로써 순식간에 동료가 된다. 애도는 이처럼 동시대인을 동료로 끌어당긴다.

그러나 (시나리오 작가였던) 최고은의 죽음과 그 이후 이어진 수많은 죽음들, 아니 그 앞에 있었던 또 다른 죽음들도 '사건'이 되지 못하였다. 죽음은 이어지고 있었고, 트위터와 같은 사이버 공간에서 애도의 목소리가 낮게 흐르고 있었지만, 여전히 그 죽음들이 사건이 되고 있다고 볼 수는 없었다. 그래서 자신이 없었다. 지금까지 애써 감추고 있던 마음의 판도라 상자를 여는 것만 같았다. 만약 학생들이 "그게 저희와 무슨 상관이에요"라고 대답하거나 혹은 아예 냉소적인 침묵을 날린다면 내가 견딜 수 없을 것 같았다. 그래서 밤새 이 주제로 수업을 진행해야 하나 말아야 하나 고민하다 결국 해야 할 일은 하자고 결정을 봤지만 두렵기는 매한가지였다.

머리가 지끈거리는 것은 다른 이유도 있었다. 카이스트에서 네 번째 자살이 있고 난 다음 언론과 트위터에는 카이스트에 대한 글이 넘쳐 나고 있었다. 보수와 진보를 막론하고 온갖 비판과 대책이 쏟아지고 있었다. 그러나 그 많은 글들을 읽으면서 내내 머릿속에서 두 가지 질문이 떠나지 않았다. 이 글을 쓰는 사람들은 지금 슬퍼하고 있는 것일까? 슬픔이 묻어나는 글을 찾기가 쉽지 않았다. 서남표 총장을 공격하고 이명박 정권의 교육정책을 성토하고 신자유주의를 비판하는 글에는 전적으로 동의하면서도, 읽는 내내 어떤 찝찝함 같은 것들이 떨어지지 않았다. 이건 단지 정서의 문제이기만 한 것은 아니다. 슬픔이 느껴지지 않는 이유는 이 사건에서 자신의 운명을 발견하고 예감하지 못해서 그런 것이 아닌가 하는 생각을 하였다. 그런 글은 아무리 날카롭다고 하더라도 동시대인의 글은 아닌 셈이다.

다른 하나는 이 수많은 글들이 누구에게 하는 말인지에 대한 의문이었다. 한 진보 논객이 날카롭게 지적한 것처럼 가끔 우리는 우리 글을 읽지 않아도 이미 우리 편인 사람들을 향해서 말을 한다. 일종의 팬들에게 말을 거는 셈이다. 그러다 보니 글이 자기 동아리 안에서 맴돌다 소비되고 사라지는 경우가 많다. 그러나 글은 읽지 않아도 될 사람과 유대감을 재확인하기 위해 쓰는 것이 아니라 글을 읽는 사람을 동시대인으로, 동료로 초대하는 행위가 아닌가. 글이란 결국 동시대인을 동료로 초대하는 정치적 행위이며, 그 정치적 행위를 통해 우리가 궁극적으로 꿈꾸는 것은 정치 공동체를 만드는 것이 아닌가. 교실에서 만나 이 사태에 대해 이야기를 나누면서 내가 꿈꾸는 것은 그들과 내가 동시대인이 되는 것이다. 동시대인이 된다는 것은 이 시대에 너와 나의 운명이 별로 다르지 않다는 것을 깨닫는 과정이다. 그렇기 때문에 사건에 대한 논평만이 아니라 그 사건이 불러일으키는 너의 기억과 나의 기억이 공명해야 한다. 각자의 기억을 끄집어내지 않는 사건이란 사건으로서 무의미하며, 기억을 끄집어내고 이어 주지 못하는 글이란 글로서 가치가 없다. 비판하고 성토하는 수많은 글에서 바로 이런 '초대'를 느낄 수 없었다. 비상한 주장은 많았지만 누구를 초대한다는 느낌은 없었다. 그럼 나는 어떤가? 교실에서 나는 학생들을 어떻게 초대할 것인가? 그 언어가 나에게는 있는가? 바로 이 부분에서 나는 자신이 없었다. 이 토론을 통해서 나는 학생들과 어떤 기억을 서로 꺼내고 연결함으로써 비로소 이 사건을 사건으로 만들 수 있을지를 확신하지 못하고 일단 부딪쳐야 했다.

지금, 대학생들의 처지

연세대학교 원주 캠퍼스에 도착한 후 약속된 학생 세 명을 만나 아침을 같이 먹었다. 학교 다니는 고충이나 즐거움에 대한 이야기를 나누다 그들에게 먼저 물어보았다. 카이스트 사태에 대해서 어떻게 생각하는지. 한 학생이 먼저 불쑥 대답하였다. "우리 학교에서도 2~3년에 한 명씩 자살하는데……." 몇 년 전에 원주 캠퍼스에서도 학생이 자살을 했다고 한다. 그 사건은 지역 신문에 아주 조그맣게 실렸다고 한다. 소속도 그냥 모 대학생이라고. 죽어서도 이름을 얻지 못한 셈이다. 다른 학생의 증언에 따르면 그때 이 학교에서도 부총장과의 간담회가 열렸다고 한다. 그러나 카이스트의 학생총회와 간담회가 언론의 집중적인 조명을 받은 것과는 달리 이 학교에서의 간담회는 학생들로

   대학의 교육 불가능

부터도 거의 외면받았다고 한다. 그의 표현을 따르자면 간담회 이후에 "아무 수확도, 결론도, 변화도 없이" 모든 일은 마무리되었고, "은근히 기대를 했던 학우들이, 역시 우리 학교는 이래서 안 된다며 커뮤니티 사이트에 분노를 표" 하는 것으로 막을 내리고 말았다.

그런데 이 사건에 대해서는 상당히 많은 학생들의 반응이 달랐다. 먼저 연세 대에서 수업을 시작하며 학생들에게 이 죽음이 동시대인의 죽음이라고 생각하 는지, 동료의 죽음이라고 생각하는지, 아니면 나랑 상관없는 일인 것 같은지에 대해 손을 들어 보라고 했다. 나랑 상관이 없는 일이라고 말하는 학생들은 의 외로 몇 명 되지 않았다. 동시대인이라고 생각하는 친구들의 숫자가 제일 많았 고, 몇 명은 동료의 죽음으로까지 여기고 있었다. 그날 오후에 수업이 있었던 상지대와 다음 날 덕성여대에서도 이 비율은 별로 다르지 않았다. 다수의 학생 들은 이 죽음에서 아주 강한 슬픔이나 분노를 느끼지는 않았지만 그래도 이 죽 음과 자신들이 어떤 강도로든 연결되어 있다고 생각하고 있었다.

"우리 학교에서도 자살하는데……"라고 말한 아침을 같이 먹은 학생 또한 이렇게 말을 이었다. "불쌍하죠. 우리도 등록금 때문에 고생 많이 하고 경쟁도 치열하고 하니까요. 뭐 카이스트 학생이라 더 알려지는 것도 있겠지만 이걸로 많이 이야기가 되었으면 좋겠어요." 이 학생뿐만 아니라 다른 학생들도 카이스 트와의 거리보다 대학생으로서 겪는 고통에 대한 동질감이 더욱 강하였다. 연세 대의 유정은 이것을 이렇게 말하였다. 이 사건이 지금의 대학생들이 얼마나 치 열한 경쟁을 하고 있으며, 그 경쟁을 부추기는 '일그러진 학교 제도'를 볼 수 있 는 좋은 기회가 되었을 것이라고. 그리고 이번 기회에 카이스트가 조금이라도 변한다면 아마 다른 학교들도 변화할 수 있을 것이라고 내다봤다. 유정은 입시 제도만 보더라도 서울대가 입시 요강을 바꾸면 다른 학교들이 다 영향을 받는 것이 그 한 예라고 하면서, 이게 대학 서열 체제에 기대는 것처럼 보여도 긍정적 인 효과를 가져올 수 있을 것이라고 조심스럽게 자신의 바람을 드러냈다.

학벌 중심 사회, 그 사회에서 우리가 살아남는 방법이 무엇인가? 죽기 살기로 공부와 경쟁을 해야 한다. 포기는 곧 패배자다. 어렸을 때부터 느낄 수 있는 부분이라고 본다. 좋은 고등학교, 좋은 대학, 좋은 직장으로 가기 위해선 남들보다 더 공부하고 노력해야 하는 방법밖에 없다고 배워 왔다. 배웠다고 보기보단 느낌이라고 해야겠다. 그래서 우리는 어렸을 때부터 경쟁을 하기 시작한다. 1등1등1등1등1등1등1등1등1등!을 해서 최고를 향해 올라간다. 1등을 향해 갈수록 주위엔 낙오자가 생기고 점점 외로운 길로 간다. 나중에 뒤돌아보았을 때 그들은 전쟁터에서 혼자 살아남은 1인이 되어 있을 것이다. 이것이 나는 우리나라 교육이라고 본다. 주위를 바라보는 것, 잠시 쉬었다 가는 것, 다 같이 할 수 있는 것을 배워야 한다고 생각한다. 우리나라 평균 소득 2만 불이 넘었다고 얼마 전에 들었다. 하지만 평균이다. 이미 소득이라는 시소는 균형을 맞추기 힘들 정도로 기울어져 있다. 평균 소득 2만 불은 개뿔! 이제 점점 균형을 맞춰야 한다. 1인이 아닌 다 함께 성장하는 교육을 실시해야 한다. 쓸보, 상지대

이유는 생각보다 간단했다. 비록 그들이 영재교육을 받고 자신들과는 전혀 다른 인생의 궤도를 걸어온 친구들이지만 태어나면서부터 경쟁에 시달려 왔다는 것은 일등이나 꼴등이나 '딱 중간'이나 매한가지였다. 이 사태가 남의 일처럼 보이지 않는 가장 큰 이유는 그 경쟁의 강도와 목표와 방향이 달랐을 뿐, 한 명만 살아남는 그 외롭고 지옥 같은 경쟁을 통과했다는 것, 그리고 지금도 그 경쟁을 하고 있다는 점에서는 모두가 다르지 않아서였던 것이다. 쓸보가 예리하게 지적하고 있는 것처럼 지금 이들이 살아가고 있는 시대는 '평균'이라는 것이 무의미한 시대이다. 양극화와 불평등은 점점 더 심화되고 있고 삶을 지배하는 것은 서바이벌 게임의 규칙이다. 카이스트와 상지대는 수능 서열 체제로 본다면 아주 먼 거리에 위치하였지만 그곳이나 여기나 서바이벌 게임지인 것은 마찬가지인 것이고, 이것이 학생들이 공유하는 동시대성이었다.

   대학의 교육 불가능

학생들은 이 죽음에서 대표성과 같은 것을 느끼고 있었다. 카이스트에서 상지대까지 공동의 적이 누구인지에 대해서 분명하게 인식하고 있었다. 자신들이 같은 사회적 지위도 아니고 학교마다 제도와 위기의 내용이 다르다고 하더라도 상황을 이렇게 만든 적은 같았다. 샹탈 무페가《정치적인 것의 귀환》에서 강조하고 있는 바에 따르면 '적대'를 명확하게 인식하고 있는 셈이다. 우리가 공통의 것을 공유하고 있는 그런 동료는 아니지만 적어도 적이 같다는 점에서 본다면 이들은 서로를 동시대인으로 사유하고 있었다. 연세대의 유정은 자신에게 이 사건의 '적'은 개념이 뚜렷하다고 말하였다. 그래서 자신은 이들을 동시대인을 넘어 동료로 받아들일 수 있다고 한다. 그 적이란 정부와 학교, 그리고 사회이다. 차등적 등록금 제도를 통해 학생들을 징벌하여 그들에게 모욕감을 준 '학교'와 그러한 학교를 묵인한 '정부' 그리고 그러한 학교 제도를 만들게 한 장본인인 무한 경쟁주의의 '사회'가 바로 자신들이 공유하고 있는 적이다. 적이 분명한 만큼, 그 적에게 당한 친구는 자신의 동료가 된다.

한 학생은 서울대나 의대를 다니고 있는 고등학교 친구들과 이야기를 하다 보면 학벌을 가르지 않고 고민하는 내용이 비슷하다는 걸 알 수 있다고 했다. 등록금 문제에서부터 취업에 이르기까지 어느 학교를 다니는가에 상관없이 다들 느끼는 중압감이 비슷하다. 수업에 대해서도 마찬가지이다. 뒤에서는 교수가 잘 가르치지 못한다고 손가락질을 하고, 대학 생활에 낭만이 없다고 푸념하면서도 쪽지 시험에서 1점이라도 더 받기 위해 바락바락 노력하고 꾸역꾸역 수업에 들어가는 것은 전국의 대학생들이 다 마찬가지라는 것이다. 다른 한 학생은 이것을 두고 한국에서 대학생으로 살아간다는 것이 왜 이렇게 가혹해야 하는가라고 탄식하였다. 그래서 학생들은 "비록 그들과 우리의 처지는 다르지만"이라고 꼬리표를 붙이면서도 이 죽음으로 자신들의 처지가 좀 더 세상에 알려지기를 바라고 있었다.

쓴보의 글에서 명료하게 드러나는 것처럼 많은 학생들이 이 사건에서 시대를 명확하게 인식하고 있었다. 정부가 GDP 2만 불을 회복했다는 것에 환호하고 온 사회가 그 선전에 농락당하고 있을 때 씀보는 "개뿔!"이라고 외친다. 그리고 이 시대에 그런 '평균'이 어떤 의미가 있는지를 묻는다. 아무 의미도 없다. 평균 따위는 존재하지 않기 때문이다. 소득 2만 불 시대의 어둠을 이렇게 명료하게 직시할 수 있는가? 그러나 사실 평균은 의미가 있다. 평균은 바로 탈락의 척도이기 때문이다. 이번 카이스트 사태에서도 가장 핵심적인 이슈로 떠오른 것이 징벌적 장학금이다. 카이스트의 학생들은 학점이 3.0 이하가 되면 0.01씩 떨어질 때마다 2010년 기준으로 약 6만 원을 다음 학기 시작 전에 내야 한다. 2.0 밑으로 떨어지면 최대 600만 원이다. 이 제도는 2008년에 서남표 총장이 경쟁력을 향상시킨다는 명목으로 시작했다. 학점 3.0. 평균 학점 B이다. 고등학교라면 '우'에 해당한다. 아마 평균에 가까운 학점이 될 것이다. 그러나 이 평균은 '중간은 된다'는 것을 의미하지 않는다. 평균은 곧 탈락을 의미하고, 탈락은 징벌로 이어진다.

탈락에 대한 공포, 모욕 주는 사회

그렇게 한국에서 공부 잘하는 사람들이 의대, 약대, 한의대 등을 포기하면서 자기가 배우고 싶은 학문을 배우기 위해 이렇게 학교에 왔지만 패자는 확실하게 짓밟히는…… 이미 학교의 이름을 버리는 것이라고 생각한다. 카이스트의 징벌적 등록금 제도가 확실히 그렇다. 이 카이스트의 징벌적 등록금 제도는 패자에게는 일말의 기회가 없는, 아니 기회는 그렇다 치더라도 사람에게 모독과 치욕감을 준다. 패자에게 박수? 그런 건 없다. 무조건 학점 3.0이 넘지 않으면 카이스트란 집단 안에서 패자가 되는 사회. 한 번의 실패를 용납하지 않는 사회. 만약 우리 학교에 징벌적 등록금 제도가 생겨서 등록금을 내라고 하면 ("아니, 자살하지 말고 그냥 자퇴하면 되잖아"라고 말하는 사람들이 쉽게 말하는 것처럼 그렇게) 바로 그만둘 수 있을까? 의문이 든다. 경국, 상지대

대학의 교육 불가능

이 징벌을 당한 인간이 느끼는 감정이 바로 모욕감이다. 연세대 원주 캠퍼스, 상지대 그리고 덕성여대에 이르기까지 이 사건에 대해 동시대성을 느낀다고 말한 친구들이 한결같이 말하는 것이 자살한 학생이 자신의 자존감에 큰 상처를 입었을 것이라는 점이다. 특히 어렸을 때부터 늘 칭찬을 듣고 일등만 하던 아이들이 모욕을 당했을 때 그 상처를 회복하기 더 힘들었을 것이라고 말한다. 모욕 주는 사회, 모욕이 제도화된 사회. 이것이 학생들이 이 카이스트 사태에서 발견한 또 하나의 동시대성이다. 우리 사회에서 모독은 일상화되어 있다.

우리는 초등학교 때부터 1등부터 꼴등을 정해 놓고 비교를 하면서 선의의 경쟁을 주장하지만 그것은 경쟁이 아닌 모욕으로 변질이 된다. 내가 고등학교 다닐 때 이야기이다. 한참 사춘기로 민감한 시기였는데 성적이 좋지 않은 학생들의 성적을 끌어올리기 위하여 담임 선생님은 자리를 나누어 버리셨다. 반 등수대로 1등부터 가운데 줄에 앉게 한 뒤 나머지 성적은 양쪽으로 나누어 앉게 해서, 자리에 따라 성적을 파악할 수 있었다. 짓궂은 친구들은 성적을 말 안 해 주더니 왜 그런지 알겠다면서 다른 친구들을 놀리기 시작했다. 이런 불만을 선생님께 말씀드리면 담임 선생님은 그런 모욕이 싫으면 공부를 해서 다음 시험 때 성적을 높여서 자리를 바꾸라고 하신다. 가운데 자리를 빼놓고 양쪽으로 나누어 앉은 아이들의 마음의 상처는 이미 크게 벌어져 버려서 "공부 못한다고 나눠서 앉힐 거면 공부 못하면 학교 안 나오면 되겠네"라고 쉽게 포기하는 아이들이 더 많았다. 오히려 약이 아닌 독이 되어 버린 것이다. 카이스트 사건도 마찬가지다. 경쟁을 통해 학생들을 더더욱 분발시키려 하였지만 그로 인한 스트레스와 모욕감이 아이들을 벼랑으로 밀고 있는 것이다. 카이스트 사건으로 인해 우리는 미래의 아까운 인재를 하늘로 보내고야 만 것이다. 주섭, 상지대

주섭의 이야기가 대표적으로 전하고 있는 것처럼 우리 사회에서 모욕이 가장

제도적으로 정당화되고 있는 곳이 교육 영역이다. 주섭이 말한 것처럼 자리 배치를 성적순으로 하여 누가 일등이고 누가 꼴등인지를 가시화하는 것은 이전부터 흔히 사용되던 수법이다. 교사가 자기가 홧김에 때린 것도 교육이라는 이름으로 정당화되는 곳이 학교이다. 이 글을 쓰고 있는 동안에도 인터넷에 한 교사가 아이의 뺨을 사정없이 때리는 동영상이 유출돼 파문을 일으키고 있다고 한다. 사건은 늘 반복되지만 해법은 보이지 않는다. 왜냐하면 모욕을 주는 것이 교육적 가치가 있다면 감수해야 한다는 것이 일반적인 정서이기 때문이다. 우리 사회에서는 모욕을 주는 교육과 엄격한 교육이 전혀 구분되어 있지 않다. 그래서 아이들 모두에게 밥을 주자는 보편적 급식의 문제는 폭발적인 성원을 받지만 학생인권조례는 전교조나 진보 정당에서도 외면을 받는 의제이다.

아비샤이 마갈릿은 그의 저서 《품위 있는 사회》에서 바로 이 모욕을 다루고 있다. 모욕에는 두 가지가 있다. 하나는 개인적으로 누군가가 다른 이를 모욕하는 경우, 다른 한 경우는 제도가 사람을 모욕하는 경우이다. 마갈릿은 전자가 없는 사회를 '문명화된 사회'라고 부르고 제도가 사람을 모욕하지 않는 사회를 '품위decent 있는 사회'라고 부른다. 품위라고 하면 교양과 도덕을 떠올리는 경우가 많겠지만 decent에는 '기준에 맞는', '예의 바른', '상당한'이란 뜻이 있다. decent salary는 상당한 보수라는 뜻이고, decent work는 인간이 할 만한, 인권이나 노동권 등 다른 기준으로 보더라도 할 만한 일이라는 뜻이다. 예를 들어 우리 사회에서 비정규직은 전혀 decent work가 아닌 것이다.

마갈릿은 모욕을 '자존감이 손상되었다고 생각할 타당한 이유가 될 수 있는 행동이나 조건'이라고 규정한다. 모욕은 인간의 명예나 자존감에 심각한 훼손을 가한다. 자존감은 가장 근본적인 가치이다. 마갈릿은 자존감이 없으면 가치에 대한 인식도, 인생은 의미 있다는 인식도 가질 수 없다고 말한다. 인생이 '헛되고 헛되니 모든 것이 헛된 것'이 되고 만다. 제도적 모욕이란 이런 모욕

                                        대학의 교육 불가능

이 문자 그대로 제도화되어 있는 사회이다. 예를 들어 민권운동 이전 미국 남부의 흑인 차별 정책이 바로 그런 제도적 모욕이다. 흑인들은 버스에서 백인들의 자리가 비어 있어도 그 자리에 앉을 수 없다. 반면 백인들은 언제든지 흑인에게 자리를 비킬 것을 요구할 수 있다. 흑인들은 자신들이 살아가는 공간에서도 전혀 '환대' 받지 못하고 있다는 것을 매 순간순간 깨닫고 치욕감을 느껴야 한다. 이게 바로 제도적 모욕이다. 주섭이 학교에서 당한 모욕이 바로 이런 제도적 모욕이다. 내가 어느 자리에 앉는지가 내가 어떤 인간이고, 어떤 취급을 교실에서 당해야 하는지 훤히 다 말해 준다. 고등학교 때뿐만이 아니다. 학점에 따른 이런 징벌 제도는 많은 대학에서 다양한 방식으로 제도화되어 있다. 덕성여대에선 2.5 밑으로 학점을 받게 되면 다음 학기에 수강 학점에 제한이 가해진다. 너는 그만큼 많은 공부를 할 자격이 없다는 말이다.

제도적 모욕이 인간에게 끼치는 가장 큰 해악은 이것이 제도적으로 정당화되어 있기 때문에 다른 누군가에게서도 공감을 얻지 못한다는 사실이다. 이 책에서 마갈릿은 버나드 쇼의 "구시대의 처벌 방식보다 현대의 처벌 방식이 더 모욕적"이라는 말을 인용하여 모욕의 특징을 설명하였다. 구시대의 처벌은 피해자의 고통을 숨기기보다는 공개함으로써 한편에서는 구경거리로 삼았지만 다른 한편에서는 그 고통에 대한 연민이나 공감을 불러일으킬 수 있었다. 그러나 지금 시대의 처벌은 범죄자를 대중으로부터 숨기기 때문에 우리는 우리가 감옥을 경험하지 않는 한 그들의 고통에 절대 공감할 수가 없게 된다.

유령이라는 동시대인

제도화된 모욕 역시 마찬가지이다. 이것은 누구에게 절대 공개적으로 공감을 받을 수가 없는 모욕이다. 제도가 이미 모욕을 정당화했기 때문이다. 등록금을 징벌로 내야 하는 학생은 아주 가까운 친구가 아니라면 누구에게도 그 말을 할 수가 없다. 말을 한다고 하더라도 공감을 얻어 내기 힘들다. 아마 대부분 학교의 제도를 탓하기보다는 "네가 좀 더 열심히 공부하지 그랬냐?"
는 핀잔이나 주기 쉬울 것이다. 그래서 제도적 모욕은 가장 고통스러운 모욕,
모욕스러운 고통이 된다. 말하지 못하는 고통이 말할 수 없이 큰 고통이 되는
것이다. 자신의 상처를 드러낼 수 없는 인간, 자신의 고통을 누군가에게 호소
할 수 없는 인간, 그런 인간은 마치 자신이 아무런 상처도 받지 않은 것처럼,
아무런 고통도 없는 것처럼 자신을 숨기고서야 비로소 그 사회에서 살아갈 수
있기 때문이다. 자신을 숨겨야 사회에 '포괄' 될 수 있는 인간. 이 인간이 바로
투명인간, 유령이 아닌가?

  학생들이 느끼는 동시대성의 세 번째 국면이 바로 이런 유령으로서 공유이
다. 우리는 모두가 유령인 셈이다. 유령으로서만, 내가 내 상처에 대해서조차
도 침묵할 경우에만 비로소 이 사회에서 살아갈 시민권을 획득하게 된다. 그런
데 살아 있는 존재가 스스로를 유령으로 취급하는 것이야말로 인간에게 가장
큰 모욕이 아닌가? 마갈릿은 이것을 "사람이 간과되는 것"이라고 말하며 식민
주의자들이 토착민에게 가하던 모욕을 상기시킨다. '훌륭한 아랍 사람은 보이
지 않으면서 일해야 한다' 는 식민주의자들의 주장은 바꾸면 자신들의 눈앞에
토착민들이 아무리 많더라도 없는 존재로 치겠다는 말이 된다. 실제로 로마의
'주인' 들은 '노예' 들이 보는 앞에서도 거리낌 없이 섹스를 했다. 노예들은 사
람이 아니기 때문에 그 앞에서 수치심 같은 것을 느낄 필요가 없었던 것이다.
그렇게 없는 존재 취급을 당하는 사람들, 그 사람들이 느끼는 감정이 바로 모
욕이 아니겠는가?

  바로 이런 점 때문에, 이것이 카이스트의 문제이기 때문에 카이스트 학생들
이 이 사태의 당사자들이며 가장 사정을 잘 알 것이라는 말은 틀린 말이 된다.
오히려 유령들은 내부의 이방인이다. 이 내부의 이방인은 내부인에게는 오히
려 더 잘 안 보인다. "비록 힘들고 경쟁이 치열하지만 밖에서 보는 것처럼 우리
학교가 그렇게 비인간적인 것은 아니에요" 하고 말하는 카이스트 학생들의 말

  대학의 교육 불가능

은 문자 그대로 이해되어야 한다. 그들이 동료의 죽음에 대해 고통을 느끼지 못할 정도로 비인간적인 존재라서 하는 말이 아니다. 다만 그들은 유령과 동료가 아닐 뿐이었다.

유령의 속사정, 유령의 고통은 유령이 더 잘 안다. 덕성여대의 토론에서 한 학생은 다른 학생들이 "카이스트와 우리 학교는 다르지만"을 꼭 전제하여 말하자 "정말 그렇게 다른가, 누구에게 다른가"를 질문하였다. 카이스트보다 덕성여대가 더 자유스럽고 경쟁이 덜하다고 하지만 자기에게는 덕성여대도 숨막히는 공간이기는 매한가지였다고 한다. 그래서 자기는 카이스트의 사태에 대해서 격하게 공감할 수 있었다고 한다. 이 학생이 말하는 것처럼 동시대인이란 내부와 외부로 가를 수 있는 것이 아니다. 오히려 내부와 외부를 가로지르며 각자의 위치가 무엇이고, 무엇을 경험하고 있는지가 동시대인을 만들어 낸다. 여기서 우리에게 필요한 것이 '카이스트의 것은 카이스트에게, 동시대인의 것은 동시대인에게' 돌려줄 줄 아는 지혜이다.

무엇이 동시대성을 방해하는가? – 구체성도, 보편성도 없다

카이스트의 것은 무엇이고, 동시대의 것은 무엇인가. 이것을 구분하기 위해서 우리는 카이스트 사태를 카이스트 '제도'와 카이스트 '사건'으로 구분해야 할 필요가 있다. 그러나 안타깝게도 현재 카이스트에 대한 이야기의 대부분은 카이스트의 특수한 제도에 대한 이야기에 묻혀 있다. 카이스트의 것과 동시대의 것을 구분하지 못하고 있다. 대신 이번 사태는 카이스트라는 별난 대학에서 벌어진 별난 구경거리가 되었다. 이에 대해 연세대 원주 캠퍼스에서 학생들과 토론하는 와중에 대단히 흥미로운 것을 발견하게 되었다. 처음에는 그들을 동시대인이라고 생각한다던 학생들이 토론하는 과정에서 유보적인 입장으로 점차 바뀌는 경우가 있었다.

카이스트 학우의 제대로 된 이름을 나는 가명으로도 들어 본 적이 없다. 그냥 그 친구들은 박 군이고, 김 아무개, 손 아무개다. 그의 존재가 그저 카이스트 학생으로만 비춰진다는 것이 나는 더 슬프고 안타까웠다. 더구나 그들이 받았을 감당치 못할 엄청난 고통에 대해서는 자세히 비춰지지 않고 그런 문제가 잇달아 일어나는 것은 그 학교의 문제에 있다는 것으로 화제를 돌려 버려 그들을 그냥 카이스트 제도의 '병폐' 정도로만 비춘다는 사실이 더더욱 비통하고 가슴 아팠다. 어쩌면 이 사회, 이 사회의 편협한 시각이라는 크고 무섭고 강력한 적이 있음에도 불구하고 우리의 다양한 언론 매체들은 그 적을 카이스트의 제도, 카이스트의 편협한 시각, 서 총장의 탓으로 돌려 적이 누군지도 모르게 해 버린지도 모르겠다. 그러기만 했다면 그나마 다행이다. 요즘은 또 어떠한가. 카이스트 자살 소동과 그 병폐에 관한 이야기를 언론들의 헤드라인에서 찾아볼 수 있는가? 장담컨대 서태지 · 이지아 이혼 또는 BBK 사건의 회자로 100% 바뀌었다. 그렇게 그들의 죽음은 그냥 박 군, 아무개의 죽음으로, 카이스트의 병폐로만 남고 능구렁이처럼 넘어가는 것이다. 이게 동시대인을 동시대인이 아닌 것으로, 슬프고 비통한 죽음을 그냥 안타까운 죽음 정도로 바꾸는 여론의 힘이다. _{병욱, 연세대 원주 캠퍼스}

이들이 토론하는 과정에서 발견한 것은 카이스트의 제도를 제외하고는 이 사건에 대해서 아는 것이 의외로 많지 않다는 사실이었다. 자살한 학생의 고통이나 삶에 대해서도 짐작만 있을 뿐 구체적인 이야기는 없었다. 매체에 실린 카이스트 학생들에 대한 '르포'들도 하룻밤 휙 내려가서 이러저러한 이야기를 들은 것들이 몇 개 있을 뿐, 학생들의 심층을 다루는 것은 거의 없었다. 다만 그가 자존감에 엄청난 상처를 받았을 것이라는 점, 그러나 그것을 이야기하지 못했을 것이라는 점, 그래서 유령과 같은 존재였을 것이라는 점과 같이 우리 쪽에서의 짐작에 따른 동일시가 있을 뿐이지 고통에 대한 구체적인 이야기는 어디에도 없었다.

그렇다고 이 사건에서 보편성이 잘 이끌어져 나오는 것도 아니었다. 신자유주의와 무한 경쟁이라는 말로 사건의 보편성을 설명하지만 지나치게 헐렁헐렁한 말이었다. 한 친구의 표현을 빌리면 분명히 우리 일이기도 하고, 우리가 일상적으로 겪고 있는 일인데 대부분의 기사와 칼럼에서 자신들의 이야기는 발견할 수 없었다는 것이다. 학생들의 이야기를 들으며 누가 우리 사회에서 동시대성을, 동시대인의 형성을 방해하는지에 대해 심각하게 질문하지 않을 수 없었다. 누구의 어떤 이야기가 카이스트의 것과 동시대의 것을 구분하지 못하는가?

병욱은 이에 대해서 언론의 문제가 가장 크다는 것을 간파하고 있다. 실제로 카이스트 사건이 있고 난 다음에 진보 언론이라고 알려진 매체에서도 서남표와 이명박을 연결해서 이명박을 까는 데는 혼신의 힘을 다하였다. 하지만 얼마나 많은 대학생들이 자살을 하는지에 대해서는 거의 관심을 보여 주지 못하였다. 더구나 지방대에서는 무슨 일이 벌어지고 있는지에 대해서는 관심조차 없었다. 그렇기에 한편에서는 이 사건으로 대학생들의 일반적인 문제가 좀 더 부각되기를 바라지만 자신들의 목소리가 들릴 것이라고는 거의 기대하지 않는다.

동시대인, 그러나 아직 동료는 아닌

원주 캠퍼스에서 숨겨 가야 했던 목숨들도 다를 바가 없었다. 여기서, 누가 더 힘든 상황이었는가, 누가 더 나약했는가를 따지는 것은 무의미하다. 생명을 유지하려는 본능을 거스를 만큼 절박했다는 것만으로 그들의 절망은 충분히 설명되지 않는가. 그러나 분명한 차이점이 있다. 같은 목숨이지만, 사회적 가치는 달랐다. 우리들의 죽음은 흔한 대학생들의 죽음이었고, 그들의 죽음은, 특별했다. 나는 그들을 동료라고 생각하지 않는다. 차마 그러지 '못' 한다. 문화인류학 시간에 조별 토론을 하던 중, 한 10학번 여 학우가 이런 나의 불편함을 꼭 짚어 주었다. 자신과 친한 친구가 있는데 그는 자신보다 훨씬 공부를 잘했다고 한다. 하지만 그는 자신의 성적을 유지하기 위해 숱한 스트레스에 시달려야 했다. 그가 1점 떨어졌다고 울상이 될 때마다, 친한 친구이기에 그가 겪었던 부담감과 공포심을 잘 알기에 위로를 해 주었다고 한다. 하지만 동시에 나는 저 정도도 안 되는데, 하는 자괴감이 들었다고 했다. 그래서 진심으로 위로해 주지 못했다고 했다. 내가 동료가 될 수 없는 이유도, 이런 열등감이다. 카이스트의 제도와 비슷하게 무한 경쟁으로 내몰리는 제도와 장치는 우리 사회 곳곳에 도사리고 있다. 수많은 대학생들이 그들과 다르지 않은 경쟁에서 자신감을 잃고 보잘 것 없는 존재로 내쳐지는 경험을 하며 살아간다. 그들이 우리의 상황을 대변했다는 점에서 그들은 나의 동시대인이다. 동시에, 다른 위치에 서 있기에, 사회에서 같은 영향력을 갖고 같이 대항할 수 있는 존재가 아니기에, 동료가 아니다. 정인, 연세대 원주 캠퍼스

병욱에 이어, 정인의 이야기를 듣다 보면 오히려 감수성이 예민하고 시대에 대해 비판적인 학생들일수록 이 사건에서 동시대성을 발견한다고 하더라도 죽은 이들을 자신의 동료로 '차마' 인정할 수 없다고 말한다. 그러기에는 그들과 자신들 사이에 너무나 거리가 멀다는 것이다. 연세대의 승준은 문화인류학 수업 '바깥'에서 다른 학생들에게 이 사건에 대해 어떻게 생각하는가를 물어보았다고 한다. 10명 중의 한 명이 카이스트라서 '거시기하다'고 답했다고 한다. 누군가의 죽음은 사회적 사건이 되어 문제의 해결을 향해 달려가고, 누군가의 죽음은 같은 학생들에게서조차도 묻혀 버린다. 그래도 죽으면 안 되는 것 아닌가 하는 죽은 이의 나약함에 대한 질책과 함께 말이다. 대학뿐만 아니라 죽음 역시 서열화되어 있는 것이다.

나아가서 지금의 대학 사회는 아주 어렸을 때부터 이미 사회적으로 '구분'되어져 있다는 것을 발견할 수 있었다. 어느 대학에 들어가는가가 부모의 지위와 역할, 그리고 사는 동네 등에 의해서 아주 어렸을 때부터 정해진다. 상지대의 동현은 자기의 주변 친구들 중에는 카이스트는커녕 연·고대를 다니는 친

구도 한 명 없다며, 자신이 이 사건과 엮일 이유가 전혀 없다고 단호하게 말하였다. 학생들의 이야기를 들어 보면 우리 사회의 계층화는 이미 거의 고착되어 버렸다는 것을 알 수 있다. 학교와 친구 관계도 이미 계층에 따라 분리되어 있으며, 그 분리의 정도는 대학 서열 체제의 밑으로 내려갈수록 더욱 심해진다. 그러니 이들이 이 사건에 공감하기 위해서는 일상적 수준을 뛰어넘는 대단히 정치적인 성찰을 필요로 할 수밖에 없다.

현대에서 애도가 죽음을 어떻게 서열화하는 정치적인 행위인지를 잘 보여 준 것은 주디스 버틀러의 《불확실한 삶》이다. 여기서 그녀는 9.11 이후 미국에서의 애도를 분석하면서 이스라엘에 의해 살해된 팔레스타인이라든가 성적 소수자들처럼 이미 살아 있을 때에도 그 '삶이 부인되었던 사람들'은 애도에서 배제되고 있다고 말한다. 버틀러에 따르면 이들은 "살아 있을 때에도 존재하지 않던 사람들"이었으며, "죽음의 상태로 고집스럽게 계속 살아 있는 것처럼 보이기에 살해"된 사람들이다. 따라서 이들을 애도하는 것은 "이들에 대한 공적 애도를 금하는 명령"에 도전하는 정치적 행위라고 볼 수 있다.

그렇기에 이번 카이스트 학생의 죽음에서 우리에게 필요했던 것은 초혼이었다. 광우병으로 전국이 난리가 났을 때 '나만 살려 주세요'라고 외치던 그 자리에 뜬금없이 입시 제도에 의해 희생된 모든 학생들을 추모한다는 글을 들고 나타났던 한 무리의 고등학생들이 했던 바로 그 초혼이 우리에게 필요했다. 몇 번이나 다른 글에서 이야기를 하였지만 이 초혼의 가장 아름다운 글이 바로 아룬다티 로이의 《9월이여, 오라》라는 글이다. 그녀는 이 글에서 9.11로 희생된 자들의 무덤을 외면하지 않고 그 죽음 위에 반드시 기억되어야만 하는 자들의 이름을 덧붙인다. 근대가 시작된 이래로 9월 11일에 시작된 죽음을 샅샅이 뒤져서 로이는 더불어 애도되어야만 하는 죽음들을 불러냈다. 1973년 9월 11일은 피노체트에 의해 칠레의 아옌데 정부가 무참하게 전복된 날이다. 아버지 부시가 이라크에 대한 침공을 결정한 날도 9월 11일이다.

나는 이것을 《아무도 기억하지 않는 자의 죽음》에 기고한 〈'정치' 적 죽음, '역사' 적 죽음, 정치의 죽음〉이라는 글에서 덧셈의 정치라고 불렀다. 지금 카이스트 학생의 죽음에서도 우리가 했어야만 하는 일은 바로 그 덧셈의 정치였을 것이다. 그러나 과연 우리는 어떠했던가? 다시 한번 대학의 교실에서 나를 당혹하게 만든 것은 우리가 토론하면 토론할수록 동시대인에서 동료로 다가서기는커녕, 오히려 동류에서 동시대인으로, 동시대인에서 좀 더 흐릿한 동시대인으로 밀려난다는 것을 발견했다는 점이다. 카이스트에서 발생한 죽음을, 유령의 죽음으로 보편화하지 못하고 그저 카이스트라는 제도의 문제problem로만 바라봄으로써 우리 모두가 유령임을 확인할 수 있는 문제issue로 문제화 problematic하지 못하였다. 사건은 경계를 넘어 고통과 기억의 연대를 통해서 가능해진다. 그렇기에 사건은 영역을 넘어서야 한다. 너의 고통이 카이스트라는 경계에 갇히고, 나의 고통이 연세대 혹은 상지대라는 범주에 갇혀 버렸을 때 타인의 고통은 결코 우리에게 공명될 수 없다. 그것은 끝없이 저들이 그어 놓은 제도의 벽에 부딪혀 좌절된다. 그렇다면 우리가 해야 할 일은 카이스트의 유령들과 공명할 수 있는 다른 이들의 고통에 귀를 기울이는 것이 아니었던가? 오히려 이 사건에 대한 르포를 그리고 싶었다면 다른 대학으로, 묻혀 버린 죽음들로 향했어야 한다. 이 죽음에 대한 글에서 내가 통탄하는 것은 오히려 글의 죽음을 보기 때문이다. 글의 죽음 앞에서 우리가 해야 하는 것이 있다면 누구를 찾아가서 무슨 이야기를 듣고 그것으로 우리가 살아가는 세상에 대해 어떤 소식을 알릴 것인가이다. 그런데 누가 그것을 하였는가? 르포라고 나온 글은 달랑 하루 내려가서 겉만 스케치하고 올라온 글이 전부가 아니었던가? 아래 정인의 글을 다시 인용하면서, 우리가 이 시대를 얼마나 안이하게 살고 있는지를 돌아보며, 이 글을 마친다.

한 인터넷 사이트의 웹툰 중 〈입시명문사립정글고등학교〉라는 것이 있다. 거기에

                                          대학의 교육 불가능

서 공부를 무척 잘하는 학생이 입시 경쟁에 대해 비판한다. 그리고 못하는 학생도 학교의 문제점을 비판한다. 잘하는 학생의 말은 그럴싸하고 다들 귀를 기울이지만, 못하는 학생에겐 그렇게 변명할 시간 갖지 말고 공부나 하라고 한다. 나약해지지 말라고. 그러면서 하는 마지막 멘트가, '입시를 까는 것은 전교 1등만의 특혜'(정확히 기억이 안 나지만)였다. 나와 비슷한 등수의 아이랑은 같이 조잘조잘 깔 수도 있는데, 등수가 조금이라도 차이가 나면 말을 하기가 민망하다. 같이 다가가서 '이 사회의 부조리에 대해 함께 토론해 봅시다!' 하기엔 내가 너무 '없어 보이지' 않나. 동시대인이라 느끼는 것은 우리처럼 그들도 일률적인 경쟁에 시달리고 있다는 점에서 그러했다. 동시에 그 사실이 동료가 되지 못하게 하는 것이다. 비슷한 수준이 모였다고 하는 우리 캠퍼스 내에서도 열등감과 거리감을 느끼는 학우가 더러 있다. 우리 학교 학생이라 해도 나와 동료가 될 수 있는 사람은, 이 일렬적인 줄에서 내 앞과 뒤의 몇 명뿐, 아니 어쩌면 아예 없을 수도 있다는 공포스러운 생각조차 든다. 하물며 카이스트라니. 그들이 있는 곳까지 걸어가서 같이 동료하자고 어깨를 두르기엔……. 무한 경쟁이라는 이 정교한 장치가, 우리가 느껴야 할 감정마저 바꾸는 것 같다. 때로는, 그들이 받는 스트레스와 내가 받는 스트레스는 다른 감정이지 않을까 생각한다. 정상에서 내려갈 때의 공포심과, 이미 내동댕이쳐졌는데 또다시 버려지는 참담함은, 겉모습만 비슷하지 아예 다른 차원의 감정이 아닐까 하는 생각이다. 난 그들이 아니기에 그들이 보는 세계관이나 시야나, 경험해 온 것이 너무나 다르기에 절대 알 수 없을 것이다. 그들도 알 수 없겠지. 이 어마어마한 거리감. 동료가 되기엔 너무나 벅찬 거리다. 정인, 연세대 원주 캠퍼스

교육 불가능의 시대, 가르친다는 것은

이계삼 선생님께

안준철

저녁 산책을 다녀왔습니다. 산책 길에서 저는 이미 한 통의 긴 편지를 선생님에게 띄워 보냈습니다. 막상 그것을 글로 다시 옮겨 적으려니 막막해집니다. 이 막막함이 낯설지는 않습니다. 〈교육공동체 벗〉과 인연을 맺은 뒤로 줄곧 그런 정서에 휩싸여 있었으니까요. 막막하다는 것, 그것은 어쩌면 희망의 조짐이기도 합니다. 정년을 불과 5년 남짓 남겨 놓고 이제 겨우 막막한 수준에 이른 것이 부끄럽긴 하지만 말입니다.

《오늘의 교육》 창간호가 학교로 배달되어 온 날이었습니다. 퇴근 시간이 조금 남아 있어서 편집장 박복선 선생님의 발간사를 먼저 읽었습니다. 제목이 '희망의 페다고지를 위하여'였지요. 내용 중에 제도 투쟁을 위한 담론의 한계를 지적한 부분이 퍽 인상적이었습니다. 제도 투쟁을 위한 담론은 대안적 상상력을 담아낼 여지가 없으며, 대안적 상상력이 없는 실천은 결국 체제로 수렴될 것이라는 말에 크게 공감하였습니다.

특집에 실린 선생님의 글 '오늘날 학교 현장의 교육 불가능에 대한 사유'는 교정을 걸어 나가면서 읽기 시작했습니다. 차츰 걷는 것보다는 멈춰 서 있는 시간이 더 많아졌습니다. 한번은 잠깐 길바닥에 주저앉아 있다가 일어나기도 했습니다. 그러다 보니 학교에서 집까지 걸어서 10분인 거리를 30분도 넘게 걸어 당도했습니다. 초인종을 누르자 아내가 문을 열어 주면서 이상한 듯 저를 바라보았습니다.

저녁을 먹고 난 뒤, 무슨 대화 끝에 아내가 저를 향해 버럭 역정을 냈습니다. 그 전에 제가 아내의 심사를 건드렸나 봅니다. 저는 평소 아내와 대화를 많이 하는 편입니다. 그런데 그날은 아무런 말도 제 귀에 들어오지 않았습니다. 아내는 뒤늦게야 혼자서 대화를 하고 있었다는 사실을 알게 된 것이지요. 아내가 버럭 화를 낸 그 순간에도 저는 정신이 다른 곳에 팔려 있었습니다. 선생님이 선언해 버린 바로 이 말.

"학교는 '의미 없는' 공간이 되었다."

실로 오랜만이었습니다. 가슴이 짓눌릴 만큼 진지해져 본 것이. 마음이 아팠습니다. 마음이 아프다는 것이 이런 것이구나, 하고 실감했을 만큼. 정말 학교가 '의미 없는' 공간이라면 그 공간에서 살고 있는 학생들은 얼마나 불행할까? 아니, 그보다 먼저 저는 선생님을 생각했던 것 같습니다. 선생님의 어둠에 대하여. 결국은 불행함에 대하여. 선생님의 글을 읽을 때마다 그런 생각을 했었지요. 사람은 아는 만큼 비극적인 것인가? 그렇다면 지금의 내 행복은 무지의 선물인가? 그것이 아니라면, 지금 내가 느끼는 이 행복감의 실체는 도대체 무엇이란 말인가?

 선생님도 공감하실지 모르겠지만, '비극적'이란 단어는 시 나부랭이를 쓰는 사람들에게는 그다지 비극적이지 못합니다. 그것은 아마도 비극의 문화적인 힘 때문일지도 모르겠습니다. 셰익스피어의 4대 비극이 영국인들에게는 인도와도 바꾸지 않을 만큼 큰 자부심이요 자산이었던 것처럼. 그런 비유가 인도인들의 입장에서는 거슬릴 수도 있다면 '슬픔만한 거름이 어디 있으랴?'고 읊었던 허수경 시인의 아포리즘으로 대신할 수도 있겠네요.

 그동안 저는 선생님이 사유하신 학교의 불가능에 대해서, 그로 인한 슬픔과 절망에 대해서 다분히 문학적으로 반응하지 않았었나 하는 생각을 해 봅니다. 그러다가 그날 처음으로 사실적인 실감으로 다가오지 않았나 싶어요. 하지만 선생님의 글을 읽다가 잠깐 길바닥에 주저앉아 있었던 그 순간에 저에게 일어난 현상은 그런 절망의 실감만은 아니었습니다.

그것은 뜻밖에도 '언어'의 문제였습니다. 내 마음을 표현할 언어가 없다는 것. 그것은 시를 쓰거나 할 때 느끼곤 했던 그런 느낌과는 사뭇 달랐습니다. 저는 지금도 그 언어를 찾고 있는 중입니다. 선생님께 긴 편지를 쓰다 보면 그것이 찾아질 것 같은 예감이 들기도 했습니다. 사실은 그것이 이 편지의 목적이기도 합니다. 결국은 제 자신의 문제에 공연히 선생님을 끌어들인 것이지요. 미안하다고 말하지는 않겠습니다.

그날 밤, 아내에게 정중히 사과하고 제 방으로 돌아와 메일을 열어 보니 작년에 담임한 제자가 보낸 편지가 와 있었습니다. 여수에서 인문계 고등학교를 다니다가 전문계인 우리 학교로 전학 온 아이입니다. 한마디로 성실의 대명사 같은 아이인데, 나중에 알고 보니 부모가 이혼한 뒤 동생은 아빠와 여수에서 살고 그 아이는 엄마 직장 따라 순천으로 이사를 온 것이었습니다. 얼마 전에 그 아이에게 문자가 왔는데, 고민이 하나 생겼다며 저에게 편지를 보내도 되냐는 그런 내용이었지요. "당근이지!" 하고 답장을 보냈더니 며칠 뒤에 메일을 보내온 것입니다.

선생님! 오랜만이에요!^^*

전 요즘 목감기에 걸려 고생이에요. 선생님도 감기 조심하세요. 편지가 많이 늦었죠? 죄송해요. 바로 보냈어야 되는데. 저는 요즘에는 학교생활이 재미있어요! 처음으로 부반장도 되고, 애들이랑 이야기도 많이 하거든요. 제 고민이 뭐냐면……. 이번 겨울방학 때 서울의 사촌 언니 집에 다녀왔어요. 대학교도 구경할 겸, 서울 구경도 할 겸 해서 너무 기대를 하고 갔는데……. 그런데 가서 조금 충격을 받았어요. 저는 ○○보건대 간호과를 가야겠다고 생각하고 2학년 때 나름대로 관리도 했는데 막연히 혼자 자취를 한다, 엄마가 방이라도 얻어 주겠지 뭐 이런 생각을 했거든요. 근데 사촌 언니를 보니까 반지하에 살더라고요. 제가 생각했던 것과는 많이 달랐지요.

언니는 서울에 있는 4년제 사립대학을 다니다가 자퇴를 했어요. 월세 내고 아르바이트하고 매번 학자금 대출 받아서 생활하기가 어려웠대요. 그래서 2학년 때 자퇴를 했는데 빚이 900만 원이어서 매달 20만 원씩 갚고 있다고. 언니를 보니까 남의 이야기 같지가 않더라고요. 무리를 하면서 대학을 가야 하나 고민을 많이 했어요. 방학 때 주변에 이야기를 많이 해 보고 생각도 해 보니까 이번이 기회라는 생각이 들었어요. 상고에 진학했으니까 취업을 해서 몇 년 돈을 모으고 너 하고 싶은 거 하라고들 하더라고요. 그래서 취업으로 결정을 했어요. 결정을 하니까 마음이 편해지더라고요. 그리고 제가 뭘 하고 싶은지도 이제 알겠어요. (이하 생략)

그날 밤에 바로 답장을 보내고 다음 날 아이를 만나 메일을 보냈다고 말을 해 주었는데 그 옆에서 그 이야기를 듣던 한 아이가 무슨 말인지 궁금해하는 눈치였어요. 그러더니 며칠 뒤 그 아이에게서도 메일이 왔지요. 그 편지도 보여 드리고 싶네요. 그 아이에게 쓴 답장까지. 왠지 그러고 나면 어렴풋하게나마 제 언어가 찾아질 듯해서요.

   에필로그 : 교육 불가능의 시대, 가르친다는 것은

선생님 안녕하세요!

저 ○○이에요. 3학년이 되어 처음으로 선생님께 이메일을 써 보네요. 아직도 선생님을 생각하면 2학년 때 담임을 하셨던 모습이 그리워요. 사랑과 관심으로 저희를 대해 주셨던 선생님. 그때를 잊을 수가 없네요. 그렇기에 제가 지금 선생님께 이메일을 보내네요. 다름이 아니라 선생님 전 아무에게도 말하지 못한 고민이 하나 있어요. 선생님도 아시다시피 전 ○○대 행정학과로 진학해 행정직 공무원이 되려고 했지만 이번 2011년부터 수능을 보지 않은 학생은 자격 미달이라 불합격 처리된다고 해요. 전 바뀐 모집 요강에 크게 당황했어요.

제가 그렇게 가기 원했던 대학을 가지 못한다는 슬픔에 아직도 마음 한구석이 씁쓸해요. 태어나서 수능 공부는 한 번도 안 해 봤고 수능이 필요하단 생각은 하지도 못했어요. 학교 공부로는 수능 고득점을 얻기도 힘들고 따로 공부하기엔 너무 시간이 부족해요. 그래서 검정고시까지 생각했지만 저에겐 무리인 것 같아요. 수능을 본다고 해도 성적순으로 뽑기 때문에 힘들 것 같아요. 그래서 다른 학교를 알아봤지만 국립대는 수능을 보고 사립은 등록금이 너무 부담돼요. 물론 제가 대학교 가서 열심히 하면 장학금 혜택도 있겠지만 저보다 뛰어난 아이들 사이에서 경쟁을 하면 자존심 때문에 더 독이 될 것 같아요. 진학에 대한 고민이 너무 큽니다. 취업을 생각해 봤지만 보수적인 부모님께선 크게 반대하셨고 전 부모님의 의견에 따라 대학 진학을 결정했어요. 하지만 돌아오는 건 고민과 걱정뿐이에요. 제 이야기는 여기까지예요. 제 글을 읽어 주셔서 감사합니다. 답변 부탁할게요. 주말 잘 보내세요.

사랑하는 ○○에게

안녕! 네 이름을 보고 너무 반가웠는데 편지를 읽어 보니 네 슬픔과 고민이 손에 잡히는 것 같구나. 그래도 너무 실망하지는 말거라. 넌 성실한 아이이고 지금까지 한 것처럼 성실하게 준비하다 보면 네가 원하는 길이 열릴 거야. 수능에서 고득점을 맞는 것도 어렵지만 행정직 공무원이 되는 것도 만만치는 않단다. 하지만 무엇이든 노력하는 사람 앞에서는 어쩔 수 없는 법이란다. 그리고 네가 지금 원하는 것이 당장 이루어지지 않는다고 해도 삶이란 또 다른 길이 준비되기 마련이니 우선 마음을 편하게 하고 여러 가지 너에게 좋은 길을 찾아보기 바란다. 여긴 선생님들이 연수를 받는 곳이란다. 집에 가서 편지를 쓸까 하다가 네가 편지를 기다리지 않을까 싶어 편지를 쓰고 있구나. 주말 잘 지내고 월요일에 학교에서 만나서 얘기 나누기로 하자. 알았지? 좋은 꿈 꾸거라. 사랑한다.

급한 마음에 편지를 써서 보냈지만 내일 학교에 가면 이 아이를 만나 무슨 말을 해 주어야 할지 잘 모르겠습니다. 그리고 무슨 말을 해도 그 아이에게 당장 도움이 될 것 같지도 않습니다. 그런데도 지금 제 마음이 이상하게 어둡지가 않습니다. 오히려 선생님의 글을 읽고 난 뒤의 후유증(?)마저 가신 느낌이었습니다. 교사로서 제 본연의 자리로 돌아온 안도감 때문일까요? 이런 마음의 현상을 논리적으로 분석하고 표현해 낼 언어가 없다는 것이 저의 답답함입니다. 그렇다고 이 분명한 실체를 부인할 수도 없고 부인해서도 안 될 것 같습니다. 왜 저는 어둡지가 않을까요?

편지를 쓰다 보니 떠오르는 하나의 삽화가 있습니다. 꽤 오래전 일입니다.

부산에서 전교조가 주관하는 학생 생활지도 직무 연수에 강사로 초빙된 적이 있는데 보내온 문건을 살펴보다가 연세대 조한혜정 선생님도 강사진에 포함되어 있는 것을 알게 되었습니다. 제 수준에 부산까지 원정 강의를 나가는 것 자체가 무리였는데 조한혜정 선생님 강의가 배치된 것이 심적으로 부담이 될 수밖에 없었습니다. 그래도 무식이 용맹이라고 한번 해 보고 싶었습니다. 그동안 제가 만난 아이들 얘기를 하고 싶었습니다. 아니, 아이들을 만난 제 이야기를 자랑 삼아 하고 싶었겠지요. 강의가 끝난 다음 수강생들과 저녁을 함께하는데 한 여 선생님이 다가와 저에게 이런 말씀을 해 주셨습니다.

"선생님, 정말 고맙습니다. 그냥 드리는 말씀이 아니고요. 정말 고맙습니다. 전 어제 잠을 설쳐서 오늘 여기 나올까 말까 많이 망설였어요. 그런데 오길 잘했다는 생각이 들어요. 정말 고맙습니다."

솔직히 처음에는 그 말이 무슨 뜻인지 잘 이해가 되지 않았습니다. 지금도 그때의 강의 내용을 어렴풋이 기억하는데 그렇게 고마워하고 감동할 그런 수준의 내용이 아니었거든요. 나중에 알고 보니 그럴 만한 이유가 있었습니다. 그날 합석하신 또 한 분의 여 선생님의 입에서 나온 말입니다.

"조한혜정 선생님 말씀이 구구절절 옳다 싶으면서도 정말 그분이 말씀하신 곳이 내가 근무하는 학교 현장이 맞나 의구심이 드는 거예요. 만약 그 말이 맞다면 전 교사로서 헛살아 온 거잖아요. 나름대로 아이들을 사랑하고 꿈을 심어 주고 싶고 그래서 이것도 해 보고 저것도 해 보고 싶어서 연수를 신청한 건데 이게 다 무슨 소용이겠나 싶은 거예요. 학교가 그렇게 망가지고 아이들 또한 망가졌는데 이런 연수가 무슨 의미가 있냐 말이에요. 그러다가 선생님의 강의를 들으니……"

　고백하자면, 제가 선생님의 글을 읽으면서 느낀 혼란스러운 감동(말이 되나요?)도 두 여 선생님의 그것과 비슷했던 것 같습니다. 교사로서 제 존재가 부끄러울 만큼 제가 미처 사유하지 못한 것들, 간신히 (좀 과장해서 표현하면 죽을 듯이) 하나의 관점을 얻어 냈지만 표현할 재간이 없어서 쩔쩔매고 있던 것들을 선생님은 깊은 사유와 진실의 언어로 이렇게 훌륭하게 피력하셨지요.

　내 생각은 이러하다. 이것은 기본적으로 지난 시절 진행되어 온 한국 사회의 변화와 무력한 대응의 자연스러운 귀결이므로 일단 받아들여야 할 것이다. 중요한 것은 근본으로 돌아가는 사유이다. 어설픈 희망의 언사, 개선의 노력들, '그래도 학교가 희망이다' 는 식의 언술은 그것의 현실적인 의미와 도덕적 가치를 떠나 이 교육 불가능을 치유 불가능한 상태로 악화시키는 것에 기여할 뿐이다. 아인슈타인이 말했듯이 '문제를 일으킨 그 마음으로는 문제를 해결할 수 없다.'

　그러면서 '전혀 새로운 시선으로, 학교라는 공간을 재개념화해야 한다' 고 했고, '교육이란 무엇인가', '학교란 무엇인가', '아이들을 왜 학교에 보내야 하는가' 라는 질문이 새롭게 던져져야 한다, 그리고 아이들에게 '학교란 무엇인가' 를 물어야 한다고 하셨지요. 공감하고 또 공감합니다. 때로는 절망이 최선일 수 있으며, 밤이 깊어지고서야 아침이 오듯이 우리에게 깊고 어두운 자기 부정의 시간이 절대적으로 필요하다는 것도 잘 압니다.

　그럼에도 불구하고 '그래도 학교가 희망이다' 라고 말하고 싶은 것이 문제입

　　　　　　　에필로그 : 교육 불가능의 시대, 가르친다는 것은

니다. 제게 고민을 풀어 놓은 제자에게 '어설픈 희망의 언사'라도 하고 싶은 것도 문제입니다. 개선의 노력을 하고 싶은 것은 더 큰 문제입니다. 저는 좋은 교사가 되고 싶었습니다. 좋은 교사가 되기 위해 들러리를 서 줄 학생들이 필요했는데(100% 그런 것은 아니었지만), 나중에야 그것이 잘못임을 알고 저와 학생의 위치를 바꾸는 데 성공(그것도 100% 성공은 아니지만)했습니다. 그것이 저를 개선하는 일이었습니다. 그 일 하나에 교사로서 전全존재를 걸었다고 해도 과언이 아닙니다. 그것은 저에게는 한 나라의 이름을 바꾸는 것 못지않게 중요한 일이었으니까요. 저는 지금도 저를 바꾸려고 노력하고 있고, 그러한 노력들이 결코 '의미' 없지 않습니다. 그리고 그 의미 있는 일로 인해 저는 행복합니다.

당연히 학교도 저에게 의미가 없지 않습니다. 물론 선생님의 진의를 몰라서 하는 말이 아닙니다. 하지만 새로운 그림을 그리기 위해 지금의 학교를 '의미 없는' 공간으로 정의 내려서는 안 될 것 같습니다. 학교가 새로운 모습으로 재건되기까지 학생들이 거할 곳은 바로 학교이기 때문입니다. 제가 근무하는 현실의 학교에서 학생들과의 의미 있는 만남이 가능하기 때문입니다. 이른바 '요즘 아이들'과 진실을 소통하는 것은, 조금 버겁고 힘들 뿐, 결코 불가능한 영역이 아닙니다.

저도 학교에 대해서 '사유' 해 본 적이 있습니다. '학교가 무엇이지?' 하고 낯선 눈빛을 던진 적이 있습니다. 제가 살고 있는 아파트 바로 코앞에 학교 건물이 지어지고 있을 때였습니다. 학교가 들어서기 전 그 땅에는 밤나무와 채소가 심어져 있었습니다. 그 생명의 땅에 회색 콘크리트 건물이 들어서자 저는 새삼 '학교가 뭐지?' 하고 제 자신에게 물어보았습니다. 생명의 땅을 뒤엎고 그 자리에 콘크리트 건물이 올라가는 것이 왠지 아깝다는 생각이 들어서였지요. 학교야말로 존귀한 인간의 생명이 모여 있는 곳인데도 그런 생각을 한 걸 보면 저 역시 '교육 불가능'에 대한 사유를 깊이 하고 있었는지도 모르겠습니다.

하지만 그런 어두운 사유 끝에도 학교에 들어서기만 하면 금세 표정이 밝아지곤 했습니다. 제 부족한 인식으로 체득한 경험적 지식을 절망을 심화시켜 가는 쪽으로 발전시키지는 않았던 것 같습니다. 그보다는 학생 개인 개인을 천하보다도 귀한 하나의 생명으로 대하려고 노력했지요. 아, 그러고 보니 제가 '절망의 심화'라는 말을 사용했네요. 제가 오해했다면 용서하십시오. 전 선생님 글을 읽고 바로 그 단어가 맴돌았던 것 같습니다. 지금 선생님은 새로운 그림을 그리기 위해 은연중에 절망을 심화시키고 있는 것은 아닌지 하고 말입니다. 아니지요? 저도 아니라고 믿고 싶습니다.

편지를 보내온 두 아이는 자신의 진로 문제로 많이 힘겨워하는 것 같았습니다. 하지만 두 아이 다 제가 보기에 건강한 아이들입니다. 제가 근무하는 학교에는 아직 이런 아이들이 많습니다. 한 아이는 인문계에서 전학을 왔지만 다른 한 아이는 성적이 안 돼서 전문계인 우리 학교에 진학한 아이입니다. 두 학생모두 성실함이 저를 능가합니다. 그들에게 저는 절망의 언사를 쓰고 싶지도, 그래서도 안 될 것 같습니다. 또한 그들을 생각하는 제 마음에 절망감이 스며들도록 내버려 두고 싶지도 않습니다. 그럴 수 있는 시간을 쪼개어 희망의 언어로 소통하는 법을 배우고 아이들 스스로 희망을 연습할 수 있도록 곁에서 도와주고 싶습니다.

저는 두 아이의 문제를 둘러싼 사회의 거대한 벽에 대해서 관심이 없지 않습니다. 그랬다면 전교조에 가입하지도, 이곳 〈교육공동체 벗〉의 식구가 되지도 않았겠지요. 우리 사회의 어둠을 진단하는 소중한 작업이 절대적으로 필요하다는 것도 공감합니다. 선생님께서 우리의 '성찰'을 전제로 대안으로 내놓으신 '인문학'과 '농업'은 탁월하고 깊은 사유가 돋보이는 선생님다운 근본적인 대안임에 틀림없지만, 그것이 바람직한 미래를 지향하는 이상에 근거한 장기적인 대안인 것도 사실입니다. 선생님이나 저나 그 이상을 현실화하는 대열에 함께 동참하고자 〈교육공동체 벗〉의 일원이 된 것일 테고요.

맞는 말인지 모르겠지만, 제가 오히려 선생님보다 세상을 비관적으로 보고 있지 않나 하는 생각도 문득 해 봅니다. 선생님이 꿈꾸는 세상이 쉽게 오지 않으리라는 그런 비관적 전망을 만약 제가 하고 있다면 그것은 어쩌면 나이 탓일 수도 있을 것입니다. 어쨌거나 저는 '지금 여기서' 할 수 있는 일을 찾고 싶고, 그 일을 소홀히 해서는 안 될 것 같습니다. 결국은 그런 작은 직무 유기로 인해 만들어진 교육 일상의 균열들이 선생님이 명명하신 교육 불가능 시대를 앞당기는 주범이 될 수도 있기 때문입니다.

이제 편지를 갈무리할까 합니다. 아직도 미진한 것이 남아 있긴 하지만 오늘 저는 제 언어를 찾은 느낌이 듭니다. 고맙습니다. 이 글을 선생님께서 어떻게 읽으실지 모르지만 제가 어렵사리 찾아낸 언어로 진심을 담아 쓴 글이니 제 마음이 소박하게나마 전달되리라고 믿습니다. 아무리 편지글이라고 해도 좀 더 객관적인 글을 써야 할 것 같아 준비해 뒀던 자료들은 이제 지워도 될 것 같습니다. 다만, 《오늘의 교육》 창간호에 실린 박복선 편집위원장님의 발간사 중에서 한 대목을 빌어 제 마음을 대신할까 합니다. 늘 건승하시길 빕니다.

수업 시간에 널브러져 있는 아이들을 일으켜 세울 수 있을까? 학교 밖에서 자신의 몸을 상품화하는 십대 여성들을 건강한 일의 세계로 초대할 수 있을까? 물론 가능하다. 희망을 주는 것. 노력하면 더 나은 삶을 꾸리는 것이 가능하다는 믿음을 주면 된다. 그것이 가능할까? 물론 어렵다. 개인의 노력으로 어찌해 볼 수 없는 것이 얼마나 많은가? 그렇다고 불가능한 것도 아니다. 혼자가 아니라 여럿이 힘을 합치면 그 가능성은 높아진다. 문제는 아이들로 하여금 그 작은 가능성을 발견하고, 그 가능성을 실천하고, 여럿이 연대하는 법을 가르치는 것이다.

순천에서 안준철 드림

교육 불가능의 시대,
가르친다는 것은

안준철 선생님께

이계삼

1.

평안하신지요. 보내신 편지 잘 읽었습니다. 선생님 편지를 읽는 내내 선생님께서 곁에서 말씀하시는 듯하였습니다. 그렇게 무거운 이야기를 그토록 다정하게 하시다니요.^^ 선생님이 웃을 때 퍼져 가는 눈가의 잔주름, 종결어미를 빠른 속도로 잘라먹으며 경쾌하게 넘어가는 구수한 전라도 억양이 생각났습니다. 작년이었나요. 함께 송광사 길을 걷고 난 뒤 맛난 것 사 주시겠다며 꼬막 무침 파는 식당에 종종걸음으로 걸어가시던 뒷모습이 떠오르기도 하였습니다.

저는 선생님을 직접 뵙기 전까지만 하더라도, 선생님이 아이들을 향해 바치는 그 무장 피어오르는 사랑의 편지를 읽는 것이 더러 부담스러울 때도 있었습니다. 그러나 직접 만나 뵙고 난 뒤, 단박에 선생님을 잘 알게 되었어요. 순천 중앙서점 인근이었는지 모르겠습니다. 늦은 밤, 거리에서 만난 졸업생 여자아이. 여성 잡지에 나올 법한 거리의 모델처럼 성장을 한 여자아이가 선생님을 보더니 유치원 선생님을 만난 다섯 살배기처럼 달려와 안기는 모습을 보고선 '저게 바로 인간 안준철이구나' 하는 느낌이 팍 들었습니다. 제겐 잊을 수 없는 그림입니다.

선생님이 주신 편지, 참 부드럽고 또 후배를 향해 한껏 예의를 차리셨지만, 무슨 의미였는지 저도 충분히 짐작할 수 있습니다. 전, 그저 몇 년간 제 흉중에 담아 둔, 참으로 절실한 이야기를 하고 싶었습니다. 다만 그 문제의식을 담아 낸 제 실력이 부족함을 한스러워할 따름이지요.

외람되지만, 저는 그 글을 너덧 시간 만에 썼습니다. 신문 칼럼 쪼가리 하나 쓰는 데도 하룻밤을 꼬박 들이는 제 평소 스타일에 견줘 보면 굉장히 빨리 써

내린 글이지요. 오래 묵혀 온 이야기이기 때문입니다. 제 글에 대해 어느 블로그에서 평해 놓은 걸 보니 '하나 마나 한, 추상적이고 공허한 이야기로 일관하고 있다'고 혹평을 가한 분도 있더군요. 그런 반응은 하나도 아프지 않습니다. 어차피 제 자신에게는 '총론'이기 때문에 세부적인 각론은 제가 이후의 글쓰기와 실천으로 채워 놓으면 될 일이고, 어차피 10년 이상 바라보고 시작한 이야기니까요.

2.
선생님. 학교는 의미 없는 공간이 되었다는 부분에 제일 먼저 밑줄을 그으셨지요. 맞습니다. 제가 주장하고 싶은 핵심도 바로 그 부분이었습니다. 그래서 선생님 같은 분들, 지방 중소도시의 전문계 고등학교에서 온 힘을 다해 아이들을 끌어안고 살아가시는 선생님에게 어떻게 받아들여졌을는지는 충분히 이해합니다. 그러나 선생님, 저는 이렇게 반문해 보고 싶습니다. '그렇다면, 지금 학교는 아이들의 삶에 대체 무슨 의미가 있는지' 말입니다.

  학교가 아무리 피폐해도 아이들이 있는 한 학교는 아름답습니다. 앞으로도 아름다울 것입니다. 제가 학교가 의미 없는 공간이 되었다고 선언한들, 이 학교 체제에 털끝만큼도 영향을 미칠 수 없습니다. 다만 저는 '의미 있다'고 말하고, 그렇게 믿고 싶어 하는 그 사고방식에 대해 말하고 싶은 것입니다. 희망은 아무것도 없는데, 그러므로 희망이 없다고 솔직하게 인정해야 '다른' 희망의 지평이 열리는 것인데, 희망 없는 공간을 계속 희망 있다고 이야기하는 그 거짓 수사가 이 시점에서 새로이 정초해야 트일 수 있는 희망의 싹을 잘라 내고 있기 때문입니다.

이야기를 조금 옮겨 보겠습니다. 딱 10년 전이었습니다. 저는 그때 경기도에 있는 한 고등학교에서 2학년 담임을 맡고 있었습니다. 그해는 제 인생에서 참 힘들었던 시간입니다. 아버지와 형님이 연거푸 세상을 떠나셨고, 두 사람을 한꺼번에 간병하다 떠나보낸 뒤 상심이 크셨던 어머니마저 연말에 큰 수술을 받으셔서 1년 내내 우울하고 어두웠던 시절이었습니다. 시외버스를 타고 새벽에 출근할 때, 야자 마치고 밤늦은 시간 시외버스로 퇴근할 때, 버스 안에 사람이 아무도 없는 것을 확인하고는 맨 뒷자리로 가서 실컷 울다가 버스에서 내린 적도 많았습니다. 거기다 재단 이사장의 아들이 학교에서 이상한 짓들을 벌이면서 학교 분위기가 말이 아니었고, 이미 이전 해에 무슨 일을 벌인 전력 때문에 찍혀 있던 저는 그해를 끝으로 결국 그 학교를 사직하고 고향으로 내려왔던, 그해입니다.

그런데 선생님. 질식할 것 같은 어두움으로 살았던 제가 인격적으로 뒤틀리거나 망가지지 않았던 것은 거의 백퍼센트 아이들의 존재 때문이었습니다. 곧 세상을 떠나실 아버지 생각을 하다가, 형님 병세를 듣다가, 혹은 학교 안에서 무슨 일을 겪고서 교무실에 앉아 있을 때는 그렇게 기운이 없었는데, 수업 한 시간을 하고 나면 거짓말처럼 제 몸이 훌쩍 살아나는 것이었어요. 가랑잎 떨어지는 것만 봐도 웃음이 난다는 여자아이들, 한번 웃겨 보겠다고 온 마음으로 준비를 하는 사내아이들과, 그 아이들에게 쉽게 휘둘리는 어리숙한 선생이 만나니 수업은 늘 웃음이 끊이질 않았습니다. 《삶을 위한 국어교육》이라는 책을 제가 작년에 냈는데, 거기 실린 수업 사례들은 그때 대부분 시도했고 이곳 밀양으로 와서 살을 붙인 것들입니다. 그때 아이들과 저는 정말 좋았습니다. 학교를 그만둘 때, 저도 아이들도 많이 울었지요. 영원히 잊을 수 없는 기억입니다. 그 녀석들이 대학생이 되어 남도 쪽을 여행하다가 우리 집을 다녀간 일도 적지 않습니다. 신기하지요. 교사로서 제일 어설펐고, 개인적으로도 제일 어두웠던 때인데, 그 시절을 제 인생에서 가장 빛나는 기억으로 만들어 준 것이 바로 아이들입니다.

그것으로 그쳐도 될 것입니다. 누구도 뭐라 할 사람 없습니다. 일생토록 이렇게 아이들과 사랑하면서 연애하듯 살아갈 수도 있을 것 같습니다. 아이들 또한 인생의 힘든 시기에 그렇게 자신들을 사랑해 준 것만으로도 그들에게는 일생토록 미쁜 기억으로 남을 수 있을 것입니다. 인생에서 사랑 말고 또 뭐가 있겠습니까.

그러나 선생님, 최소한 저는 이렇게 생각합니다. 이런 삶이란 또한 대단한 기만이고 허위라고 말입니다. 이야기를 조금 더 이어 갈게요. 작년에 그 아이들 중에 네 녀석이 저희 집에 놀러 왔습니다. 작년에는 스물여섯들이었습니다. 한 아이는 우리나라에서 손꼽히는 명문 대학의 사회학과를 졸업했습니다. 언론사 시험을 준비했는데 번번이 미끄러져서 포기했고, 결국 기업체 취업을 생각했는데, 여학생이어서 그렇기도 하겠지만, 중소기업에서도 계속 미끄러져서 아직 놀고 있었습니다. 다른 한 아이는 서울에 있는 어느 대학 경영학과를 졸업할 예정이었는데, 어차피 정규직 취업이 어렵다는 것을 알았고, 좀 보람 있는 일을 하려고 생각하던 차에 스무 살 초입 때 병을 앓다가(이제는 완치가 되었는데) 알게 된 환우회에서 상근 간사를 제의해 와서 올해부터 거기서 일하게 되었습니다. 한 친구만이 정규직 취업을 했는데, 수학과를 나와 학습지 회사에서 수학 문제 만드는 일을 하고 있다고 합니다. 연봉이 세금 떼기 전 기준으로 2천 조금 못 미치는 정도여서 서울에서 지내기엔 한 달 생활비가 빠듯하다고 하네요. 한 아이는 3수를 해서 서울의 어느 여대에서 디자인을 전공하고 있었는데, 역시 한국에서는 취업 전망이 어두워서 외국 쪽으로 나갈 생각을 하고 있다고 합니다.

사실, 그 아이들은 제가 가르칠 때 공부를 상당히 잘하는 축이었습니다. 저는 그 아이들이 얼마나 열심히 살았는지 잘 알고 있습니다. 아침 7시까지 학교에 나와 밤 11시에 집으로 돌아가는 생활을 3년 내내 했었지요. 세상 만물에 존재의 이유가 있듯, 학교에도 존재의 의미가 필요합니다. 그러나 그것은 교사가 부여하는 것은 아닐 것입니다. 교사가 아이들에게 전해 주는 친절, 따뜻한 배려와 보살핌, 세상의 험한 외풍을 막아 내고 지켜 주려는 보호의 몸짓, 그리고 사랑. 그러나 그것은 굳이 학교가 아니더라도 어디서든, 아이들을 만나는 누구나 아이들에게 전해 줄 수 있습니다. 과외 선생님을 인생의 멘토로 아는 아이들도 있습니다. 교회 주일학교 선생님(회사원이신데) 생신이라고 선물을 사고 편지를 쓰는 아이도 있더군요. 우리가 지금 학교교육 속에서 부여하고 있는 학교의 존재 의미는, 교사의 역할이란, 실은 그래도 '나는 이것이라도 하고 있다'고 스스로 믿고 다짐하게 하는, 안타까운 자위인 경우가 적지 않습니다. 학교에서 하는 공부란 게, 배움의 기쁨을 토막 쳐 파묻어 버리는 것일지언정 그렇게 해서 얻게 될 물질적 이득이 있다면 그렇게 뼈 빠지게 쓸데없는 공부를 하는 것을 굳이 막을 수는 없을 것입니다. 그러나 지금 학교교육은 이제 그런 물질적 이익조차 나누어 주지 않습니다. 줄 수도 없습니다. 씨앗 뿌리는 법도, 화분에 물 주는 법도, 바느질도 가르치지 않는 학교는 지금 아이들의 물질적 삶에 사실상 아무런 관여도 하지 못하고 있습니다. 학교교육은 삶과 거의 무관하거나 아이들의 삶에서 많은 경우 해악입니다. 책을 읽고 글을 쓰는 법을 꼭 학교에서 무슨 무슨 이상한 시스템에 연동시켜서 그렇게 떠들썩하게 배워야 할 이유가 있나요? 책 읽기와 글쓰기는 최소한 지금의 학교교육 속에서 배우지 않으면 않을수록 훨씬 제대로 배울 수 있는 것 아닌가요?

한국의 자본주의가 단단히 잘못된 단계에 진입해 있다는 것을 어른 세대는, 교사들은 육감적으로 모르진 않습니다. 아이들이 학교를 이렇게 우습게 알고, 교사의 권위에 도전하거나, 학교에서 보내는 시간을 온통 자 버리는 원인에 대해서도 모르지 않습니다. 다만 교사들은 이 사실을 인정하려 들지 않을 뿐입니다.

다 학교를 그만두고 나오자는 턱도 없는 이야기를 하려고 하는 게 아니라는 것은 선생님도 잘 알고 계시리라 생각합니다. '학교가 희망이다'는 것은 극히 당연한 명제입니다. 그러나 하나 마나 한 소립니다. 평범한 민중의 자녀들이 좋든 싫든 성장기의 12년을 보낼 수밖에 없는 이 공간을 부정하고 무슨 이야기를 하겠습니까. '저는 지금의 이 학교 체제가 절대로 희망일 수 없다'는 이야기를 한 것입니다. 그러므로 그 다음을 생각하고, 공부하고, 모색하고, 실천하자는 것이지요.

3.
선생님, 요즘 저는 덴마크 교육에 관한 책을 읽고 있습니다. 제가 '기도'와 '노

동' 이라고 던져 본 그 화두는 제가 여러 차례 다녀온 충남 홍성의 풀무학교 전
공부에서 얻은 것입니다. 그리고 풀무학교는 덴마크의 정신적 스승이라 할 그
룬트비라는 교육 사상가와 그가 설립한 '국민고등학교'를 본받은 것입니다.

　덴마크를 주목할 필요가 있을 것 같습니다. 덴마크는 핀란드 같은 북유럽과
는 확실히 바탕부터 다른 것 같습니다. 한마디로 덴마크는 '복지 국가'가 아니
라 '복지 사회'입니다. 국부가 빵빵하고, 물산이 풍부하고, 그래서 그 힘으로
'요람에서 무덤까지' 챙겨 주는 사회는 아닙니다. 요즘 후쿠시마 사태 이후로
원전 이야기를 하는 사람이 많아졌지요. 그런데, 덴마크에서는 1973년 오일쇼
크를 겪고 나서 대부분의 나라와 달리 원자력 발전이 아니라 재생 가능 에너지
를 선택했습니다. 체르노빌 사고나 이번 후쿠시마 사태를 봐도 그렇고 굉장한
혜안이지요. 그 힘은 '시민합의회의'라는 풀뿌리 자치 단위에서부터 이루어진
끊임없는 토론에서 나온 것입니다. 그때 덴마크 사회의 화두는 '에너지를 풍
요롭게 쓰는 것이 철학적으로 어떤 의미를 가지는가?' 였다는 것입니다. 선생
님, 프랑스는 우리에게 철학의 나라로 알려져 있지 않습니까. 그러나 프랑스가
세계에서 원자력 발전 의존율이 가장 높은 것은 어떻게 생각하십니까. 그 뜨르
르한 프랑스 철학자들은 자연에 대한 가장 근원적인 폭력이며, 또한 그 자체가 디
스토피아인 원자력 에너지를 왜 그렇게 수십 년 동안 묵인해 왔을까요. 저도 이해
가 잘 되지 않습니다. 분명한 것은, 진정한 의미에서 철학하는 태도란 '우리가 사
용하고 있는 에너지가 어디에서 오는지'를 캐묻는 그런 것이 아니던가요.

　어쨌든 1973년 1.5%이던 덴마크의 에너지 자립도가 (그때는 우리랑 별 다를
바 없었지요) 지금은 130%를 넘어선다고 합니다. 재생 가능 에너지가 주축이

　　　　　　　　에필로그 : 교육 불가능의 시대, 가르친다는 것은

된 경이로운 비율입니다. 식량 자급도는 300%가 넘고요. 이 모든 것은 덴마크의 풀뿌리 자치 사회가 이루어 낸 150년에 걸친 민주주의적 훈련에서 가능했던 것이라고 평가합니다. 민주주의가 바로 국가의 힘의 원천인 거지요. 이런 덴마크를 일으킨 것도 그 바탕은 교육이었습니다. 150년 전, 프러시아와의 전쟁에서 패배한 뒤 비옥한 땅을 빼앗기고 황무지만 남았을 때, 제대 군인이었던 달가스는 황무지를 개간하고 나무를 심는 운동을 벌였고, 그 위에서 목축과 농업의 바탕이 이루어졌습니다. 그룬트비는 국민고등학교라는 교육기관을 만들었고, 덴마크 전역에 퍼져 나갔습니다. 그 학교에 흐르는 정신이 오늘날 덴마크 학교교육의 밑바탕에 흐르고 있습니다. 고등학교를 졸업하고 곧장 대학에 진학하지 않은 젊은이들이 6개월씩, 혹은 1년씩 머물며 농업과 목공, 종교와 철학을 배우면서 인생의 길을 생각하는 학교입니다. 많은 이들은 덴마크의 가족농과 낙농업, 높은 수준의 민주주의와 철학적 소양을 바로 이 국민고등학교의 존재에서 찾습니다. 저는 오늘날 풀무학교의 모델이 되었던 이 그룬트비의 학교가 우리 사회에도 하나, 둘씩 이곳저곳에서 생겨나야 한다고 믿습니다. 오늘날 우리 학교교육이 시급히 재편되어야 한다면, 바로 이런 학교들의 정신을 관통하는 '기도'와 '노동'이라고 생각합니다.

선생님, 저는 덴마크가 우리처럼 무상급식을 주장하지 않고 아이들에게 도시락을 싸 오게 한다는 게 참 좋습니다. 유치원까지만 급식하고 초등학교 이후부터는 급식을 하지 않는다고 합니다. 못 싸 오면 굶는다는 거예요. '자립'이라는 가치가 학교교육의 목표가 되어야 한다는 거지요.

선생님. 지난번 글에서 더 하지 못한 이야기를 조금 더 해 보려고 합니다. 〈교육공동체 벗〉 카페에 올린 어느 글에도 썼지만, 저는 최근 2년 가까이《녹색평론》에 소개되고 있는 사회신용론과 시민배당에 대한 이야기를 공부하는 마음으로 노트에 옮겨 적으며 읽고 있습니다. 결국 바탕에는 '돈' 문제가 있습니다. 제가 이야기했던 교육 불가능 문제도 결국 '돈' 문제입니다.《오늘의 교육》2호(2011년 5·6월호) 특집에서도 다루었지만, 오늘날 대학이 이 모양인 줄 알면서도 아이들은 왜 대학을 가기 위해 이 난리들일까요. 대학을 나와야만 기업에 고용될 수 있고, 기업에 고용되지 않고서는 '돈'에 접근할 길이 없기 때문입니다. 그러나 선생님, 오늘날 돈은 사실상 '헛것'이 아닙니까. 은행은 예금자가 맡긴 돈에서 지급준비율이라는 명목으로 중앙은행에 살짝만 예치해 놓고 그 나머지로 새롭게 돈놀이를 해서 마음껏 몇십 배의 돈을 '신용'이라는 이름으로 창조합니다. 태환되는 금이나 지폐가 있는 것도 아니고, 은행이 창조한, 통장에 찍어 주는 숫자로서만 존재하는 헛것의 돈이 전체 통화량의 90%라고 하지 않습니까. 결국, 이 '돈' 문제를 풀어 주어야 합니다. 은행이 꽉 틀어쥐고 있어서 국가든 기업이든 모두가 돈을 빌려야만, 그래서 정작 돈이 필요한 곳에는 돈이 돌지 않는, 모두가 채무자로서만 살아갈 수 있게 하는 시스템을 변혁하지 않으면 안 됩니다. 예컨대, 국가나 지방자치단체, 혹은 작은 생활 단위가 공공통화를 발행해서 직접 배당해 줄 수 있다면 어떨까요. 누구라도 기본적인 생활의 필요를 충당할 수 있도록 사회가 보장해 주어야 합니다. 현금 소득을 위해서 이렇게 미친 듯 공부하게 하고, 그 경쟁에서 밀려난 아이들이 패배감과 상실감으로 이 인생의 시간대를 자학과 무기력으로 탕진하게 하는 이 악마적인 시스템을 변혁해야 하는 것입니다.

아이들에게 가끔 물어봅니다. "한 달 소득 200만 원 정도의 물질적인 조건을 보장한다면 농사지으며 고향에 남을 사람?"이라고 물으면 적지 않은 아이들이 손을 듭니다. 저는 《오늘의 교육》을 통해서 농업에 대해, 시민배당 경제학에 대해, 덴마크 교육에 대해 함께 공부하고 또 모색해 보고 싶습니다. 어쨌든, 학교의 교육 불가능을 고민하는 교사라면 이렇게 아이들이 살아가야 할 세상의 모습, 체제 대안까지 고민해야 한다고 생각합니다. 그것이 바로 제가 생각하는 '아이들에 대한 사랑의 완성'이라고 믿습니다. 그렇지 않다면, 결국 이 모든 아이들에 대한 사랑이란 공허해질 수밖에 없는 것이 작금의 현실입니다. 선생님도 충분히 동의하시고 함께해 주실 것이라 믿어 의심치 않습니다.

생각해 보면 선생님 같은 분께 감히 이런 이야기를 던진 것은 객쩍은 것이었습니다. 제 자신에게도 아직은 피상적인 이야기일 뿐입니다. 어쨌든 이 이야기들이 앞으로 제 삶을 규정할 것이라는 말씀만은 분명히 드릴 수 있습니다.

선생님. 요즘도 많이 걸으시지요? 걸으며 노래도 흥얼거리실 모습을 생각하니 기분이 좋네요. 저도 선생님 노래 들으며 기분 좋게 취하고 싶습니다. 그립습니다, 선생님. 저는 이제 물러갑니다. 안녕히 계세요.

밀양에서 이계삼 올림

'교육 불가능' 과 《녹색평론》적 사유에 대한 소고^{小考}

윤지형

별일 없이 산다?

2011년 여름, '교육'하는 자－교사가 직업인 나의 일상부터 돌아본다. 고1 담임 노릇－무난하게 한다(고 생각한다). 아이들을 휘어잡진 않는다(못한다). 그래도 그런대로 잘 돌아가는 편이다(라고 생각한다). 수업－때론 열정적으로 때론 시시하고 재미없게 한다. 그런대로 나쁘지는 않다(고 생각한다). 늘 똑 떨어지게 좋은 수업을 하기란 누구도 쉽지 않다. 나는 수업도 학급 운영도 중간 정도에 만족할 작정인(만족해도 좋을지도 모르는) 50대 교사인 것이다. 물론 적당하게는 만족하지 않는 빛나는, 혹은 악착같은 50대도 있는 거지만 어쩌란 말인가. 나는 그리되었다. 그렇긴 해도 작년 난생 처음 중학교에 근무할 때 3학년 녀석 중 하나는 나를 '교원 평가' 하면서 한마디 썼다. "윤지형은 수업을 지배했다." 이런 시적詩的 칭찬이라니! 대단한 녀석이었다. 나는 이름도 얼굴도 모르는 녀석의 말을 가끔 떠올리며 회심의 미소를 짓기도 한다. 그러나 대다수 학생들에게 나는 많은 꼰대들 중의 하나였을 뿐일 터다. 어쩔 수 없는 일이다. 수업 중에 나는 소월과 백석의 시를 읽으며 아이들 앞에서 눈물을 보이기도 했다. 중딩의 감성은 그것을 놓치지 않았다. 몇몇 삐딱이들은 나를 찌질이라 했을지도 모르지만 그게 어쨌단 말인가. 나는 아이들이 내 순정을 잠시라도 알아주었으면 했을 뿐이다. 중딩 3년 녀석 중에는 나를 친북좌파라고 말하는 치도 있었다지만 또한 나를 적극적으로 방어해 준 녀석도 있었다. 선생님은 단지 휴머니스트이고 민주주의자일 뿐이야……! 녀석은 찢어지게 가난한 부모를 뒀고 대책 없을 정도로 다독가였다. 키가 크고 목소리도 걸걸한 데다 하는 말마다 어른스럽기 그지없어 별명이 할아버지였다. 격심한 생활고가 그의 어떤 부분을 아프게 찢어 놓았지만 그는 묵묵히 성장해 나갔다. 고맙고 다행한 일이었다.

올해 초 새로 전근 온 인문계 고교 교무실의 나는 이제 좀 '능구렁이'가 된 모양이다. 어느 날 아침 교무실 교직원 회의 시간에 마이크를 잡고서 교원 차등 성과급과 교육과정 집중 이수제 폐지 서명운동에 동참해 주십사 하고 발언할 때 조금도 떨리지 않았다. 전교조에 힘을 모아 주십시오. 나는 분명히 그렇게 말했다. 그러면서도 얼굴은 상기되지 않았다. 담담했다. 20대 청년 교사 시절부터 내 별명은 '벌떡이'였다. 저 침묵의 교무실, 교무실의 고요는 나 때문에 종종 뒤숭숭, 아수라장이 되곤 했다. "저 잠깐 한 말씀 드리겠습니다" 하고 '벌떡' 일어설 때는 어김없이 가슴이 쿵쿵거리고 얼굴로 열기가 몰리기 십상이었지만, '벌떡'을 아무리 반복해도 도무지 담담함이 단련되지 않았지만, 나는 번번이 가만히 앉아 있을 수가 없었다. 교장, 교감의 관료주의, 권위주의와 교무실 안의 숨 막히는 분위기는 깨어져야 했다. 교장 일파들은 늘 젊은 나의 무례를 문제 삼았다(하지만 정말이지 나는 예의를 차리기 위해 무진 애를 썼다. 때론 폭발도 했지만!). 옳고 그름은 늘 뒷전으로 밀려났다. 젊은 것이 어른에게ᅳ! 30대, 40대까지 들었던 그 힐난은 그러나 50대가 되자 핫바지 바람 빠지듯 슬그머니 사라졌다. 내가 안 일어서서가 아니었다. 그럼? '벌떡'이 아니라 '조용히'였기 때문이었을까? 어쨌든 간에 관리자들과 직접 부딪히는 일은 시나브로 사라졌다. 나는 교장·교감과 같이 늙어 가는 처지가 된 것이다. 그래서인가? 오늘도 나는 교무실과 교실에서 참 '별일 없이 산다.' 중학교에선 없던 주당 7시간의 보충수업과 매주 2, 3일의 야간 자습 감독 덕에 월급 외에 버는 돈이 100만 원에 육박하는 가운데 일부 교사들의 일상화되다시피 한, 학생들을 향한 정신적·신체적 폭력에는 그저 속수무책인 채로 '무던하게' – 그러나 그렇다고 나를 호락호락하게만 생각해선 안 된다. 지난 여름방학 직전 어느 날에는 우리 반 아이들을 내 책임하에 보충과 야자를 '찢게' 하고는 몽땅 데리고 대학 연극제의 〈웰컴 투 동막골〉을 보러 가는 걸 감행(!)한 나다. 10년쯤 후배인 학년 부장, 지나가듯 내게 가로되, 다른 선생들은 꿈도 못 꿀(!) 그런 일이 가능했던 것은 '형님'이 교장·교감보다 위에 있기 때문이 아니오? 그는 전교조 해직 교사 출신(!)으로서 내 권력(!)을 염두에 뒀을지 모르지만 어쨌건 나는 누가 뭐래도 그런 일탈을 통해 가망 없어져 가는 '인간의 교사'로서 내 자존심을 확인하고 싶은 것이다. 그래. 나는 나야. 똑같이 강제 보충수업하고 똑같이 강제 야간 자습 감독하고, 똑같이 학생 체벌이나 한심한 복장 규정을 방임하고 있다고는 해도 그래도 나는 다르다……! 전교조 교사 이전에 영혼이 자유로운 인간이고자 한다는 점에서, 민족·민주·인간화 교육과 협동·공동체·사회성·공생의 희망의 페다고지를 앙망한다는 점에서, '정의의 길을 비틀거리며' 가는 사람들과 함께하고자 한다는 점에서–. 그와 동시에 내가 실은 한 치 다를 바 없다는 것도 나날이 번번이 확인한다. 그렇지만 그래도 나는 '별일 없이' 살고 있다. 때론 비루하게 때론 찬란하게, 때론 무심하게 때론 혼란스럽게–. 천국과 지옥을 오가며–. 그러나 언제까지 이렇게– 정년이 다해 학교를 떠날 때까지만– 내 교육적 과업과 관련된 모든 신념, 고민, 그리고 가능이란 희망과 불가능이란 절망 따위를 모두 훨훨 공중에 날려 보내고서 '교사'가 아닌 오로지 '인간'으로 돌아갈 그때까지만?

순정한 소녀들과 '승려-스승'의 추억

청년 교사 시절, 내겐 지리산 토굴에서 공부하다 저잣거리로 만행을 시작할 때면 꼭 나를 찾아오던 한 친구-승려가 있었다. 1987년 그해 여름 6월항쟁의 나날. 나는 우리 반 1학년 여고생들에게 말했다. "내 영혼의 스승이 왔다. 나는 너희들이 그를 만났으면 한다." 내가 비워 준 하숙방에선 며칠 동안 밤늦도록 '법회' 아닌 법회가 열렸다. 나는 밤마다 서면으로, 남포동 거리로 뛰어다녔다. 호헌 철폐, 독재 타도……! 세상을 바꾸는 데 힘을 보태야 했다.

시위대와 헤어져 하숙방으로 돌아오면 자정이 가까워 오는데도 열 명 남짓한 여자아이들은 귀가 생각을 잊은 채 스님을 중심으로 둘러앉아 있었다. 깊은 바닷속처럼 고요하고 봄날 아지랑이 같은 생명의 기운이 가득한 방 안에서 아이들은 나를 이방인처럼 바라보았다. 열여섯 살 순정한 소녀들과 젊은 승려가 일순 만들어 낸 그 하숙방 '공동체-학교'. 그것은 완벽했다. 모둠 일기에 아이들은 쓰곤 했다. "스님이 말없이 앉아 가만히 나를 들여다보는데 까닭 없이 눈물이 흘렀습니다." 법-진리의 향기 가득한 방 안에서 소녀들과 승려-스승은 하나였다-고 해야 할 것이다. 그 완벽한 하나에 내가 끼어들 틈은 없었다. 그 방 안에서 소녀들과 승려는 전면적이고 전폭적으로 만났음에 틀림없었다. 그 중심엔 친구-승려-스승이 있었다. 소녀들은 대책 없이 법우法雨에 젖어 들었던 것이다. 그렇다. 대책 없이! 나는 그것이 못마땅했고 두려웠다. 나는 무언가를 교육하는 자-교사였다. "그렇게 해 놓고서 네가 떠나고 나면 이 아이들은 어쩌란 말인가?" 나는 친구-승려에게 항의했다. "아이들은 혼란에 빠질 것이다. 한없는 쓸쓸함 속에 버려질 것이다." 말하자면- 진리의 지평에선 나는 친

 에필로그 : 교육 불가능의 시대, 가르친다는 것은

구— 승려를 믿어 의심치 않는 바였지만 교육의 영역에선 그를 부정코자 한 것이었다. 교사인 내가 인간의 학교를 꿈꾸며 교육하고자 한 것은 무엇이었나? 인간적 진실, 사회 정의, 공동체적 가치, 예술적·종교적 감수성, 창조적 상상력, 전복적 사고, 그리고 그것들을 추문으로 만들고자 하고 압살코자 하는 정치·경제 권력과 문화적 우상들에 대항한 싸움 같은 것들이었다. 인간의 교사는 그것을 위해 분투해야 마땅했다. 거기엔 의심의 여지가 없었다. 그런데 내겐 문제가 있었다. 그것은 그 친구—승려가 구현하고 있는(구현하고 있다고 내가 믿고 있는) 어떤 법—진리가 내 전면에 모습을 드러내자 나의 그 같은 교육적 과업들이 순식간에 빛을 잃어버렸다는 사실이다. 왠지 그랬다. 그것들은 왠지 파편적이고 초점이 흐릿하고 아귀가 맞지 않는, 주관적이고 추상적이고 관념적이며 실재하지 않은 무엇에 불과하게 느껴졌다. 친구—승려는 거기에 관해 아무런 말도 하지 않았지만 그것들이 전면적·전폭적이지 않음은 백일하에 드러났다. 선과 악, 정의와 불의, 전쟁과 평화, 예속과 자유의 배경(근원)으로서 진리—법에 눈을 감은 채 나는 대체 무엇을 어떻게 할 수 있다는 걸까……? 진리에 관한 한 그것을 모르면 침묵이 최선이겠지만 나는 그러지도 못했다. 구원의 지평에서 혁명과 해탈(궁극의 깨달음)이 무망하게도 충돌하곤 했다. '정의는 평화를 죽이고 진실은 자비를 죽인다' 는 가르침이 심장 끝을 쏘는가 하면 진실이 규명되지 않고 정의가 실현되지 않는 나라의 폭력적 권력자들에 대한 분노가 심장에 불을 지르곤 했다.

어쨌든— 1987년 그해 가을의 길목에 친구—승려는 떠나갔고, 아이들은 일상으로 돌아왔다. 여름날 잠깐 동안의 진리—법의 아우라는 거짓말처럼 사라졌고, 아이들은 버려졌다. 버려지고 말았다—고 나는 생각했다. 아, 진리—법과 하나가 되지 않는 한 우리는 저 우주에 홀로 버려진 존재이지 않은가? 버려진 나는 버려진 아이들과 함께 근 30년을 교사·교육 운동과 나날의 교실 수업을 통해 저 교육적 과업을 나름 수행해 나가고자 한 셈이었다. 나는 내가 명백하게도 오리무중이라는 생각을, 느낌을 종내 떨칠 수가 없었다. 허방을 내딛는 꿈속의 삶을 겨우겨우 이어 가는 것만 같은 불만, 불안, 두려움으로부터 자유롭지가 못했다. 나는 아무래도 실재하지 않았다. 나는 산으로 떠나는 친구—승려에게 말했다. "나는 여기서 이렇게 살아가지만 너는 나의 고향이다. 그것을 잊어 본 적도 없다. 진리의 구현자, 부처야말로 나의 유일한 스승이라는 것을."

교육 '불가능'과 '가능' – 나란한 두 개의 철로

교육이 '불가능' 하다고 했을 때 우선 문제가 되는 것은 어떤 교육이 불가능하게 되었느냐이다. 그것은 교육의 본질이나(우리는 본질을 의심하지만) 지향점을 향한 물음을 전제한다. 이에 대한 대답은 늘 존재해 왔다. 지·덕·체의 조화로운 발달을 위한 교육. 민족·민주·인간화 교육. 자유 교육. 노작 교육. 억눌린 자들을 위한 교육……. 《오늘의 교육》의 언어로 말한다면 '협동, 공동체, 사회성, 공생'을 지향함으로써 '희망'을 열어 가는 '페다고지' (이것은 《녹색평론》적 사유와 직통한다). 이런 것도 있다. '기도와 노동'의 교육 혹은 '인문학과 농업'의 교육(이계삼). 이를 다른 말로 풀면 '인간의 품위를 지키는 방식, 살림살이를 혼자 힘으로 이끌어 갈 수 있을 독립 능력, 심미적 감수성, 지적 사고와 비판적 지성의 배양 따위'가 가능한 교육이라고 했다. 또한 이런 것도 있다. '시대의 어둠을 보았기에 동시대인과 운명을 같이 할 수 있는 사람'으로서 '동료'들을 길러 내는 교육(엄기호). 그럼 이러한 교육을 '불가능' 하도록 가로막는 것들은 무엇인가? 그것은 이름 하여 신자유주의이며, 고착화된 학벌주의이며, 승자독식 무한 경쟁 지상주의이며, 악몽과도 같은 IMF 체제의 끈질긴 여진― 경제적 불안과 불평등이다. 이런 엄혹한 상황 속에서 학교가 아이들에게 해 줄 수 있는 게 점점 줄어들었다는 것, 결국엔 오늘날처럼 학교가 '의미 없는 공간'이 되어 버렸다는 것, 이미 학교에서 교육은 '불가능' 하게 되었다는 것, 그러므로 "어설픈 희망의 언사, 개선의 노력들, '그래도 학교가 희망이다'는 식의 언술"은 아무런 도움이 되지 않는다는 것, 이런 사태를 냉정하게 직시해야 한다는 것, 그리고 무엇보다 중요한 것은 '근본으로 돌아가는 사유'라는 것―. 요컨대 '기도와 노동', '인문학과 농업'이라는 실천적 대안만이 교육 '불가능'을 '가능'으로 전환시킬 단초가 되리라는 것이 '교육 불가능'을 말하는 '청년' 교사 이계삼의 논지. 그렇다. 더 말해 무엇하겠는가. 그 자신의 말대로 '하나 마나 한', '누구나 알 수 있는', 그래서 당연해 보이는 주장이고 모색인 것이다. 물론 아시다시피 이계삼의 '불가능' 진단과 대안은 '하나 마나 한 것'이 아니다. 누구나 알 수 있을지는 몰라도(안다고 생각할지는 몰라도) 아무나 알 수 있는 것도 아니며 아무나 실천해 나갈 수 있는 것은 더더욱 아니다. 이계삼의 '불가능'론에 대한 또 한 사람의 '청년' 교사 안준철의 반박 또한 하나 마나 한 것이 될 수는 없었다. '사랑'과 '희망'은 그가 말하기 때문에 결코 하나 마나 한 것이 아님을 나는 안다. 그는 무엇보다도 '지금 이곳에서' 절망과 불가능으로 다가오곤 하는 학교를 '희망과 사랑'이 '가능'한 곳으로 만들기 위해, 아니 '학교'가 아니라 '아이들 하나하나'의 마음속에 희망과 사랑이 나날이 꽃필 수 있도록 하기 위해 부단히, 운명처럼, 기도하고, 모색하고, 필요하면 투쟁도 해 온 교사이니 말이다. 안준철은 이계삼에게 보내는 간곡한 편지에서 이렇게 썼다.

어두운 사유 끝에도 학교에 들어서기만 하면 금세 표정이 밝아지곤 했습니다. 제 부족한 인식으로 체득한 경험적 지식을 절망을 심화시켜 가는 쪽으로 발전시키지는 않았던 것 같습니다. 그보다는 학생 개인 개인을 천하보다도 귀한 하나의 생명으로 대하려고 노력했지요. (……) 어쨌거나 저는 '지금 여기서' 할 수 있는 일을 찾고 싶고, 그 일을 소홀히 해서는 안 될 것 같습니다.

그렇다 마다다. 이계삼의 '불가능'론이 보여 준 '진단'과 '결의'가 그러했듯이 또한 더 말해 무엇하겠는가. 이계삼이 안준철의 노력과 자세를 폄하하거나 부정할 리 없는 것이고 보면 '하나 마나 한' 말이랄 수도 있는 것이다. 학교 안 '인간의 교사'로서 삶에 관한 한 안준철과 이계삼은 다를 바가 조금도 없다 하겠다. 그러나 학교(현실)를 경험함에 있어서는, 학교(현실)에 대한 태도에 있어서는, 서로가 매우 다르다는 것을 간과해서는 안 될 것 같다. 오늘의 학교 현장은 병영, 감옥, 정글, 폐허, 심지어 아우슈비츠로 비유되기도 한다. 그러나 병영은 병영이고 아우슈비츠는 아우슈비츠고 학교는 학교다. 선택을 강요받았을 때 학교를 버리고 아우슈비츠를 택할 사람은 아무도 없겠기에. 학교에서 병영을, 감옥을, 아우슈비츠를 경험하는 사람도 있는 것이지만 아우슈비츠에서 신

   에필로그 : 교육 불가능의 시대, 가르친다는 것은

의 축복을 경험한 사람도 있었다. 이 세계는 사람 모두에게 단일한 세계가 아니다. 세계의 경험은 사람마다 순간마다 다르기 때문이다. 50대 중후반의 안준철은 전남 순천 효산고라는 전문계 학교에서 나날이 아이들을 만난다. 30대 중후반의 이계삼은 경남 밀양 밀성고라는 인문계 학교에서 나날이 아이들을 만난다. 다르다. 같으면서도 명백히 다르다.

나는 이렇게 말하고 싶다. 이계삼은 '불가능'의 경험을 통해 '가능'을 꿈꾸고 기획한다면 안준철은 '가능'의 경험을 통해 '불가능'을 인식한다고-. 이계삼이 병영, 감옥, 정글의 직시를 통해 '사랑의 완성'의 단초를 열어 가고자 한다면 안준철은 병영, 감옥, 정글에도 불구하고 나날이 '미완의 사랑'을 '완성' 하고자 한다고-. 안준철과 이계삼은 어떤 저편을 향해 나란히 뻗은 두 개의 철로라고-. 이 또한 하나 마나 한 말이 된다 할지라도-.

《녹색평론》- '진리' 라는 궁지

그런데 나는 이계삼이 '교육 불가능'을 논한 글에서 한 가지가 목에 걸렸다. '근본으로 돌아가는 사유' 라는 대목이 그것이다. 학교와 교육에 대해 새롭게 질문을- 근본적 질문을 던져야 한다는 당연한 말이 왜 목에 걸렸을까? '근본적 질문' 이전에 '근본'이 무엇인지를 문제 삼을 필요가 있다는 생각 때문이었다. 이와 함께 떠오른 것이 《녹색평론》 창간호(1991년 11 · 12월)의 저 유명한 인디언 추장의 연설문 〈우리는 결국 모두 형제들이다〉에 대한 편집자 김종철의 '해설' 이었다.

이 연설문의 아름다움과 진리성은, 본질적으로 우주와 세상을 조화로운 질서 있는 하나의 전체로서 보는 통합적 비전으로부터 나오는 것이라 할 수 있다. (……) (시애틀 추장의-필자 주) 인식은 우주적 전체성의 과정 그 자체에 참여하고 있는 것으로 보인다. 그 속에서는 인식하는 자와 인식되는 것 사이에 본질적 차이나 괴리가 없다. (……) (인디언들의-필자 주) 거룩한 존재에 대한 보편적인 인식 (……) 이 인식은 모든 것이 상호 빈틈없이 연결되어 있는 우주의 근원적 구조를 알게 하고, 모든 존재, 모든 사람이 참으로 공통한 운명에 종속되어 있음을 알게 한다.

이른바 '근본'이란 단지 자연, 땅, 농촌, '오래된 미래'를 말하는 데 그치지 않고 '진리성-조화로운 질서-하나의 전체-우주적 전체성-거룩한 존재-우주의 근원적 구조-공통한 운명' 등과 직통하는 무엇인 것이다. '우리에게 희망은 있는가'라고 물으며 시작한 김종철의 창간사도 '우주의 근원적인 진리'에 대한 간절한 질문이 담겨 있었다. 우리는 어떻게 그 진리에 도달할 수 있는가? 혹은 체득할 수 있는가……? 김종철의 《녹색평론》은 저 근본-진리의 길로 안내하는 표지판을 끊임없이 제시해 왔다. 그것은 '간디의 삶'이며 '생명의 문화'이며 '녹색 운동과 농업 문화'이며 '걸어 다니기'와 '보살핌의 경제'이다. 또한 이것들은 반인간적인 근대 과학기술 문명을 거부하거나 거기에 저항하는 삶, 거기로부터 자유한 삶을 위한 표지판이다. 열린 지성과 따뜻하고 겸손한 마음을 지닌 사람이라면 누구나 동의할 길 안내 표지판인 것이다. 이러이러한 안내에 따라 이러이러한 길을 가다 보면 진리에 이를 것이다(이를지도 모른다)-라고 표지판은 말하고 있는 것이다. 그러나- 조심스레, 감히 말해 보는 것

　　에필로그 : 교육 불가능의 시대, 가르친다는 것은

이지만, 진리의 길은 진리가 아니다. 표지판은 표지판이지 진리는 아니다. 그림 속의 파이프– '이것은 파이프가 아니다.' 김종철은 인디언들의 삶을 "인식하는 자와 인식되는 것 사이에 본질적 차이나 괴리가 없는" 세계 속에서의 삶이라 짐작– '해설'한 바지만(이를 불가적佛家的 표현으로는 불이법不二法의 세계라 하는데), 정녕 그 근본–진리란 무엇일까……? 저 거룩하다 할 인디언들의 삶에 대한 이해와 이를 통한 정치경제학적·생태론적·인간적 각성이 아무리 소중한 것이라 하더라도 우리는 인디언이 아니다. 인디언처럼 존재하지도 보지도 경험하지도 못한다. 빵과 그림 속의 빵. 손과 입과 이빨로 빵을 먹는 것과 그림 속의 빵을 잘 보고 인식하는 것과는 전혀 다른 세계에서의 일이라고 현자들은 말했다. '나락 한 알 속의 우주'라고 했을 때 이것은 대체 무슨 말일까? 우리는 그것을 알고 있는가? 나락 한 알 속에 어떻게 우주가 들어 있단 말인가? 이것이 단지 시적 상상력의 산물이라면 지극히 아름답기는 해도 하나 마나 한 레토릭에 불과하다 할 것이다. 언젠가 신학자 박경미의 《마몬의 시대 생명의 논리》를 읽다가 눈에 확 들어온 글 제목이 하나 있었다. "네가 바로 그것이다."(미국의 비교신화학자 조셉 캠벨의 책 제목인 이것은 '은유로서의 신화'를 서구의 영성 탐구의 중심에 놓아야 한다는 내용을 담고 있다.) 네가 바로 그것–! 그렇지! 진리의 한 구현자라 할 마하라지도 말했다. "나는 그것이다(I AM THAT)." 요컨대 '그것'이란 '하나', '불이不二', 법, 진리, 신, 하느님, 마음의 다른 이름인 것이다. 여하튼 그 글에서 성경의 '진리'와 관련한 박경미의 다음과 같은 말이 내 눈을 잠시 붙잡았다.

(성경의-필자 주) 은유는 객관적으로 결코 알 수 없고, 단지 순간적으로 얼핏 볼 수 있을 뿐인 진리를 독자에게 은밀하게 보여 줌으로써 그 세계를 동경하게 만든다.

"순간적으로 얼핏 볼 수 있을 뿐인 진리"- 그 진리는 대체 무엇일까? 시적 상상력은 발동했지만 나는 알 수 없었다. 그러나 《녹색평론》이 끊임없이 '진리'를 문제 삼고 있다는 것만은 새삼 분명했다(현자들의 말을 빌리건대, '얼핏 볼 수' 있는 게 아니라 전면적으로 전폭적으로 확인된다는 그 진리, 그 문이 한 번 열리면 다시는 닫히지 않는다는 그 진리 말이다). 그래서 나는 묻게 된다. 이계삼은 '근본으로 돌아가는 사유'에서 '진리'의 문제는 괄호를 쳐서 밀쳐 두고 있는 건 아닌가? 《녹색평론》은 저 피안彼岸의 진리를 바라고 서 있기만 하는 차안此岸의 안내판이나 등대 어디쯤에 멈춰 있어도 좋은 걸까? 《녹색평론》이 차안-사회 현실의 개선을 위해, 그 파국을 막기 위해 혼신의 힘과 지혜를 아끼지 않는 것이 아무리 아름답다 해도, 아니 아름다울수록 나는 영혼의 스승들의 알파요 오메가인 가르침에 더욱 목말라짐을 어찌할 수가 없기 때문이다. 인도의 각자覺者 마하라지는 《아이 앰 댓》에서 말했다.

세계는 모순으로 가득 차 있고 그렇기 때문에 당신은 조화와 평화를 구하는 것입니다. 그러나 조화와 평화는 세계 속에서는 발견할 수 없습니다. 왜냐하면 세계는 혼돈의 산물이기 때문입니다. 질서를 발견하려면 내면에서 찾지 않으면 안 돼요. 자아(나)를 아는 자, 즉 세계 너머를 본 사람만이 세계를 개선할 수 있어요. 개인들에 대한 그들의 가치는 무한히 크며 오직 그들만이 개인들의 구원의 유일한 희망

에필로그 : 교육 불가능의 시대, 가르친다는 것은

입니다. 세계 속에 존재하는 것은 세계를 구원할 수 없습니다. 만약 당신이 진정으로 세계를 돕고 싶으면 스스로 세계 밖으로 빠져나와야만 해요. (……) 세계로부터 자유로우면 그에 대해 뭔가를 할 수 있지만, 그 안에 갇혀 있으면 도저히 바꿀 수가 없어요. 오히려 하는 일마다 상황을 더 어렵게 할 뿐이지요. 통 밖으로 나와야 통을 굴릴 수 있지 않겠어요?

다시 교육 '불가능' 과 '가능' 의 문제 – '진리' 의 길을 비틀거리며?

"나도, 우리들 모두도 폐허 위에 있으면서 또한 출발선에 서 있다." 이계삼의 '오늘날 학교 현장의 '교육 불가능' 에 대한 사유' 는 이처럼 다소 비장하게 끝을 맺는다. 모종의 아름다운 결의도 느껴지는 말이다. 그렇다. 인간의 역사는 언제나 그랬다–고 할 것이다. 시작과 끝, 삶과 죽음, 선과 악, 빛과 어둠, 전쟁과 평화, 가능과 불가능……. 두 개의 물통이 있다. 한쪽은 '불가능' 의 물통이고, 다른 한쪽은 '가능' 의 물통이라 해 두자. 물지게를 지고 가자면 한쪽 물통만으로는 불가능하다. 양쪽으로 평등하게 통이 매달려 있어야 가능하다. 우리가 물지게를 지고 일어설 때 불가능의 통은 가능의 통과 함께 일어선다. 가능의 통은 불가능의 통과 함께 일어선다. 이것을 불가에서는 연기법緣起法이라 한다. 인과법因果法은 세속의 법이며 연기법은 진리의 법이라 한다. 나는 알지 못하지만– 물지게는 양쪽 물통과 함께 비로소 완성된다. 반드시 함께 일어서고 함께 앉는다. 나는 알지 못하지만– 물지게의 중심 아닌 중심이야말로 진리의 자리라는 것이고 '전체' 라는 것이고 김종철이 인디언의 삶을 통해 간파한 '모든 존재, 모든 사람이 참으로 공통한 운명에 종속되어 있음' 의 진

실, 그 진리가 드러나는 자리라 할 것이다. 나는 알지 못하지만- 요컨대, 교육
불가능과 가능 문제는 진리의 지평에서만 비로소 참된 출발선에 서게 되리라
는 것이다. 어쩌면 우리는 좀 더 용감하게 진리의 길로, 가능의 길이자 불가능
의 길이며 불가능의 길이자 가능의 길인 저 진리의 길로 비틀거리며 가야 하리
라는 것이다. 두 '인간의 교사'는, 나는, 우리는 진리와 함께 비로소 '사랑의
완성'을 이루리라는 것이다. 나는 모르지만-그래서 이를 나는 기필코 알아야
(확인해야) 하리라는 것이다.

혜원 청소년활동기상청 활기 soul1905@hanmail.net

자기소개에 쓸 말이 점점 줄어드는 걸 보니 여전히 방황 중인가 봅니다. 고등학교 때부터 시작한 청소년운동에 코가 꿰어 대학생이 된 지금도 청소년운동과 함께하고 있습니다. 대학에 묶인 몸이라 큰 힘이 되지는 못하지만 몸보다 늘 한발 먼저 가 닿는 마음으로 청소년운동을 지키고자 바둥거리며 살아요. 요즘은 청소년운동의 기반을 만드는 일에 힘을 쏟고 있습니다.

최은정 교육공동체 벗 조합원 eunja17@naver.com

교육공동체 벗 사무국에서 2011년부터 2015년까지 일하였습니다. 현재는 백수입니다.

채효정 대학 강사, 정치학자 measophia@naver.com

2009년 학교 밖 청소년과 함께하는 인문학 교실 ‘삶은 달걀?’ 이라는 프로그램이 큰 교육적 전환점이 되었습니다. 이후로 강의하는 곳 어디서나 그곳이 현장의 실천이요, 돌파의 지점이라고 생각합니다. 하찮게 여겼던 살림의 노동이 갖는 의미를 이제야 깨닫고 시장에 넘겨준 삶의 기술들을 하나씩 되찾아 내 몸에 채워 가려 노력하며 살고 있습니다.

정용주 서울 염경초 교사, 오늘의 교육 편집위원장 edcom234@hanmail.net

어른이 되어 가면서 점점 세상에 대한 질문이 사라져 버리지만 그렇다고 습관처럼 살고 싶지는 않습니다. 완성된 무엇을 만들어 인정받기보다 시도하고 그러다가 깨지면서 살아가고 있습니다.

이미연 전 중등 교사 oliveyeon@hanmail.net

21년 6개월을 끝으로 결국 학교를 ‘자퇴’ 하고 말았습니다. 퇴직을 결심하고 지낸 몇 달 동안 이별할 것을 알고 사랑하는 일이 참으로 슬프다는 걸 알게 되었으며 학교를 떠나간 수많은 제자들의 심정이 비로소 날것으로 내 마음에 와 닿았습니다. 가지 말라는 아이들의 부름을 뒤로하고 ‘용기를 내어 그대가 생각하는 대로 살지 않으면 결국 사는 대로 생각하게 된다’ (폴 발레리)

는 말을 가슴에 새기며 이제 뚜벅뚜벅 새로운 길을 찾아 걸어가려고 합니다.

이계삼 전 중등 교사, 오늘의 교육 편집자문위원 ygs0720@hanmail.net
이 글을 쓰고 나서 10개월 뒤, 학교를 사직했습니다. 이 글에서 쓴 대로 살아 보려고 노력하고 있지만, 잘될지 모르겠습니다. 저질러 놓은 일이기에 수습하는 마음으로 살다 보면 뭔가 길이 보일 것입니다.

윤지형 부산 해강고 교사 besanson@hanmail.net
'진리를 등불 삼고 나를 등불 삼으라' 는 붓다의 가르침을 생각하곤 하는 부산의 국어 교사입니다.

오혜진 성균관대 국어국문학과 박사과정 수료 ohae@hanmail.net
식민지 시대 문화론 같은 걸 공부하고는 있지만, 사실은 하루 종일 손바닥이 노래지도록 귤 까먹으며 드라마를 볼 수 있는 지상낙원을 꿈꿉니다. 등록금 투쟁을 하면서 착하고 똑똑해졌다는 이야기를 자주 듣고는 크게 고무됐습니다. 운동이 존재를 바꾼다는, 그 말을 믿습니다.

엄기호 연세대 문화학 박사, 오늘의 교육 편집자문위원 uhmkiho@empal.com
최근까지 신자유주의 세계화에 맞서는 세계 민중들의 싸움을 한국에 알리는 일을 주로 해 왔습니다. 여전히 저항과 교육을 연결시키며 아이들을 자율적인 주체로 키우는 것에 관심을 가지고 있습니다. 현재는 대학에서 문화인류학을 강의하고 있습니다. 인권연구소 '창' 과 우리신학연구소의 연구원으로 있으며 급진적인 인권 담론을 만드는 것에도 관심을 가지고 있습니다. 펴낸 책으로 《닥쳐라 세계화》, 《 아무도 남을 돌보지 마라》, 《이것은 왜 청춘이 아니란 말인가》 등이 있습니다.

안준철 전 중등 교사 jjbird7@hanmail.net

저는 학생들 앞에서만 제 자신이 안심이 됩니다. 하여, 다시 태어나도 교사가 되고 싶습니다.
아이들을 사랑하는 한 희망이 있다고 믿고 싶은, 조금은 시대에 뒤떨어진 낭만파 교사로 기억
되고 싶습니다.

서유정 덕성여대 졸업 chloecre@gmail.com

복잡하고 힘들었던 고민들을 명확히 해 주는 인류학의 매력에 빠져 힘겨웠지만 의미 있는 대학
생활을 보냈습니다. 여전히 고군분투 중이지만 여전히 공부할 기회를 노리는 중입니다. 직업
활동가가 아닌 보통 사람도 일상에서 할 수 있는 일들에 관심이 있습니다.

박소진 연세대 사회발전연구소 전문연구원, 연세대 문화인류학과 강사 sojin618@gmail.com

사회학과 문화인류학을 공부하고, 다양한 대학에서 강의를 해 오고 있습니다. 교육과 연구가
항상 자전거의 두 바퀴처럼 나를 지탱하고 움직이는 동력이라고 생각했는데 강사 생활이 길어
지면서 때론 두 바퀴의 균형이 삐걱거리는 것을 경험했습니다. 지천명의 나이를 코앞에 두고,
세상의 순리를 배우며 삶의 중심을 잃지 않고 지혜롭게 교육자이자 연구자의 길을 그냥 뚜벅뚜
벅 걸어가고자 합니다.

민가영 서울여자대학교 교양학부 조교수 gendertrouble@hanmail.net

신자유주의 시대 언더클래스 10대들의 주체에 관한 연구를 했고 그 문제의식을 이어 받아서 인
간들 간의 관계성을 끊어 버리고 개인화시키려는 새로운 권력의 작동 방식에 대한 대안을 '인간
존재에 관한 조건' 에 대한 연구를 통해 구체화시키려고 하고 있습니다.

문수현 위스콘신 매디슨 제2언어교육 박사과정 anfuq@naver.com

법인화된 서울대에서는 기업의 비리를 대학이 공공연하게 '합법적인' 것으로 세탁해 주는 기부가 이어지고 있고, 대학원생들은 대가를 받거나 받지 못하거나 하며 노동으로부터 연구로부터 소외되는 삶을 이어 가고 있습니다. 그들 중 유독 정직했던 한 인문대 박사과정 학우가 얼마 전 '과로'로 세상을 떠났다고 합니다. 잊어서는 안 되는 죽음들과 부당함을 목격하고 글로 쓰며 공부를 계속해 나가려 합니다.

류경원 서울 독산초 특수교사 jayunari@hanmail.net
특별한 교육적 지원이 필요한 학생들에게 진정한 도움을 줄 수 있는 특수교사로 살려고 노력합니다. 아이들과 함께 성장 중입니다.

노영수 정의당 동작지역위원회 조직국장 dogmaspiel@hotmail.com
2003년, 대학에 입학했습니다. 나름 '모범적인' 대학 생활을 했는데 2008년 두산이 중앙대를 인수하면서부터 제 삶도 엇나가기 시작했습니다. 지난 2010년, 중앙대의 기업식 구조조정에 반대하는 시위를 벌이다 학교에서 쫓겨났고 법정 투쟁과 학교 측의 징계, 승소, 복학을 거듭한 끝에 2014년 2월, 11년간의 대학 생활에 마침표를 찍었습니다. 저의 경험을 중심으로 대학이 자본의 논리에 잠식되어 가는 과정을 《기업가의 방문》이란 책에 담아서 펴냈습니다.

교육공동체 벗

교육공동체 벗은 협동조합을 모델로 하는 작은 지식 공동체입니다.

협동조합은 공통의 목적을 가진 사람들이 모여서 만든

권력과 자본으로부터 독립된 경제조직입니다.

교육공동체 벗의 모든 사업은 조합원들이 내는 출자금과

조합비로 운영됩니다.

수익을 목적으로 하지 않기에 이윤을 좇기보다

조합원들의 삶과 성장에 필요한 일들과

교육운동에 보탬이 될 수 있는 사업들을 먼저 생각합니다.

정론직필의 교육전문지, 시류에 휩쓸리지 않는 정직한 책들,

함께 배우고 나누며 성장하는 배움 공간 등

우리 교육 현실에 필요한 것들을 우리 힘으로 만들고 함께 나누고 있습니다.

조합원 참여 안내

출자금(1구좌 일반 : 2만 원, 터잡기 : 50만 원)을 낸 후 조합비(월 1만 원 이상)를 약정해 주시면 됩니다. 조합원으로 참여하시면 교육공동체 벗에서 내는 격월간 교육전문지 《오늘의 교육》과 조합 회지 〈벗마을 이야기〉를 받아 보실 수 있습니다. 출자금은 종잣돈으로 가입할 때 한 번만 내시면 됩니다. 조합을 탈퇴하거나 조합 해산 시 정관에 따라 반환합니다. 터잡기 조합원은 벗의 터전을 함께 다지는 데 의미와 보람을 두며 권리와 의무에서 일반 조합원과 차이는 없습니다. 아래 홈페이지나 카페에서 조합 가입 신청서를 내려받아 작성하신 후 메일이나 팩스로 보내 주세요.

홈페이지 communebut.com
카페 cafe.daum.net/communebut
이메일 communebut@hanmail.net
전화 02-332-0712, 070-8250-0712
팩스 0505-115-0712

교육공동체 벗을 만드는 사람들

※ 하파타 순

후쿠시마 미노리, 황호연, 황진원, 황지영, 황정하, 황정일, 황정인, 황정원, 황정욱, 황이경, 황은복, 황윤호성, 황승욱, 황순임, 황봉희, 황미숙, 황기철, 황금희, 황규선, 황귀남, 황고운, 황경희, 홍유지, 홍용덕, 홍순성, 홍세화, 홍성은, 홍성구, 홍석근, 홍미영, 현복실, 현미열, 허효인, 허진혁, 허은실, 허수욱, 허성균, 허보영, 함점순, 함영기, 한학범, 한지희, 한지혜, 한정혜, 한은옥, 한영욱, 한영선, 한승희, 한승모, 한소영, 한성찬, 한봉순, 한민혁, 한만중, 한날, 한기현, 한경희, 하혜영, 하정호, 하인호, 하외정, 하승우, 하승수, 하순배, 하광봉, 탁동철, 최희성, 최환근, 최현우, 최현미a, 최현미b, 최탁, 최창기, 최진규, 최지혜, 최주연, 최종순, 최종민, 최정윤, 최정아, 최인섭, 최은희, 최은정, 최은아, 최은순, 최은숙a, 최은숙b, 최은미, 최은경, 최윤미, 최원혜, 최영식, 최영락, 최연희, 최연정, 최애영, 최애리, 최승훈, 최슬빈, 최선영a, 최선영b, 최봉선, 최보람, 최병우, 최미영, 최미선, 최미나, 최미경, 최문정, 최문선, 최대현, 최광용, 최광락, 최고봉, 최경미, 최경련, 채효정, 채현숙, 채종민, 채옥엽, 차유미, 차용훈, 진현, 진주형, 진유미, 진웅용, 진영효, 진영준, 진수영, 진만현, 진냥, 지정순, 지은미, 지윤경, 지수연, 주윤아, 주순영, 주수원, 주경희, 조희정a, 조희정b, 조형식, 조형숙, 조향미, 조해수, 조하늘, 조진희, 조진석, 조지연, 조준혁, 조주원, 조정희, 조인재, 조웅현, 조윤성, 조원배, 조용진, 조영현, 조영옥, 조영실, 조영선, 조영란, 조여은, 조여경, 조수진, 조성희, 조성진, 조성연, 조성실, 조성대, 조선주, 조석현, 조석영, 조상희, 조미라, 조문정, 조두형, 조경원, 조경애, 조경아, 조경삼, 제남모, 정희영, 정희선, 정흥윤, 정혜령, 정현주a, 정현주b, 정현숙a, 정현숙b, 정혜레나, 정춘수, 정철성, 정진영a, 정진영b, 정진규, 정종민, 정재학, 정인영, 정이든, 정은희, 정은주, 정은균, 정유진a, 정유진b, 정유숙, 정유섭, 정원석, 정용주, 정영현, 정영수, 정애순, 정애호, 정수연, 정선희, 정상희, 정부교, 정보라a, 정보라b, 정미옥, 정미라, 정명옥, 정명영, 정득년, 정남주, 정기진, 정광호, 정광필, 정광일, 정관모, 정경진, 정경원, 전혜원a, 전혜원b, 전정희, 전유미, 전상보, 전보선, 전병기, 전민기, 전미학, 전미옥, 전미영, 장효영, 장홍월, 장혜진, 장혜옥, 장혜경, 장현주, 장주섭, 장종성, 장재화, 장재혁, 장인수, 장은하, 장은미, 장윤영, 장원영, 장영희, 장영경, 장시준, 장슬기, 장선영, 장선아, 장상욱, 장병학, 장도현, 장근영, 장군, 임혜정, 임현숙, 임향신, 임한철, 임지영, 임중혁, 임종길, 임정은a, 임정은b, 임전수, 임양미, 임수진, 임성준, 임성빈, 임성무, 임선영, 임상진, 임명택, 임동헌, 임덕연, 임금록, 이희욱, 이효진, 이화현, 이화숙, 이호진, 이혜정, 이혜숙, 이혜린, 이형환, 이형빈, 이현주, 이현종, 이현익, 이현민, 이현, 이혁규, 이향숙, 이한진, 이태영a, 이태영b, 이태구, 이충익, 이충근, 이초록, 이창진, 이진권, 이진혜, 이진주, 이진숙, 이지혜, 이지원, 이지향, 이지영a, 이지영b, 이지연, 이준구, 이주희, 이주탁, 이주영, 이종찬, 이종은, 이정희a, 이정희b, 이정희c, 이정현, 이정윤, 이정연, 이재형, 이재익, 이재두, 이인사, 이웅휘, 이은희, 이은진, 이은주a, 이은주b, 이은주c, 이은영a, 이은영b, 이은숙, 이은경, 이윤주, 이윤엽, 이윤승, 이윤선, 이윤미a, 이윤미b, 이윤경, 이유진, 이월녀, 이원주, 이원님, 이운서, 이우진, 이용환, 이용석a, 이용석b, 이용상, 이용기, 이영화a, 이영화b, 이영호a, 이영호b, 이영혜, 이영주a, 이영주b, 이영아, 이영선, 이영상, 이연진, 이연주, 이연숙, 이연수, 이애영, 이아리따, 이승헌, 이승태, 이승윤, 이승열, 이승연, 이승아, 이슬기a, 이슬기b, 이순임, 이수정, 이수미, 이소형, 이성원, 이성숙, 이성수, 이성구, 이설희, 이선희, 이선표, 이선용, 이선영, 이선애, 이선미, 이상훈, 이상직, 이상원, 이상영, 이상미, 이상대, 이상균, 이분자, 이보선, 이보라, 이병준, 이병재, 이병곤, 이범희, 이민재, 이민아, 이민숙, 이민수, 이미옥, 이미영, 이미연a, 이미연b, 이미숙a, 이미숙b, 이미라, 이미, 이명훈, 이명형, 이매남, 이동훈, 이동철, 이동준, 이동범, 이동갑, 이도종, 이도연, 이덕주, 이남숙, 이난옥, 이나경, 이기규, 이근희, 이근철, 이근준, 이근영, 이균호, 이교열, 이광연, 이관형, 이계삼, 이경진, 이경욱, 이경언, 이경아, 이경림, 이건진, 이갑순, 윤흥은, 윤지형, 윤종원, 윤우람, 윤영훈, 윤영인, 윤영백, 윤여강, 윤승용, 윤석, 윤상혁, 윤병일, 윤규식, 육신혜, 유효성, 유재을, 유은아, 유영길, 유성희, 유성상, 유근란, 위앙자, 원지영, 원종희, 원윤희, 원성제, 우창숙, 우지영, 우완, 우수경, 우성조, 우경숙, 오혜원, 오현진, 오중근, 오정희, 오정분, 오은정, 오은경, 오윤주, 오유진, 오승훈, 오세희, 오세연, 오세란, 오상철, 오민식, 오명환, 오동석, 오경숙, 염정화, 염정신, 여희영, 여태전, 엄창호, 엄지선, 엄재홍, 엄영숙, 엄기호, 엄귀영, 양희전, 양해준, 양지선, 양은주, 양소숙, 양운신, 양영희, 양애정, 양선화, 양선형, 양서영, 양상진, 양동기, 안효빈, 안혜초, 故안혜영(명예조합원), 안찬원, 안지현, 안지윤, 안준철, 안정선, 안정민, 안재성, 안윤숙, 안용덕, 안옥수, 안순억, 안선영, 안상태, 안경화, 심향일, 심은보, 심승희, 심수환, 심동우, 심규장, 심경일, 신희정, 신홍식, 신혜선, 신충일, 신창호, 신창복, 신중휘, 신은정, 신은숙, 신은경, 신유준, 신영숙, 신소희, 신미옥, 신귀애, 신관식, 송화원, 송호영, 송혜란, 송현주, 송진아, 송정은, 송용석, 송승훈, 송순재, 송명숙, 송근희, 손호만, 손현아, 손진근, 손재덕, 손은경, 손소영, 손미, 손명선, 소수영, 성현주, 성현석, 성주연, 성유진, 성용혜, 성열관, 설은주, 설원민, 선미라, 석경순, 서혜진, 서혜원, 서정오, 서인석, 서은지, 서윤수, 서우철, 서예원, 서승일, 서명숙, 서금자, 서근원, 서경훈, 서강선, 상형규, 복헌수, 복준수, 변현숙, 변규석, 백홍미, 백현희, 백지연, 백인식, 백영호, 백승범, 백기열, 배희철, 배희숙, 배진희, 배주영, 배정원, 배일훈, 배이상헌, 배영진, 배아영, 배성호, 배기표, 배경내, 방은아, 방성억, 방득일, 반영진, 박희진, 박희영, 박효정, 박효수, 박환조, 박혜숙, 박형진, 박형일, 박현희a, 박현희b, 박현주, 박현숙, 박현선, 박춘애, 박춘배, 박철호, 박진환, 박진숙, 박진수, 박진교, 박지희, 박지훙, 박지석, 박지원, 박지선, 박지나, 박종호, 박종하, 박정현, 박정아, 박정미, 박재현, 박은하, 박은아, 박은성, 박은경a, 박은경b, 박윤희, 박용빈, 박옥주, 박옥균, 박영실, 박영미, 박영림, 박신자, 박승철, 박숙현, 박수현, 박수진a, 박수진b, 박수연, 박소영, 박성현, 박성규, 박선혜, 박선영, 박복선, 박범이, 박민영, 박미희, 박명희, 박명진, 박명숙, 박동준, 박도정, 박덕수, 박대성, 박노해, 박노한, 박나실, 박고형준, 박계도, 박경화, 박경진, 박경주, 박경이, 박경숙, 박건형, 박건진, 민형기, 민애정, 민병성, 미류, 문희영, 故문홍빈(명예조합원), 문진숙, 문지훈, 문용석, 문영주, 문순창, 문순옥, 문수현, 문수영, 문수경, 문세이, 문성철, 문봉선, 문미정, 문명순, 문경희, 모은정, 모영화, 명수민, 마연주, 마승희, 립보, 류형우, 류창모, 류지남, 류정희, 류재향, 류원정, 류우종, 류영애, 류명숙, 류경원, 도정철, 도인정, 데와 타카유키, 노영필, 노영민, 노상경, 노미화, 노미경, 노경미, 남효숙, 남주형, 남정민, 남유미, 남유경, 남원호, 남예린, 남선우, 남미자, 남동현, 남궁역, 날맹, 나규환, 김희정, 김희옥, 김홍규, 김훈태, 김효정, 김효승, 김환희, 김홍규, 김혜영, 김혜민, 김혜림, 김형우, 김형영, 김형렬, 김형근, 김현진, 김현준, 김현주, 김현조, 김현정, 김현영, 김현실, 김현선, 김현화, 김현, 김헌택, 김필913, 김태정, 김태욱, 김춘성, 김창진, 김찬영, 김진희a, 김진희b, 김진숙, 김진명, 김진, 김지훈, 김지현, 김지연a, 김지연b, 김지양, 김지미, 김지광, 김중미, 김준휘, 김준연, 김준산, 김주기, 김종현, 김종원, 김종욱, 김종성, 김종만, 김정희, 김정현, 김정주, 김정식, 김정섭, 김정삼, 김정기, 김정규, 김재황, 김재원, 김재민, 김장환, 김인순, 김이은, 김이상, 김이민경, 김은희a, 김은희b, 김은파, 김은진, 김은영, 김은아, 김은식, 김은숙, 김은남, 김은규, 김은경, 김윤창, 김윤주a, 김윤주b, 김윤정, 김윤자, 김윤우, 김유정, 김유미, 김우영, 김우, 김용훈, 김용양, 김용섭, 김용만, 김용란, 김용기, 김요한, 김영희, 김영진a, 김영진b, 김영주a, 김영주b, 김영주c, 김영자, 김영아, 김영순, 김영삼, 김연정, 김연일, 김연오, 김연미, 김애숙, 김애령, 김시내, 김승규, 김순희, 김순천, 김수현a, 김수현b, 김수진a, 김수진b, 김수진c, 김수정a, 김수정b, 김수정c, 김수경, 김소희a, 김소희b, 김소영, 김세호, 김성진, 김성중, 김성애, 김성숙, 김성수, 김성보, 김설아, 김선희, 김선우, 김선산, 김선구, 김선경, 김석준, 김석규, 김상희, 김상정, 김상일, 김상숙, 김상남, 김상기, 김봉석, 김보현, 김병희, 김병훈, 김병주, 김병섭, 김병기, 김범주, 김방년, 김민희, 김민제, 김민정, 김민수a, 김민수b, 김민곤, 김민결, 김미향a, 김미향b, 김미정, 김미숙, 김미선, 김미라, 김무영, 김묘선, 김명희a, 김명희b, 김명섭, 김록성, 김동현, 김동춘, 김동일, 김동이, 김도형, 김도현, 김도연, 김도석, 김대현, 김대성, 김다희, 김다영, 김남철, 김남규, 김기오, 김기언, 김규항, 김규태, 김규리, 김광민, 김광명, 김고종호, 김경호, 김경일, 김경엽, 김경연, 김경숙a, 김경숙b, 김경미, 김가영, 김가연, 기호철, 기형훈, 기세라, 기선인, 금현진, 금현옥, 금명순, 권희중, 권혜영, 권현영, 권재옥, 권자영, 권이근, 국찬석, 구희숙, 구자숙, 구완회, 구수연, 구본희, 구미숙, 팽이눈, 곽흠, 곽혜영, 곽현주, 곽진경, 곽노현, 곽노근, 곽경미, 공현, 공은미, 공영아, 고효선, 고춘식, 고은정, 고은미, 고영주, 고영아, 고병헌, 고병연, 고민경, 강현주, 강현정, 강태식, 강진영, 강준희, 강이진, 강은정, 강영일, 강영구, 강순원, 강수미, 강수돌, 강성호, 강성규, 강선희, 강석도, 강서형, 강봉구, 강병용, 강곤, 강경미, 강경모

※ 2016년 12월 13일 기준 1,060명